CHRISTENTUM
UND NICHTCHRISTLICHE RELIGIONEN

CHRISTENTUM UND NICHTCHRISTLICHE RELIGIONEN

Theologische Modelle im 20. Jahrhundert

Herausgegeben von

KARL-JOSEF KUSCHEL

WISSENSCHAFTLICHE BUCHGESELLSCHAFT
DARMSTADT

Die Deutsche Bibliothek – CIP-Einheitsaufnahme

Christentum und nichtchristliche Religionen:
theologische Modelle im 20. Jahrhundert /
hrsg. von Karl-Josef Kuschel. – Darmstadt:
Wiss. Buchges., 1994
(WB-Forum; 91)
ISBN 3-534-80169-5
NE: Kuschel, Karl-Josef [Hrsg.]; GT

Gedruckt auf säurefreiem und alterungsbeständigem Werkdruckpapier
Gesamtherstellung: Wissenschaftliche Buchgesellschaft, Darmstadt
Printed in Germany
Schrift: Wilke, 9.5/10.5

ISBN 3-534-80169-5

Inhalt

Karl-Josef Kuschel

Übersicht über die theologischen Grundmodelle im 20. Jahrhundert: Zwischenbilanz und Zukunftsaufgaben

„Außerhalb der Kirche kein Heil"; „Außerhalb Christi kein Heil": Jahrhundertelang hatte katholische und protestantische Theologie sich hinter diesem dogmatischen Bollwerk verschanzt und gleichzeitig von dieser Basis aus offensive Missionsstrategien entwickelt. Die nichtchristliche Welt bestand ja nach dieser Überzeugung aus Hunderten von Millionen unbekehrter „Heiden", die des „ewigen Heiles" nicht „teilhaftig" würden, vielmehr „dem ewigen Feuer" verfielen, wenn sie sich nicht „vor ihrem Tode der katholischen Kirche" anschließen würden. So das hier maßgebende *Konzil von Florenz* im Jahre 1442. Und auch die Reformation hatte an diesem entscheidenden Punkt nichts geändert, ging es ihr doch um Christen- bzw. Kirchenfreiheit, nicht um Religionsfreiheit. Für *Martin Luther* waren alle Religionen Ausdruck einer falschen „Werkheiligkeit" des Menschen: Der Mensch hänge in der Regel sein Herz entweder an seine eigenen Werke oder an irgendeine von Gottes Kreaturen. Auch alle religiösen Kulte und Riten zeigten nach Luther im Grunde nur das eine: den Versuch des Menschen, durch eigene Anstrengung und Erfolge sein Heil zu erlangen. Hier hatte Luther die christliche Religion scharf abgegrenzt. Sie ist Religion der Gnade, Religion des Evangeliums, Religion der Rechtfertigung des Menschen durch Gott selber. Nur das Christentum war für Luther – ebenso wie für die katholische Kirche – die „religio vera", die einzig „wahre Religion".

Gewiß: Im Verlauf der Jahrhunderte war es – mit der zunehmenden Entdeckung von immer mehr nichtchristlichen Kontinenten – zu manchen *Akzentverschiebungen* gekommen. Mit der Wende vom 17. zum 18. Jahrhundert hatten *protestantische Theologen* die lutherische Grundsatzlinie zunehmend verlassen. Gesucht wurde nach einer der Offenbarung vorgängigen „religio naturalis“, nach einer „natürlichen Religion“, die jeder Mensch als Mensch gewissermaßen von Natur aus mitbringe. Das hatte unter anderem den Vorteil, daß man das Christentum nun auf derselben Ebene mit anderen Religionen vergleichen konnte: Allen Heiden wie Christen ist ja diese „religio naturalis“ gemeinsam. Zwar galt das Christentum noch als die beste aller Religionen, und doch brauchte sich das Christentum nicht mehr verurteilend von den anderen Religionen abzusetzen. Christliche Offenbarung wurde nicht mehr ausschließlich als Widerspruch gegen die religiösen „Verkehrungen“ der Menschen, sondern als Ergänzung, Verbesserung oder Überbietung der allen Menschen gemeinsamen „natürlichen Religion“ verstanden.

Auch die *katholische Kirche* hatte ihre dogmatische Grundsatzposition im Verlauf der Jahrhunderte gelockert, zumindest für den Fall der sogenannten „Unschuldigen“. Für den Fall von Menschen also, die ohne ihre Schuld von der wahren Religion und der alleinseligmachenden Kirche gar keine Kenntnis gehabt haben konnten. Daß es außerhalb der Kirche „Gnade“ gäbe, das war auch schon gegen die Jansenisten im 17. Jahrhundert vom Lehramt der Kirche in aller Form festgehalten worden. Aber all diese Akzentverschiebungen änderten an der Grundsatzposition nichts: Das Christentum galt als die einzig wahre Religion; als solche hat sie die Fülle der Wahrheit und die Fülle der Heilsmittel. Nichtchristen wurden bestenfalls als zu rettende Einzelmenschen wahrgenommen; die Religionen der Welt als solche waren theologisch-dogmatisch jahrhundertelang nicht existent. Hier bedeutete das 20. Jahrhundert eine entscheidende Wende. Und von dieser Wende sowie von den Zukunftsaufgaben im Dialogfeld Christentum und nichtchristliche Religionen will dieser Band berichten.

Unser Jahrhundert beginnt denn auch in Sachen „christliche Theologie der Weltreligionen“ mit einem Paukenschlag. Am 3. Oktober 1901 hält der damals in Heidelberg lehrende evangelische Theologieprofessor **Ernst Troeltsch** (1865–1923) vor der Versammlung der Freunde der „Christlichen Welt“ in Mühlacker einen Vortrag mit dem Thema ›Die Absolutheit des Christentums und die Religionsgeschichte‹. 1902 wird dieser Vortrag in einem Buch veröffentlicht. Er löst nicht nur damals eine große Reaktion aus; er ist bis heute ein theologiegeschichtliches Schlüsseldokument für die

Reflexion des Problems, wie das Christentum sich in seiner Beziehung zu den anderen Religionen selbst neu bestimmt.

Ausgangspunkt ist für Troeltsch, daß die moderne Welt, in der wir leben, geprägt ist von der „Ausbildung einer restlos historischen Anschauung der menschlichen Dinge". Das heißt: Menschen sind für Troeltsch nicht bloß denkende oder soziale, sie sind zutiefst auch historische Wesen. Weil dies so ist, sind alle menschlichen Selbstbezeugungen dem Gesetz geschichtlicher Entwicklung unterworfen. Alle Phänomene waren einmal nicht und werden einmal nicht mehr sein. Die Erfahrung von *Geschichtlichkeit* prägt von daher alle Kultur, alle Gesellschaft, aber auch alles Wissen und Erkennen. Erfahrung von Geschichtlichkeit heißt demnach zugleich: Wissen um die Wandelbarkeit, Begrenztheit, Verschiedenheit und Relativität aller Dinge. Es gibt von daher unter den Voraussetzungen geschichtlichen Denkens nichts Ewiges, nichts Unbegrenztes, nichts überall Gleiches, nichts Absolutes.

Aber hatte dies nicht gerade das Christentum jahrhundertelang behauptet? Es sei als Religion Ausdruck des Ewigen, Unbegrenzten, Absoluten? Genau hier liegt das Problem für Troeltsch. Schon im Rückblick auf seine Arbeit (1924 in dem hier veröffentlichten Aufsatz ›Die Stellung des Christentums unter den Weltreligionen‹) kann er deshalb sagen, der Sinn des damaligen Büchleins habe „in einem tiefen Gefühl für den Zusammenstoß des historischen Denkens und der normativen Festsetzung von Wahrheiten und Werten" gelegen. Dies sei dasjenige Problem gewesen, das ihm schon „in den frühesten Jugendjahren" erwachsen sei. Ja, das Bedürfnis, den Reichtum der Wirklichkeit zur Kenntnis zu nehmen und zugleich nach einem Zentrum für das eigene Leben zu fragen, habe ihn in die Theologie und Philosophie geführt.

Was heißt dies nun für das Verhältnis von Christentum und nichtchristliche Religionen? Schon in seiner Schrift von 1902 lehnt Troeltsch in einer für ihn charakteristischen Haltung intellektueller Redlichkeit und Unbestechlichkeit zwei bisherige Konzeptionen einer Absolutheit des Christentums ab: den orthodoxen *Supernaturalismus* (die Absolutheit des Christentums beruhe auf der unmittelbar im Wunder kundwerdenden Absolutheit Gottes selbst) sowie die evolutionistische *Geschichtsphilosophie Hegels*, nach der das Christentum im Vergleich zu allen anderen Religionen die vollendeste Idee von Religion überhaupt sei. Hier erhebt Troeltsch schon als Historiker Einspruch.

Denn schaut man in die Geschichte, so wie sie wirklich verlaufen ist, so strebt diese keineswegs (wie Hegel meinte) auf ein Höchstes und Eines zu, sondern bildet eine Fülle, eine unberechenbare und unvergleichliche Fülle immer neuer Individualitäten aus. Das ist auch theologisch ernst zu nehmen. Denn dies besagt etwas über das *Verständnis Gottes.* Die Religionen der Welt? Sie sind gegenüber dem Christentum keineswegs etwas Minderwertiges, sondern ebenso konkrete, unterschiedliche Manifestationen der universalen Selbstoffenbarung des Absoluten in der Geschichte der Menschheit. Einheit (die göttliche Präsenz oder Offenbarung überall) sowie Unterschiedenheit (die unterschiedlichen Erscheinungsweisen in der Geschichte) der Religionen können gleichzeitig bedacht werden. Daraus folgt: Gerade weil die göttliche Offenbarung, das göttliche Leben nur *in* konkreten Manifestationen präsent ist, kann keine einzelne geschichtliche Manifestation des Absoluten die absolute sein. Denn das würde der Natur Gottes (die eine Fülle ausprägt und alle Individualitäten transzendiert) ebenso widersprechen wie der Geschichtlichkeit der Wirklichkeit, derzufolge alles Wirkliche unterschiedlich und begrenzt ist.

Für das Verhältnis Christentum–Weltreligion heißt das: Gerade weil jede Religion die je verschiedene Manifestation des Göttlichen ist, kann *keine Religion Absolutheit beanspruchen.* Keine Religion kann behaupten, über allen geschichtlichen Relativitäten zu stehen, keine beanspruchen, die volle und endgültige Realisierung der göttlichen Offenbarung zu sein. Keine Religion kann sich außerhalb der Geschichte stellen. Obwohl es – so Troeltsch – das erklärte Ziel aller Religionen ist, das Göttliche voll zur Verwirklichung zu bringen, muß doch zugleich gesehen werden, daß dies nicht im Verlauf der uns bekannten Geschichte geschehen kann. Vielleicht ist ja die Zukunft ganz anders. Vielleicht gibt es in fernen Jahrhunderten kein Christentum mehr und keine der uns heute bekannten Religionen. Wer will das ausschließen? Gerade das Christentum muß also Abschied nehmen von der Vorstellung, Mitte und ewige Wahrheit für den gesamten Verlauf der Weltgeschichte zu sein.

Was bleibt dann übrig? Völlige Beliebigkeit der Religionen? Radikale Vergleichgültigung aller Wahrheiten und Offenbarungen? Konsequenter geschichtlicher Relativismus? Man muß sehen, daß

Troeltschs „Absolutheitsschrift“ neben einer destruktiven auch eine *konstruktive Seite* hat. Und hier ist auffällig, daß Troeltsch Elemente aus den beiden zuvor verworfenen Positionen noch einmal konstruktiv aufnimmt. Denn aus dem orthodoxen Bekenntniserbe übernimmt Troeltsch den Gedanken, daß die Gültigkeit einer Religion nicht bloß eine objektive, sondern auch eine subjektiv-persönliche Seite hat. Der Geltungsanspruch einer Religion ist deshalb für Troeltsch „Sache innerer Erfahrung und seiner Gewissenhaftigkeit“, nicht Sache eines Beweises, gar eines supernaturalistischen Objektivismus. Troeltsch nimmt also den Wahrheitsanspruch einer Religion zurück in die *Subjektivität von persönlicher Gewißheit* und unmittelbarer Erfahrung.

Und zugleich will Troeltsch bei einem reinen Subjektivismus nicht stehenbleiben. Er sucht nach einer breiteren, realen Fundierung, nach Sachgründen, ob die eine Religion nicht doch einer anderen vorzuziehen sei. Hier nimmt er einen Hegelschen Grundgedanken auf. Denn dieser Philosoph hatte ja die „Absolutheit des Christentums“ (als Kategorie von Hegel populär gemacht) nicht einfach offenbarungspositivistisch behauptet, sondern durch die Religionsgeschichte hindurch erwiesen. Daß das Christentum die Vollendung aller Religion ist, setzte für Hegel voraus, daß man es zuvor mit unvollkommenen Realisationsformen von Religion verglichen hatte. Auf diesen empirisch-phänomenologischen Vergleich wollte auch Troeltsch nicht verzichten. Und hier kommt auch er zu dem Ergebnis, daß im Vergleich zu allen anderen Religionen das Christentum tatsächlich „die höchste und folgerichtigst entfaltete religiöse Lebenswelt“ ist, „die wir kennen“. Und da das so ist, kommt dem Christentum nach Troeltsch doch so etwas wie ein „Absolutheitsanspruch“ zu. Aber Absolutheit meint jetzt nichts anderes mehr als Höchstgeltung im empirischen Vergleich und subjektive Gewißheit in der Entscheidung.

Und doch bleibt Troeltsch auch bei dieser Position nicht stehen. 1915 übernimmt er den damals wohl bedeutendsten Lehrstuhl für Philosophie in Deutschland, den Hegels in Berlin, und intensiviert von da ab seine Studien zum Problem des Historismus. Im März 1923 will Troeltsch eine Vortragsreise durch England unternehmen, und zu diesem Zweck arbeitet er Vorträge aus. Noch einmal drängt es ihn, Stellung zu nehmen zum Problem Christentum und Weltreligionen. Zwar kann Troeltsch die Reise nicht mehr antreten, weil er am 1. Februar 1923, 58jährig, plötzlich verstirbt. Sein Referat wird aber 1924 unter dem Titel ›Der Historismus und seine Überwindung‹ veröffentlicht. Es ist hier abgedruckt und bildet so etwas wie das Troeltsche Vermächtnis in Sachen Christentum und nichtchristliche Religionen.

In Rückschau auf die „Absolutheitsschrift" macht Troeltsch klar, daß er jetzt, gut 22 Jahre später, einiges abzuändern habe. Das betreffe vor allem die Frage der Höherwertigkeit des Christentums im Vergleich zu allen anderen Religionen. Denn ganz auf der Linie seiner Historismus-Studien macht Troeltsch jetzt noch radikaler Ernst mit der Einsicht in die *Kulturgebundenheit jeder Religion*. So sieht er für das Christentum selbstkritisch, wie sehr „aus einer jüdischen Sekte die Religion des gesamten Europäertums" geworden sei. Das Christentum stehe und falle damit. Troeltsch nimmt also den zuvor behaupteten allgemein-universalen Geltungsanspruch des Christentums zurück und beschränkt ihn – im Rahmen seiner Kulturkreis-Theorie – vor allem auf Europa. Doch zugleich baut Troeltsch auch hier eine Auffangposition auf. Denn zumindest für Europa gilt: „Ohne das Christentum verfallen wir in selbstmörderisches Titanentum oder in entnervende Spielerei oder in gemeine Rohheit ... Wir können die Religion nicht entbehren, aber die einzige, die wir vertragen können, ist das Christentum, weil es mit uns gewachsen ist und ein Teil unserer selbst ist."

Das Christentum ist also für Troeltsch jetzt das dem Europäer „zugewandte Antlitz Gottes", ist für den Europäer „absolut". Das bedeutet gleichzeitig, daß andere Kulturen die ihnen gemäßen Religionen leben und deshalb „mit voller Ehrlichkeit ihre eigene Absolutheit empfinden" und durch ihre Religiosität Ausdruck geben. *„Subjektive Absolutheit":* das ist jetzt die Troeltsche Basisformel für die Bestimmung des Verhältnisses der Religionen untereinander, gewissermaßen die Troeltsche Quadratur des Kreises. Ein Wertvergleich zwischen den Religionen ist von daher so gut wie unmöglich, besteht bestenfalls im Kulturvergleich. Denn Troeltsch bleibt davon überzeugt: „Wer will hier wagen, wirklich entscheidende Wertvergleiche zu machen. Das könnte nur Gott selbst, der diese Verschiedenheit aus sich entlassen hat."

Ein Paukenschlag wider die bisherige theologische Plausibilität war dies gewesen. Ein Paukenschlag, der begreiflicherweise zu einem Gegenschlag zwingt. Für die protestantische Theologie führt diesen Gegenschlag in der Generation nach Troeltsch Karl Barth, für die katholische Theologie Karl Rahner. Beide Theologen sind hier mit Schlüsseltexten vertreten und bedürfen ob ihrer theologiegeschichtlichen Bedeutung mehr Aufmerksamkeit als andere.

Wer das Feld betritt, auf dem **Karl Barth** (1886–1968) das Verhältnis des Christentums zu den nichtchristlichen Religionen bestimmt, betritt nicht ein irenisches Dialogfeld, sondern einen ausgesprochenen Kampfplatz. Und Barths Theologie der Religionen ist ohne den politischen Zeithorizont nicht zu verstehen. Denn als Karl Barth 1939 im zweiten Prolegomena-Band zur ›*Kirchlichen Dogmatik*‹ (I/2) seine Überlegungen zum Problem der Religionen vorträgt, ist er bereits mitten im politischen Streit. Denn der deutsche Protestantismus war zu dieser Zeit zutiefst gespalten: Ein Teil hatte sich unter der Flagge der „deutschen Christen" dem Führerstaat und der nationalsozialistischen Ideologie ausgeliefert und keinen prinzipiellen Widerspruch zwischen Nationalsozialismus und Protestantismus gesehen. Ein anderer Teil hatte unter dem Banner der „Barmer Bekenntnissynode" entschieden politischen Widerstand angemeldet und auf Jesus Christus als dem einzigen Herrn und Führer der Kirche bestanden, unter ihnen Karl Barth, den die Nazis 1933 von seinem Bonner theologischen Lehrstuhl vertrieben hatten und der seither im schweizerischen Basel lebte.

Als tieferliegende geistige Ursache aber hatte Karl Barth ein Phänomen diagnostiziert, das er den *„Religionismus" des „Neuprotestantismus"* (I/2, 316) nannte. Ihn macht Barth für die ganze „Trauergeschichte" (I/2, 315) der neueren protestantischen Theologie verantwortlich, an deren Tiefpunkt für Barth eben jene „deutschen Christen" stehen, für die das protestantische Christentum nichts als die ideologische Abstützung der „natürlichen Religion" der Deutschen ist. All das verurteilt Barth mit der Kategorie Häresie" (I/2, 317). Der theologische Grund?

Das Christliche ist jetzt für Barth „zu einem Prädikat des neutral und allgemein Menschlichen", die Offenbarung war nun „zu einer geschichtlichen Bestätigung dessen geworden, was der Mensch auch ohne Offenbarung von sich selbst und damit von Gott wissen kann" (I/2, 315). Barth nennt das Religionismus und versteht darunter, daß Religion jetzt nicht mehr „von der Offenbarung, sondern die Offenbarung von der Religion her" begriffen und somit eingeebnet, faktisch relativiert wird. Auch die christliche Theologie ist damit – so Barth – dem „Absolutismus" verfallen, „mit dem der Mensch dieser Zeit sich zum Mittelpunkt, Maß und Ziel aller Dinge machte". Hier liegt für Barth „die ‚eigentliche Katastrophe' der modernen protestantischen Theologie" (I/2, 320). Und Ausdruck dieser Katastrophe ist für Barth unter anderem auch das Werk von Ernst Troeltsch, der sich vom traditionellen, aber für Barth überlebenswichtigen Verständnis von christlicher Offenbarung verabschiedet hatte.

Was aber will Barth dieser „Trauergeschichte", dieser „Häresie" entgegensetzen? Folgende Leitlinien sind zum Verständnis des hier abgedruckten Textes entscheidend:

1. Für einen Christen ist nicht die neuzeitliche anthropologische Hermeneutik der Geschichtlichkeit Ausgangserfahrung, sondern die *Offenbarung Gottes in der Geschichte Jesu Christi.* Das ist der entscheidende Perspektivenwechsel Barths gegenüber Troeltsch und jedem geschichtlichen Relativismus. Für die anderen Religionen bedeutet das: Sie alle müssen von der Offenbarung des einen und wahren Gottes in Jesus Christus her beurteilt werden. Denn schaue man in die Offenbarungsurkunden des Alten und Neuen Testamentes, dann knüpfe diese Offenbarung Gottes ja gerade nicht an schon vorhandene Religionen an, bestätige oder überbiete sie, sondern sei Widerspruch und Aufhebung dieser. Die christliche Offenbarung fordere nun einmal die Anerkenntnis, „daß in Jesus Christus ein für allemal und in jeder Hinsicht die Entscheidung gefallen" sei über den Menschen, „daß eben Jesus Christus sein Herr" sei (I/2, 318). Offenbarung ist somit für Barth ein Widerfahrnis, in dem der Mensch die Wahrheit über sich erst erkennt. Und diese Wahrheit trifft uns – so Barth – gerade „als religiöse Menschen, d. h. sie trifft uns mitten in jenem Versuch, Gott von uns aus zu erkennen" (I/2, 329). Offenbarung ist etwas anderes als Religion!

2. Von daher versteht sich, daß *„Religion"* für Barth ein ganz und gar *negativ besetzter Begriff* ist: Menschenwerk, zutiefst zwiespältig, wie alles Menschenwerk zutiefst zwiespältig ist. Denn „religiös" verhält sich der Mensch nach Barth immer dann, wenn er von sich aus Gott zu erkennen trachte und an die Stelle der göttlichen Wirklichkeit ein Bild von Gott setze, das er sich „eigensinnig und eigenmächtig" selbst entworfen habe (I/2, 329). *Alle* Religionen sind deshalb nach Barth als „Götzendienst", „Werkgerech-

tigkeit“ und „Unglaube“ (I/2, 343) zu bezeichnen, ja, alle Religion ist für Barth (eben als Vollzug des „eigensinnigen und eigenmächtigen“ Menschen) letztlich Sache des „gottlosen Menschen“ (I/2, 327).

3. Und das Christentum? Auch und gerade das *Christentum* wird von Barth *in die Kritik aller Religion einbezogen.* Denn Barth bestreitet nicht, daß auch dem Christen Gottes Offenbarung „in der Welt menschlicher Religion“ (I/2, 307) begegne. Offenbarung muß nach Barth „*auch* als ‚Christentum‘ und also *auch* als menschliche Wirklichkeit und Möglichkeit verstanden werden“ (I/2, 308). Damit aber partizipiere auch das Christentum an der Zwiespältigkeit aller Religion. Auch im Christentum kann es falsche Religion geben! Gibt es damit überhaupt noch „wahre Religion“? Nein, insofern Religion Menschenwerk ist, gilt für Barth: „Keine Religion ist wahr“ (I/2, 356). Kann man dann aber überhaupt noch von einer „wahren Religion“ reden?

4. Insofern es die Wahrheit Gottes gibt und diese Wahrheit Gottes identisch ist mit dem Evangelium von der Gnade und Rechtfertigung Gottes in Jesus Christus, insofern es also nach Barth eine gnadenhafte Selbsterschließung Gottes gegeben hat, welche den Menschen eine gerechtfertigte und geheiligte, kurz eine „neue Existenz“ ermöglichte, dann gilt zwar noch der Satz, daß keine Religion als Religion wahr sei. Dann muß dieser Satz aber ergänzt werden: *Wahr kann eine Religion nur werden,* und zwar „genauso wie der Mensch gerechtfertigt wird, nur von außen ... Die wahre Religion ist wie der gerechtfertigte Mensch ein Geschöpf der Gnade“ (I/2, 356). Daraus folgt:

5. Insofern in der christlichen Religion Rechtfertigung und Heiligung des Sünders geschehen ist und geschieht, insofern das Christentum, konkret also die christlichen Kirchen, „creaturae gratiae“ sind, kann man die *christliche Religion als wahre Religion* bezeichnen. Nur durch dieses Faktum allein ist die christliche Religion für Barth „über das Niveau der allgemeinen Religionsgeschichte“ (I/2, 378) hinausgehoben: sola gratia!

Wahre Religion ist das Christentum also nach Barth nicht durch äußerliche Attraktivität, nicht durch Macht, kulturelle Leistung, intellektuelle Faszination oder beste moralische Prinzipien, sondern einzig und allein durch die Gnade Gottes in Jesus Christus selber. Von jedem Zwang zum Vergleich ist das Christentum damit entlastet. Ein Christ muß nicht – wie die Aufforderung von Lessings Ring-Parabel lautet – die Wahrheit seiner Religion erst durch eine Praxis der Liebe unter Beweis stellen; das liefe auf eine Art sozialer Werkgerechtigkeit hinaus. Ein Christ muß auch nicht – auf der Linie Hegel–Troeltsch – mit Hilfe der Religionswissenschaft Gründe beibringen, warum seine Religion die relativ beste ist; das liefe auf intellektuelle Werkgerechtigkeit hinaus. Warum nicht? Weil ein Christ vom Wahrheitsbeweis seiner Religion ein für allemal entlastet ist – durch Gott selbst.

Die *Stärke der Barthschen Position* liegt zweifellos in der Gleichzeitigkeit von christlichem Selbstbewußtsein und christlicher Selbstkritik. Denn nicht genug betonen kann man, daß für Barth die Grenze zwischen wahrer und falscher Religion nicht einfach identisch ist mit der Grenze zwischen Christentum und nichtchristlichen Religionen, sondern mitten durch das Christentum selber verläuft, so wie es real gelebt wird. Gottes Offenbarung richtet auch alle „religiösen" Unternehmungen in den christlichen Kirchen. Ist doch die Religion der Gnade in erster Linie von den Christen selber oft gnadenlos verraten worden. Ein selbstgerechter Triumphalismus von Christen gegenüber Nichtchristen ist deshalb so wenig am Platz, wie es die Arroganz des Gerechtfertigten wäre gegenüber dem Sünder.

Diese religionskritische Stärke der Barthschen Theologie ist freilich zugleich ihre *Schwäche.* Denn so befreiend Barths Kritik am religiösen Betrieb des real existierenden Christentums auch sein mag: Alles gerät dadurch ins Zwielicht, daß Barth für die anderen Religionen der Menschheit theologisch nichts anderes übrig hat als einen völlig negativ besetzten Begriff von Religion. Gewiß: Auch am Christentum – insofern es die Gnade Gottes gnadenlos verrät – übt Barth schärfste Religionskritik. Aber das kann nicht darüber hinwegtäuschen, daß Barth für mehrere tausend Jahre Religionsgeschichte und einen Glauben von mehreren Milliarden Menschen nur die Kategorien Unglaube, Werkgerechtigkeit und Gottlosigkeit bereit hat.

Dabei hatte Barth seine religionswissenschaftlichen Hausaufgaben durchaus gemacht. So hatte er z. B. registriert, daß im japanischen *Shin- oder Amida-Buddhismus* sowie in der indischen *Bhakti-Religion* so etwas wie eine Gnadenreligion entstanden sei, welche das Verhältnis zwischen Gott und Mensch ähnlich wie das protestantische Christentum definierte. Barth nannte dies die „genaueste, umfassendste und einleuchtendste ‚heidnische' Parallele zum Christentum" (I/2, 372). Und doch geht Barth so weit, auch diese genaueste, umfassendste und einleuchtendste Parallele zum Christentum mit der Kategorie „Lüge" abzuqualifizieren, weil über Wahrheit und Lüge nur „der Name Jesus Christus" (I/2, 376) entscheide. Selbst wenn die „Heiden" strukturell noch so Gleichartiges oder Gleichwertiges zum Christentum lehrten oder lebten, sie blieben darum nicht weniger „Heiden, arme, gänzlich verlorene Heiden" (I/2, 376).

Obwohl Karl Barths Theologie von großer Wirkmächtigkeit wurde (und bis heute ist), erhoben sich gerade im Blick auf eine Theologie der Religionen im Protestantismus auch andere Stimmen. Sie sind hier vertreten durch **Paul Tillich** (1886–1965), der ebenso wie Barth der Tradition des deutschen Kulturprotestantismus kritisch gegenüberstand, ohne diesen jedoch so radikal wie Barth abzulehnen. Nach dem Verlust seines Frankfurter Lehrstuhls durch die Nationalsozialisten sieht sich Tillich gezwungen, in die USA auszuwandern, wo er fruchtbare Jahre an Universitäten in New York, Boston und Chicago verbringt. Eine konkrete Begegnung mit nichtchristlichen Religionen allerdings erfolgt relativ spät. Erst 1962 veröffentlicht Tillich nach einer Japanreise eine entsprechende Schrift: ›Christentum und die Begegnung der Weltreligionen‹. Hier aber plädiert Tillich jetzt ganz anders als Barth für ein konstruktives Miteinander der Religionen, konkret für einen systematischen Vergleich zwischen Christentum und Buddhismus im Blick auf fundamentale Prinzipien, Leitideen und Leitsymbole.

So könnten Christen und Buddhisten etwa ihre Konzepte von „letzter Wirklichkeit" (Nirwana – ewiges Leben) miteinander vergleichen oder anthropologische Phänomene wie Mitleid oder Liebe. Ziel sei nicht die Bekehrung des Nichtchristen, Ziel sei vielmehr *echte Begegnung, genuiner Dialog,* einschließlich *Selbstkritik im Lichte der Erfahrung des jeweils anderen:* „Eine solche Haltung erlaubt den Christen nun nicht mehr, ‚Bekehrungsversuche' im hergebrachten und abschätzigen Sinn des Wortes zu machen. Viele Christen empfinden z. B. den Versuch, Juden zu bekehren, als fragwürdig. Sie haben jahrzehntelang mit ihren jüdischen Freunden gelebt und Gespräche geführt; sie haben sie nicht bekehrt, aber sie haben durch den Gedankenaustausch eine Gemeinschaft geschaffen, die beide Partner des Dialogs verwandelt hat. Ein solcher Dialog sollte auch mit Menschen islamischen Glaubens geführt werden; ihnen gegenüber sind die historischen Bekehrungsversuche fehlgeschlagen ... Schließlich sollten wir mit dem Hinduismus, dem Buddhismus und dem Taoismus das Gespräch fortsetzen, das bereits begonnen hat ... Dabei geht es nicht um Bekehrung, sondern um Dialog. Es wäre ein ungeheurer Schritt vorwärts, wenn die kirchlichen Führer diesen Gedanken ernst nähmen. Es würde bedeuten, daß das Christentum über sich selbst urteilen würde, wenn es die anderen Religionen und Quasi-Religionen seinem Urteil unterwirft" (GW V, 97).

Drei Jahre später ist Tillich noch einmal einen Schritt weitergegangen. Am 12. Oktober 1965 hält er an der University of Chicago, seiner letzten Lehrstätte, einen programmatischen Vortrag zum Thema ›Die Bedeutung der Religionsgeschichte für den systematischen Theologen‹ (abgedruckt in diesem Band), der seinen Höhepunkt in der Erkenntnis findet, daß er, Tillich, seine *„Systematische Theologie"* im Dialog mit der Geschichte der Religionen eigentlich noch einmal *neu schreiben* müsse. Die Begegnung mit dem Religionswissenschaftler Mircea Eliade war für Tillich von entscheidender Bedeutung gewesen, vor allem eine Zusammenarbeit mit Eliade in einem Seminar an der University of Chicago. Tillich konnte nicht wissen, daß dies seine letzte Vorlesung sein würde. 10 Tage darauf stirbt er und hinterließ seine Vision einer neuen systematischen Theologie im Horizont der Weltreligionen als ein bis heute unerfülltes Desiderat.

Voraussetzung für Dialogfähigkeit ist, daß man die anderen Religionen in ihren moralischen, spirituellen, kulturellen und religiösen Werten vorbehaltlos anerkennt. Paul Tillich hat hier innerprotestantisch Bahn gebrochen. Für die katholische Theologie hat dies im 20. Jahrhundert **Karl Rahner** (1904–1984) getan. Seine Theologie der Religionen setzt gerade dort an, wo die Karl Barths aufhörte und wo auch Tillich angesetzt hatte: beim Nachweis einer *theologischen Legitimität der nichtchristlichen Religionen.* Denn Rahners Theologie versucht früher als andere, innerkatholisch einen Denkweg aufzuzeigen, die nichtchristlichen Religionen prinzipiell als „legitime Heilswege" zu würdigen. 1961 unternimmt Rahner in einem Vortrag dazu einen ersten programmatischen Vorstoß, bei dem alle Grundideen vorhanden waren, die dann später nur noch weiter entfaltet werden. Deshalb ist dieser Schlüsseltext von Rahner in dieses Buch aufgenommen.

Als Rahner 1961 seinen Vorstoß unternimmt, hat er das Glück, daß seine Gedanken in eine Zeit epochaler Selbsterneuerung der katholischen Kirche im Zuge des *Zweiten Vatikanischen Konzils* fallen. Denn gerade auch im Blick auf das Verhältnis der Kirche zu den nichtchristlichen Religionen bedeutete dieses Konzil einen *epochalen Perspektivenwechsel.* Gerade Rahner ist sich in voller Kenntnis der katholisch-dogmatischen Tradition dieser Tatsache bewußt. Und doch bedeutete das Konzil für Rahner nicht nur Befreiung, sondern auch Enttäuschung. Befreiung zunächst, weil die Kirche jetzt mit der Autorität eines Konzils affirmiert hatte, daß es auch *außerhalb* der Kirche *Gnade* gäbe. Denn nach ›Gaudium et Spes‹ (Nr. 22) gilt das Christusereignis „nicht nur für die Christgläubigen, sondern für alle Menschen guten Willens, in deren Herzen die Gnade unsichtbar wirkt". Befreiung, weil das Konzil ebenso eingeräumt hatte, daß es auch außerhalb der Kirche „Wahrheit" gäbe. Denn nach der Erklärung ›Nostra aetate‹ (Nr. 2) gilt, daß die katholische Kirche nichts von all dem ablehne, „was in den Religionen wahr und heilig" sei, ließen die Religionen doch „nicht selten einen Strahl jener Wahrheit erkennen", die „alle Menschen erleuchtet". Befreiung, weil das Konzil ebenfalls bestätigt hatte, daß Nichtchristen auf *ihrem* Weg zu *Heil* gelangen können, auch wenn sie sich nicht vorher der alleinseligmachenden Kirche angeschlossen hätten. Denn nach ›Lumem Gentium‹ (Nr. 16) gilt: „Wer nämlich das Evangelium Christi und seiner Kirche ohne Schuld nicht kennt, Gott aber aus ehrlichem Herzen sucht, seinen im Anruf des Gewissens erkannten Willen unter dem Einfluß der Gnade zu erfüllen trachtet, kann das ewige Heil erlangen!" Ja, Rahner sieht es als große Leistung des Konzils an, daß es jetzt „ein Verhältnis der Kirche zu den nichtchristlichen Religionen *als solchen*" gäbe, „also als konkreten gesellschaftlichen Wirklichkeiten mit ihren Lehrgebäuden und ihrem Leben als solchem, und nicht nur ein Verhältnis zu den nichtchristlichen Einzelnen".

Aber ein entscheidendes *Problem* ist für Rahner *offengeblieben:* die Bestimmung der „eigentlichen theologischen Qualität der nichtchristlichen Religionen". Und in der Tat ist Rahner in dieser Frage selber einen Schritt weitergegangen, wie gerade sein Aufsatz von 1961 eindrücklich demonstriert. Gewiß: In all seinen Beiträgen zu diesem Problem läßt Rahner nie einen Zweifel daran, daß für ihn das Christentum die „absolute" Religion war und blieb, „die keine andere als gleichberechtigt neben sich anerkennen" könne. Gewiß: Nach Rahner haben alle vor- und außerchristlichen Religionen mit dem definitiven Selbsterweis Gottes in Jesus Christus ihre Existenzberechtigung im *Prinzip* verloren; sie seien durch die Ankunft Christi „grundsätzlich abgeschafft und überholt" (Schriften zur Theologie, VIII, 371), so daß Nichtchristen – zumal unter den Bedingungen der heraufkommenden einen Weltgesellschaft – eigentlich keinen Grund mehr haben dürften, nicht Christen zu werden. Das „Extra"-Dogma wird von Rahner demnach nicht direkt geleugnet, sondern durch eine Theorie der Grade von Kirchenzugehörigkeit neu interpretiert.

Aber das dogmatisch offene Problem sieht Rahner in dem *Zeitpunkt,* wann man denn von einer Begegnung der Nichtchristen mit der christlichen Botschaft so reden könne, daß ein schuldhaftes Verweigern auf seiten der Nichtchristen vorläge, die über ihr Heil und Unheil entscheide. Im Klartext: Rahner sieht es als faktisch unmöglich an, Hunderte von Millionen Menschen auf dieser Erde, die nicht nur als einzelne „religiös" waren, sondern einer „gesellschaftlichen Größe", einer verfaßten Religion angehörten, theologisch einfach zum Unheil zu bestimmen, weil eben der „Zeitpunkt, in dem das Christentum eine geschichtlich reale Größe für die Menschen dieser Religionen wird ... offen bleiben" müsse. Weil dies aber so ist, kann man nach Rahner die nichtchristlichen Religionen nicht einfach theologisch abqualifizieren. Trotz all ihrer Unvollkommenheiten und Verzerrungen enthalten sie doch übernatürliche Momente aus der Gnade, die den Menschen wegen Christus von Gott geschenkt sind. Sie können daher trotz aller Vorbehalte in verschiedener Gestuftheit als „legitime Religion" anerkannt werden.

Ganz anders als Barth also, der nach wie vor von „armen, gänzlich verlorenen Heiden" meinte reden zu sollen, betont Karl Rahner die „Heilsbedeutung der nichtchristlichen Religionen" als solche. Andere katholische Theologen sind ihm darin gefolgt. Vor allem der Bonner katholische Theologe **Hans Waldenfels,** der sich ebenfalls große Verdienste um den interreligiösen Dialog erworben hat, insbesondere um den Dialog mit dem japanischen Buddhismus, den er aus langjähriger Japan-Erfahrung persönlich kennt. Sein hier aufgenommener Beitrag ist ein exemplarischer Versuch, die Wahrheitsfrage von allen absolutistischen Verengungen zu befreien, ohne in Relativismus und Beliebigkeitspluralismus abzurutschen. Waldenfels – hier ganz auf der Linie Karl Rahners und diesen doch weiterführend – will den einzelnen Religionen Gerechtigkeit widerfahren lassen, und doch den christlichen Anspruch auf Wahrheit nicht einfach preisgeben oder einem falschen Irenismus opfern. Die Stärke dieses Ansatzes liegt gerade darin, daß die anderen *Religionen in ihrem Selbstverständnis* neu ernst genommen werden.

Denn dies war gerade die Schwäche der Theologie der Religionen bei Barth ebenso wie bei Rahner. Auch Rahners Theologie der Religionen bleibt im Rahmen christlicher Selbstvergewisserung über die Stellung der Religionen in Gottes Absicht mit der Menschheit. Das aber führt zu einer *fragwürdigen Verengung* der Theologie der Religionen auf die *Heilsfrage.* Die Religionstheologie wird auf diese Weise zu einem Spezialproblem dogmatischer Gnadenlehre und zu einer rein binnenchristlichen Suche nach dem jeweiligen Ort der verschiedenen Religionen in der christlich gedachten Heilsgeschichte. Hans Waldenfels hat dagegen in der Rahner-Festschrift ›Glaube im Prozeß‹ (1984) mit Recht eingewandt: „Wer den Dialog mit den Vertretern anderer Religionen im Sinn hat, kann sich nicht mit der Bestimmung der Funktion der anderen Religionen in der vom Christentum gedachten Heilsgeschichte begnügen."

Anders gesagt: Sowenig wie Barth hat sich Rahner den „conflicting truth claims", den konkurrierenden Wahrheitsansprüchen der anderen Religionen wirklich gestellt – weder in der Lehre noch im Ethos. Barth und Rahner sprechen „über", nicht mit den anderen Religionen. Zwar fordert der späte Rahner – ganz anders als Barth – eine Zusammenarbeit der Dogmatik mit der Religionswissenschaft (XIII, 349), aber nirgendwo in seinem Werk behandelt Rahner die nichtchristlichen Religionen wirklich religionswissenschaftlich: d. h. authentisch (von derem eigenen Selbstverständnis her) und komparatistisch (im Vergleich mit anderen). Die nichtchristlichen Religionen werden vielmehr mit christlichen Kategorien überfremdet („anonymes Christentum"). Und sosehr diese von Rahners Intention her binnenchristlich universale Offenheit signalisieren sollen, zur Bezeichnung des Partners im Dialog sind sie unbrauchbar, da Nichtchristen sich für das Christentum, gar die römisch-katholische Kirche, vereinnahmt fühlen müssen.

Anders gesagt: So verdienstvoll es ist, daß Rahner gegen einen christologischen Exklusivismus und Christomonismus auf der Linie Karl Barths die Heilsbedeutung der anderen Religionen theologisch denkbar macht, so sehr mußte das Verhältnis von Christentum und nichtchristlichen Religionen von der Verengung auf die Heilsfrage befreit werden. In diese Richtung hat sich denn auch die weitere theologische Arbeit im 20. Jahrhundert entwickelt. Die hier ausgewählten Autoren stehen jeweils für signifikante Trends einer christlichen Theologie der Weltreligionen mit je eigenem Sachanliegen.

1. Der Name des in Cincinnati lehrenden amerikanischen Theologen **Paul F. Knitter** steht für eine heute im angelsächsischen Raum weit verbreitete *pluralistische Religionstheologie.* Sie nimmt das Sachanliegen der Theologie von Ernst Troeltsch auf und sieht im Pluralismus der Religionen eine Herausforderung an jede Selbstverabsolutierung des Christentums als der einzig wahren Religion. Vom Christentum fordert sie buchstäblich eine „kopernikanische Revolution" im Blick auf ihr Verhältnis zu den nichtchristlichen Weltreligionen. Da keine Religion, keine Offenbarung und kein Erlöser das Geheimnis Gottes voll „repräsentieren" kann, kann sich folglich auch das Christentum nur als Teil des pluralen religiösen Systems begreifen. Das Christentum und sein Christus sind somit nicht mehr länger die Sonne im Zentrum, um die die anderen Religionen wie Planeten kreisen. Im Zentrum steht vielmehr „Gott" selbst, um den das Christentum zusammen mit anderen Religionen der Menschheit in gleicher Weise sich bewegt. Aus der pluralistischen Theologie folgt somit eine pluralistische Christologie. Sie beruht auf der Einsicht, daß angesichts der Pluralität der Religionen von einem exklusiven Konzept von Offenbarung und Inkarnation Abschied zu nehmen ist. Inkarnationen des göttlichen Geistes oder Wortes haben ständig stattgefunden. Stets hat es in der Geschichte Männer und Frauen gegeben, in denen Gottes Geist und Gnade wirksam war, so daß sie zu Instrumenten von Gottes Willen auf Erden wurden.

2. Der in München lehrende evangelische Theologe **Wolfhart Pannenberg** nimmt die Barthsche Traditionslinie auf, die freilich durch das Ernstnehmen der „natürlichen Theologie" stets konterkariert wird. Denn anders als Barth hatte Pannenberg schon früh (unter Rückgriff auf Schleiermacher) einen Sinn für Anthropologie

und religiöse Erfahrungen des Menschen entwickelt. „Religion" wird bei Pannenberg nicht theologisch einfach abqualifiziert, sondern als Ausdruck menschlicher Erfahrung ein und derselben göttlichen Wirklichkeit ernst genommen. So ist der Satz zu verstehen, der in dem hier abgedruckten Schlüsselaufsatz Pannenbergs ›Die Religionen in der Perspektive christlicher Theologie‹ zu lesen ist: Christliche Theologie könne sehr wohl damit rechnen, „daß auch die Menschen anderer Kulturkreise und Religionen es in ihren religiösen Vorstellungen und Verhaltensweisen mit derselben göttlichen Wirklichkeit zu tun" hätten, die „die Christen als den Schöpfergott der Bibel, den Vater Jesu Christi kennen".

Andererseits hat Pannenberg – auf der Grundlage seines bedeutenden christologischen Hauptwerks ›Grundzüge der Christologie‹ (1964) – nie einen Zweifel daran gelassen, daß man als Christ auch gegenüber Nichtchristen an der Einzigartigkeit der Offenbarung Gottes in der Geschichte Israels und in Jesus Christus festhalten müsse. Die Heilsfrage könne von daher nicht pauschal beantwortet werden. Eine pauschale Heilsrelevanz der anderen Religionen ist Pannenberg ebensowenig bereit anzuerkennen wie Barth und Rahner. Heil ist für Pannenberg nur „durch Verkündigung und Sakramente der Kirche" verbürgt. Den Sinn des interreligiösen Dialogs erkennt Pannenberg von daher in der Untersuchung, „in welchen Bereichen und an welchen Punkten" zwischen einer nichtchristlichen Religion und dem Christentum „Konvergenzen bestehen und wo deren Grenzen liegen". Eine biblische Kriteriologie erscheint denn auch in der Tat für die Einschätzung der nichtchristlichen Religionen und ihrer Gottesrede unverzichtbar zu sein.

3. In diese Richtung geht mein eigener Beitrag – in Auseinandersetzung mit der pluralistischen Religionstheologie. Er beschäftigt sich mit der zentralen dogmatischen Frage, ob die *Christologie* überhaupt *interreligiös dialogfähig* sein könne. Gerade von seiten der pluralistischen Religionstheologie wird dies vehement bestritten. Wenn man als Christ darauf bestehe, daß Gottes Offenbarung in Jesus Christus voll, definitiv und unüberbietbar sei, verliere man Dialog-Kompetenz und Dialog-Glaubwürdigkeit. In der pluralistischen Religionstheologie wird denn auch die Christologie weitgehend ignoriert oder durch einen einfachen Jesus-Glauben ersetzt, der an die liberale Theologie erinnert.

Dagegen versucht mein neutestamentlich-exegetisch fundierter

Beitrag einen Mittelweg zwischen Dogmatismus und Liberalismus zu gehen: Die Christologien des Neuen Testamentes (einschließlich der Präexistenz-, Schöpfungsmittlerschafts- und Inkarnationschristologie) müssen nicht im Interesse des interreligiösen Dialogs verwässert, historisch ausgeblendet oder pluralistisch ignoriert werden. Sie können – gelesen mit einer kontextuellen Hermeneutik – für den interreligiösen Dialog interpretiert und fruchtbar gemacht werden. Kurz: Die Christologien des Neuen Testamentes müssen kein Hindernis für den interreligiösen Dialog, können vielmehr Legitimation und Katalysator sein.

Ein dringendes Desiderat im Dialogfeld von Christentum und nichtchristlichen Religionen ist deshalb eine *„Biblische Theologie des interreligiösen Dialogs"*. Christliche Theologen, die sich im interreligiösen Dialog engagieren, haben zu häufig das Alte und Neue Testament entweder ignoriert oder nur selektiv interpretiert. Umgekehrt haben christliche Fundamentalisten alles getan, um mit der Bibel in der Hand den interreligiösen Dialog als Anstiftung zum Synkretismus zu diskreditieren. Diese Situation ist theologiegeschichtlich unerträglich. Theologen, die sich für den interreligiösen Dialog engagieren, dürfen die Schrift nicht einfach den Fundamentalisten überlassen oder pluralistisch reduzieren. Sie müssen den Streit um die Hermeneutik christologischer Schlüsseltexte in aller Entschiedenheit aufnehmen, um zu einer verantwortbaren biblischen Grundlage für das Gespräch mit Nichtchristen zu kommen. Ohne biblische Grundlage keine Identität des Christentums. Hier ist die Forschung erst in den Anfängen.

4. Einen neuen Weg interreligiöser Verständigung schlägt auch der katholische Tübinger Theologe **Hans Küng** vor, der in seinem theologischen Œuvre verschiedene Phasen der Verhältnisbestimmung von Christentum und nichtchristlichen Religionen durchgemacht hat. Entschieden hatte auch Küng sich im Verlauf der 70er Jahre von der Verengung der Theologie der Religionen auf die Heilsfrage gelöst. Schon 1974 hatte er in seinem Buch ›Christ sein‹ die nichtchristlichen Religionen als ständigen Horizont der Selbstreflexion des Christentums bezeichnet, als ständige Herausforderung im Blick auf die Wahrheitsfrage. 1984 und 1988 legte Küng Arbeiten zum Dialog mit Islam, Hinduismus, Buddhismus und den chinesischen Religionen vor, in denen erstmals nicht „über" die Religionen theologisiert wird. Die Religionen werden vielmehr (von

religionswissenschaftlichen Fachleuten) in ihrem Selbstverständnis präsentiert und als konkrete Dialogpartner ernst genommen.

1990 legt Küng ein Buch vor, in dem er eine neue Richtung seiner Arbeit vorstellt: ›Projekt Weltethos‹. Küng ging dabei von der Grunderfahrung aus: Jahrhundertelang haben sich die Religionen um die Wahrheitsfrage gestritten. Sie haben sich ausgegrenzt und gegenseitig verworfen. Sie haben sich ihre Unvereinbarkeit in der Lehre gegenseitig immer wieder bestätigt. Dieser Wahrheitsabsolutismus aber führte nicht selten zur Legitimation heißer oder kalter Kriege, zu Intoleranz, Fanatismus, Haß. Kurz: Der Wahrheitsabsolutismus war ein entscheidender Grund für interreligiöse Friedlosigkeit, ja Gewaltbereitschaft.

Umgekehrt aber gilt auch: In der einen Weltgesellschaft leben Menschen verschiedener Religionen auf immer engerem Raum zusammen. Millionen von Anhängern unterschiedlicher Religionen leben heute nicht mehr in Kontinenten getrennt voneinander, sondern leben vor allem in Großstädten Europas und Nordamerikas in der einen Region zusammen. Zusammenleben von Menschen verschiedener Religionen aber ist nur möglich, wenn man eine Rechtsordnung bejaht. Die Bejahung einer Rechtsordnung setzt ihrerseits die Anerkennung gemeinsamer Werte, Normen, ethischer Grundprinzipien voraus. Hier setzt das Küngsche „Projekt Weltethos" an. Es will ins Bewußtsein heben, daß unbeschadet aller „dogmatischen" Differenzen zwischen den Religionen tiefe *Gemeinsamkeiten im Ethos* bestehen: ein Grundkonsens bezüglich verbindender Werte, unverrückbarer Maßstäbe und persönlicher Grundhaltungen. Mit Weltethos meint Küng dabei weder eine neue Welteinheitsideologie noch eine einheitliche Weltreligion jenseits aller bestehenden Religionen, noch eine Mischung aus allen Religionen. Die Propagierung eines „Weltethos" will auch nicht die Hochethik der einzelnen Religionen durch einen ethischen Minimalismus ersetzen. Die Tora der Juden, die Bergpredigt der Christen, der Koran der Muslime, die Bhagavadgita der Hindus, die Reden des Buddha, die Sprüche des Konfuzius: sie alle bleiben für Küng die Grundlage für Glauben und Leben für Hunderte von Millionen von Menschen.

Küng will mit „Weltethos" vielmehr das, was den Religionen der Welt trotz aller Verschiedenheit schon jetzt gemeinsam ist, herausarbeiten, und zwar in bezug auf menschliches Verhalten, sittliche

Werte und moralische Grundüberzeugungen. „Weltethos" will die Religionen also nicht auf ein ethisches Minimum reduzieren, wohl aber will es das Minimum dessen herausstellen, was den Religionen der Welt schon jetzt im Ethos gemeinsam ist. In diesem Sinn hat Küng auf Einladung der Organisatoren des ›Weltparlaments der Religionen‹ (September 1993 in Chicago) eine ›Erklärung zum Weltethos‹ ausgearbeitet, die auf dem Parlament mit großer Mehrheit verabschiedet wurde.

Viel Forschung ist hier noch zu investieren. Eine Zusammenarbeit von Theologie und Religionswissenschaft ist gerade hier unverzichtbar, aber auch immer wieder neu die Begegnung zwischen den Menschen der verschiedenen Religionen. So läßt sich denn der Weg der christlichen Theologie der Religionen im 20. Jahrhundert beschreiben als ein Weg weg vom christomonistischen Exklusivismus hin zu einer Bejahung der Pluralität der Religionen als Ausdruck von Gottes Willen mit der Menschheit, ohne daß das Christentum seinen Anspruch auf Wahrheit und Heil aufgegeben hätte. Die Wahrheits- und Heilsfrage aber wurde in ihren Verengungen durchschaut. Die Religionen der Welt wurden statt dessen in ihrem Selbstverständnis ernst genommen, komparatistisch in Relation zu christlichen Glaubenserfahrungen gesetzt, eine biblische Hermeneutik des interreligiösen Dialogs gefordert und die Frage des gemeinsamen Ethos von Menschen unterschiedlicher religiöser Überzeugungen vorangetrieben, die für das Überleben dieser einen Weltgesellschaft von immer größerer Bedeutung werden wird. Kurz: Die christliche Theologie steht am Ende dieses Jahrhunderts – trotz vieler extremer Positionen rechts wie links – besser vorbereitet da, den Dialog mit Menschen nichtchristlicher Religionen zu führen, als zu Beginn dieses Jahrhunderts. Durch neue Kommunikationstechnologien, touristische Infrastrukturen, wissenschaftliche Kooperation auf breiter internationaler Ebene ist ein Kenntnisstand von anderen Religionen erreicht, der für die Bewältigung der Aufgaben im 3. Jahrtausend die Voraussetzung ist. Wenn die Zeichen nicht trügen, wird das 3. Jahrtausend nicht nur im Zeichen einer interkulturellen, sondern auch einer interreligiösen christlichen Theologie stehen. Jeder christliche Theologe, jede christliche Theologin sollte darauf geistig-geistlich vorbereitet sein.

Theologische Modelle

Ernst Troeltsch, Der Historismus und seine Überwindung. 5 Vorträge. Berlin, Pan-Verlag, R. Heise 1924. 2. Neudruck: Scientia Verlag, Aalen 1979, Seiten 62–83.

Ernst Troeltsch

Die Stellung des Christentums unter den Weltreligionen

Seit langem war es mein lebhafter Wunsch, einmal das altberühmte Oxford zu sehen, das zu uns vor allem mit seinem mittelalterlichen Glanze herüberleuchtet und uns das Problem der Entstehung des Nominalismus und Empirismus aus der Scholastik darzubieten pflegt. Daß ich es nun aber von der Höhe eines Oxforder Lehrstuhles aus würde betrachten können, das habe ich in meinen kühnsten Wünschen nicht angenommen. Ich danke diese hohe Ehre Professor Clement C. Webb und Ihrem freundlichen Interesse an meiner wissenschaftlichen Arbeit. Für diese Ehre, die ich voll empfinde, sage ich Ihnen und Herrn Webb meinen ehrerbietigsten Dank, und ich kann nur wünschen, Sie möchten heute die Weisheit und Gelehrsamkeit Ihres gewohnten Lehrers nicht vermissen.

Entsprechend dieser außergewöhnlichen Lage darf ich auch kein anderes Thema wählen, als dasjenige, welches Kern und Ausgangspunkt meiner wissenschaftlichen Arbeit enthält. Am klarsten ist dieser Kern erkennbar in meinem Büchlein über *›Die Absolutheit des Christentums‹*. Es schließt eine Reihe vorangegangener Studien ab und eröffnet die weiter ausgreifenden neuen geschichtsphilosophischen Arbeiten. Vor allem aber: Es ist selbst der zentrale Punkt, zu dem bei mir ursprüngliche Interessen und Probleme der modernen geistigen Situation zusammenschossen. Als solchen hat es auch einer Ihrer Landsleute, Herr A. C. Bouquet, in seinem Buche ›Is Christianity the Final Religion‹ erkannt und mich durch eine geistreiche Darstellung und Kritik tief verpflichtet. Ich möchte also in dieser Stunde den Sinn dieses Büchleins und die Fortentwicklung meiner weiteren Arbeit von ihm aus erläutern.

Der Sinn des Büchleins liegt, kurz gesagt, in einem tiefen Gefühl für den Zusammenstoß des historischen Denkens und der normativen Festsetzung von Wahrheiten und Werten. Das ist ein Problem, das mir schon in den frühesten Jugendjahren erwuchs. Ich genoß eine überwiegend humanistisch-historische Bildung, aus der sich ein reiches und breites historisches Studium und Interesse ergab in dem Sinne, wie wir in Deutschland in unseren besten Zeiten Geschichte und Menschendasein zu verstehen pflegten. Das heißt: in dem objektiven, kontemplativen Sinne, der über das historische Leben der großen Menschheit, so weit möglich, sich ausbreitet und ohne bestimmte praktische Zwecke nur an dem Reichtum, der Fülle und der Bewegtheit des menschlichen Daseins sich erbaut. Es scheint uns der Reichtum göttlichen Lebens und Wirkens zu sein, der sich in dieser historischen, unendlich verschiedenartigen Welt ausdrückt und der Seele des Betrachters seine eigene Weite und Größe dadurch einflößt. Aber gleich stark war ein anderes ebenso ursprüngliches Interesse, das an einer starken und zentralen religiösen Lebensposition, von der aus das eigene Leben erst ein Zentrum in allen praktischen Fragen und das Denken über die Dinge dieser Welt ein Ziel und einen Halt gewinnt. Dieses Bedürfnis führte mich in Theologie und Philosophie, die ich mit einer gleichen Leidenschaft des inneren Bedürfnisses ergriff. Dieses beides aber stellte nun einen sehr scharfen Gegensatz und Konflikt dar. Auf der einen Seite die zerfließende Überfülle historischer Mannigfaltigkeiten und die kritisch-mißtrauische Haltung gegenüber den konventionellen Überlieferungen, aus denen die Kenntnis des Wirklich-Gewesenen in immer neuer Arbeit und immer nur annähernd gewonnen werden kann. Auf der anderen Seite die Zusammendrängung auf einen bestimmten praktischen Standort und die hingebende vertrauende Lebenshaltung, die sich der göttlichen Offenbarung und Forderung öffnet und beugt. Aus diesem Konflikt, der kein erdachter, sondern ein praktisch erlebter ist, entsprang im Grunde meine ganze wissenschaftliche Fragestellung.

Aber dieser Konflikt war kein rein persönliches und zufälliges Erlebnis. Er war vielmehr die persönliche Form, in der ein allgemeines in der Zeit und Entwicklung liegendes Lebensproblem der modernen Welt mir zum Bewußtsein kam. Ich weiß freilich, daß dieses Problem keineswegs überall in der europäisch-amerikanischen Kulturwelt so scharf empfunden wird. Insbesondere für England trifft das nicht ohne weiteres zu, wie das schon erwähnte Buch von Bouquet ausführt, noch weniger für das überhaupt sehr wenig historisch gestimmte Amerika. Aber im Grunde ist trotz alledem überall ein Gefühl dafür verbreitet, daß historische Kritik und historischer Universalismus den Sinn für einfache normative, sei es rationale oder traditionelle Werte erschüttert und gefährdet. Es ist in den angelsächsischen Ländern mehr die Ethnographie und vergleichende Religionsforschung, die dieses Gefühl erzeugt und zu denen die Forschungen einer exakten philologischen Kritik hinzukommen. Bei uns ist es mehr die Erforschung der europäischen Kulturwelt selber, die uns vor die Relativität und Beweglichkeit aller, auch der höchsten Kulturwerte stellt. Aber im einen wie im anderen Falle ist die Wirkung ziemlich ähnlich. Ob man mehr aus der Schule Herbert Spencers und des Evolutionismus oder mehr aus der Hegels, Rankes und der deutschen Romantik kommt, immer ist die Wirkung der Historie ein erschütterndes Bild der Mannigfaltigkeit und der inneren Bewegtheit aller historischen Gebilde. Insbesondere ist ja gerade die vergleichende Religionsgeschichte ein Werk der großen Kolonialvölker, vor allem der Engländer, und von da aus geht doch auch hier die relativierende Wirkung des historischen Denkens aus. So fehlt es ja auch hier nicht an Kritik gegenüber Bibel und Dogma und ist in dieser Hinsicht ein wachsendes Gefühl der Unsicherheit auch hier verbreitet. Der Unterschied des deutschen historischen Denkens ist demgegenüber im Grunde nur der, daß dieses zumeist rücksichtsloser in der Kritik gegenüber praktischen Interessen und Bedürfnissen der Gemeinschaft ist und daß es theoretisch von der Idee der Individualität beherrscht ist, statt von der soziologischer oder evolutionistischer Gesetze, die schließlich alle Linien in einem einheitlichen naturgemäßen Ziel münden lassen. Aber so groß diese Unterschiede sind, sie ändern doch nichts an der Hauptsache, an dem allgemeinen und grundsätzlichen Konflikt zwischen der kritischen Unsicherheit, der bewegten Mannigfaltigkeit und der vielfachen Gegensätze des Historischen mit dem Bedürfnis nach Sicherheit, Einheit und Ruhe, von dem die religiöse Idee erfüllt ist. Ob mehr in peripherischen kritischen Auseinandersetzungen oder mehr in grundsätzlichen Erschütterungen der Prinzipien bestehend, immer ist doch Ursache und Wirkung ziemlich die gleiche.

In diesem Konflikte nun prüfte ich in meiner „Absolutheit" die Mittel, mit denen sich die Theologie dieser Schwierigkeiten erwehren kann. Es ist also die Prüfung der Grundkonzeptionen aller Theologie überhaupt. Ich glaubte hier zwei solche Konzeptionen feststellen zu können, die beide die absolute Geltung der christlichreligiösen Wahrheit gegenüber den Relativitäten der Geschichte begründen zu können meinen. Das erste die Theorie der Legitimierung des Christentums durch das Wunder. Dabei kommt heute nicht mehr in erster Linie das äußere Wunder in Betracht, das Naturwunder und die Durchbrechung der Naturgesetze, sondern das innere Wunder der Bekehrung und der Gewinnung eines höheren inneren Lebens durch den Zusammenhang mit Jesus und seiner Gemeinde. Hier tritt eine völlig andere Kausalität zu Tage als irgendwo sonst in der Welt. Das christliche Leben ist eine Insel im Strom der Geschichte, umbrandet von den Stürmen und umschmeichelt von den Künsten des profanen Lebens, aber in Wahrheit ein andersartiger und fester Boden des Geschehens. Die Absolutheit des Christentums beruht auf der unmittelbar im Wunder kundwerdenden Absolutheit Gottes selbst, der außerhalb dieser Insel sich nur als causa remota, als Grund des Zusammenhangs alles Relativen, kundtut. Dadurch wird eine übernatürliche und eine natürliche Theologie möglich, von denen die erste sich auf die innere Wiedergeburt und Erfahrung, die zweite auf die äußeren Tatsachen und Wirklichkeiten des Kosmos stützt. Es ist die innerliche und geistige Erwärmung und Vertiefung der alten Wunderapologetik, wie sie seit der Einwirkung des Methodismus und Pietismus sich durchgesetzt hat. Dem steht dann aber die zweite Grundkonzeption gegenüber, die ich als die evolutionistische bezeichnen möchte und deren wichtigster Vertreter Hegel gewesen ist. Darnach ist das Christentum nichts anderes als die vollendete Idee der Religion überhaupt, der in aller Religion enthaltene Grundtrieb zu Erlösung und geistiger Gottesgemeinschaft, der im Zusammenhang mit der allgemeinen Entwicklung des Geistes überall sinnliche, naturalistische und mythische Bindungen überwindet, bis er im Christentum zu voller Klarheit und Reinheit gelangt und sich mit der reinsten und geistigsten Philosophie, dem Platonismus, verbindet. Das Christentum ist nichts Partikulares, sondern etwas Universales. Es ist kein isoliertes Wunder, sondern die Blüte des geistigen Lebens überhaupt. Alle Religion ist Erlösung und Wiedergeburt, aber außerhalb des Christentums gebunden an unüberwindliche Schranken der Sinnlichkeit und der Selbstsucht. In den Propheten und Christus sprengt das göttliche Leben diese Entwicklungsschranken und flutet frei in die sehnsüchtige Welt hinaus, die darin die Lösung ihrer inneren Konflikte und das Ziel ihres Strebens erkennt. Hier ist die gesamte Religionsgeschichte und ihr vor aller Augen liegender Gang der völlig ausreichende Beweis des Christentums. Die geschichtliche Entwicklung ist kein Gegensatz zu ihm, sondern sie ist gerade als Ganzes und als Einheit die Veranschaulichung seiner abschließenden Größe und alles ergreifenden Macht. Die seine Entwicklung begleitenden Wunder gehören wie auch bei anderen Religionen, teils der mythisch verherrlichenden Tradition an, teils gehen sie aus den Erschütterungen des geistigen Lebens durch seinen Durchbruch hervor. Sie sind nicht seine Legitimation, sondern seine Begleitung und können darum ohne Sorge der historischen Kritik überlassen werden.

Beide Theorien glaubte ich nun aber als unhaltbar bezeichnen zu müssen. Die erste, weil das innere Wunder zwar eine starke seelische Erschütterung, aber kein Wunder im eigentlichen Sinn des Wortes ist. Soll der Platonische Eros auf natürlicher, die christliche Agape auf übernatürlicher Kausalität beruhen? Und wie will man das beweisen, wenn man es überhaupt annehmen will? Man könnte es doch nur, indem man wieder zu der Begleitung dieser äußeren Wunder seine Zuflucht nähme und nicht die Melodie selbst, sondern die Begleitung zur Hauptsache machte. Dann aber steht man vor der Konkurrenz der außerchristlichen Wunder, vor der historischen Kritik und vor den Mühen der philosophischen Theorie des Wunders. Wendet man sich aber um dessen willen zur zweiten Theorie, so sind die Schwierigkeiten andere, aber nicht geringere. Die wirkliche Religionsgeschichte weiß nichts von dieser Gleichartigkeit aller Religion, von diesem naturgemäßen Aufstreben zum Christentum. Sie sieht zwischen den großen Weltreligionen und den heidnischen Nationalreligionen überall einen scharfen Bruch und unter den Weltreligionen wiederum unüberwindliche innere Gegensätze, die ihre endgültige Verschmelzung und Vereinigung im Christentum praktisch und theoretisch höchst unwahrscheinlich machen. Ferner ist die Idee des Christentums doch selber eine Abstraktion. Es ist keine Einheit, sondern in jedem Zeitalter etwas anderes und außerdem in viele Konfessionen zerspalten. Es kann also durchaus nicht als die endlich erreichte Einheit und Klarheit der religiösen Vernunft bezeichnet werden, sondern ist ein eigenes und selbständiges historisches Prinzip, das auch seinerseits sehr verschiedene Möglichkeiten und Triebe in sich enthält. Das führt schließlich auf das Letzte und die Hauptsache, die freilich in der außerdeutschen Wissenschaft nicht so stark empfunden zu werden pflegt wie bei uns: auf den alles Historische beherrschenden Begriff der Individualität. Das Historische ist nicht eine Trübung und Einschränkung von etwas Allgemeinem und überall Gleichem, aber auch keine beständige Mischung und Neuverbindung elementarer psychischer Kräfte, wobei sich eine allgemeine Richtung auf ein rationales oder naturgemäßes Endergebnis andeutete. Es ist vielmehr die unberechenbare und unvergleichbare Fülle immer neuer eigenartiger und darum individueller Tendenzen. Sie entstehen aus unbekannten Tiefen in originalen Durchbrüchen und in jedesmal besonderen Situationen. Sie wirken sich jede auf eigene Weise aus und reihen auch ihrerseits in ihrer Auswirkung immer neue individuelle Umformungen aneinander, bis ihre Kräfte versiegen oder sie als Stoff und Komponente in neue Bildungen eingehen. Das ist das allgemeine Gesetz der Geschichte, daß die göttliche Vernunft oder das göttliche Leben in der Geschichte sich in immer neuen und immer eigenartigen Individualisationen offenbart und eben deshalb überhaupt nicht auf Einheit und Allgemeinheit, sondern auf Steigerung jedes individuellen Lebenskreises zu seinen reinsten und höchsten Möglichkeiten in sich selbst abzielt. Dieses Gesetz vor allem macht es unmöglich, das Christentum als Einheit und Ziel der historischen Kräfte zu bezeichnen; es macht es insbesondere unmöglich, das Christentum selber als etwas anderes zu fassen denn als eine historische Individualität.

Das sind die historischen Gedanken, die der deutschen Romantik, der großen Gegenbewegung gegen allen Rationalismus und gegen alle hölzerne Wunderapologetik, entstammen. Hierin liegt innerhalb der großen gesamteuropäischen Bewegung der Romantik die besondere Art und Bedeutung der deutschen Romantik. Von ihr ist die ganze deutsche Historie und auch der beste Teil der deutschen Theologie des 19. Jahrhunderts ausgegangen. Hier liegt der letzte Kern des Problems. Darin liegt auch der Grund, weshalb es bei uns brennender geworden ist als anderswo, soweit man nicht etwa aus eigenem Antrieb oder unter deutschem Einfluß sich ähnlichen Gedanken ergeben hat.

Was aber ist dann zu tun? Auf diese Frage suchte ich in meinem Buche zu antworten. Ich hob zunächst hervor, daß allerdings die Rückkehr zu der alten Wunderapologetik nicht möglich sei. Hier haben nicht Theorien, sondern Dokumente, Entdeckungen und

Funde entschieden, deren Gewicht sich niemand entziehen kann, der einen von der Philologie geschulten Wahrheitssinn oder auch nur schlichten, natürlichen Common Sense hat. Ich hob dann weiter hervor, daß die Idee des tatsächlich Allgemeinen uns hier nichts nützen könne. Es kommt nicht auf tatsächliche Allgemeinheit und Enthaltenheit des Christentums in aller Religion an, sondern auf Gültigkeit, die sehr wohl von einem einzelnen Punkte ausgehen kann. Daran spann ich dann meinen Gedankenzug weiter fort. Es ist sehr wohl möglich, daß in allen Religionen ein Element des Gültigen steckt, aber gemischt mit tausend individuellen und temporären Besonderheiten. Überall kann hier das Gültige nur durch Bruch und Kampf sich herauslösen, und diese Herauslösung bleibt eine immer neue Aufgabe. Die Gültigkeit selber aber ist eine Einsicht, die nur persönlich aus innerer Erfahrung und reiner Gewissenhaftigkeit bejaht werden kann, die aber nicht eigentlich bewiesen werden kann, da ja der Beweis eines tatsächlich allgemeinen Vorhandenseins nichts hilft, auch wenn ein solches besser bewiesen werden könnte, als das in Wirklichkeit der Fall ist. Nur nachträglich und indirekt kann dann die praktische Fruchtbarkeit und Ausweitung auf alle Lebensfragen jene Einsicht bestätigen. In bezug auf das Christentum kann dann eine solche Einsicht von ihm nur durch persönliche Gewißheit und unmittelbaren Eindruck entstehen. Ihr allgemeingültiges Recht kann nur geglaubt und gefühlt und dann nachträglich durch die wirkliche Lösbarkeit aller Lebensprobleme von ihm aus befestigt werden.

Nun stehen Gültigkeiten dieser Art immer auf der Nadelspitze persönlicher Überzeugungen. Es bleibt das Bedürfnis nach einer breiteren realen Fundierung. Eine solche glaubte ich zu finden in der Art, wie die Allgemeingültigkeit des Christentums sich instinktiv und unmittelbar ausdrückt in der Art seines Offenbarungsglaubens und seines Wahrheitsanspruches. Hier, meinte ich, müsse vor allem der Vergleich mit anderen Religionen einsetzen, deren Offenbarungsglaube und Universalitätsanspruch jedesmal ein ganz anderer als der des Christentums sei. Sie alle, wenn man an die großen Universalreligionen des Judentums, Islams und Parsismus, des Buddhismus und des Christentums, allenfalls noch an den Konfuzianismus denkt, beanspruchen Absolutheit, aber völlig naiv auf eine ganz verschiedene Weise, in der sich jedesmal die Verschiedenheit der inneren Struktur verrät. Es sind naive, nicht apologetisch konstruierte Absolutheiten, und in der Verschiedenheit dieser naiven Absolutheiten verrät sich der verschiedene Grad der wirklich innerlich gemeinten und gewollten, aus dem religiösen Gedanken selber stammenden Absolutheit. Das schien mir fast der wichtigste Punkt in aller Religionsvergleichung zu sein, die intimste Probe auf das Wesen der zu vergleichenden dogmatischen Inhalte, die über die Art ihrer gefühlsmäßigen Wurzelung in der unmittelbar religiösen Erfahrung doch nur wenig aussagen. Ähnliche Gedanken hat der Holländer Abraham Kuenen in seinem vortrefflichen Buche über Nationalreligionen und Universalreligionen entwickelt. Stellte man die Untersuchung und Vergleichung auf diesen Punkt ein, dann ergab sich sofort, daß Judentum und Parsismus erklärte Nationalreligionen waren, am Boden ihrer Heimat und den Aufgaben ihrer besonderen kulturellen Lage haftend, bei den Juden geradezu grundsätzlich an die nationale Zugehörigkeit und die nationalen Hoffnungen gebunden. Aber auch der Islam ist im Grunde eine nationalarabische Religion, die kriegerisch die Prophetenschaft Mohammeds im Zusammenhang der arabischen Völkerwanderung ausbreitet und auch später, als sie weit über das Arabertum hinaus sich erstreckte, die Ungläubigen nicht bekehrte, sondern als Steuerobjekte konservierte. Und wo der Islam eine große Missionstätigkeit entfaltet, wie in Afrika und den malayischen Inseln, da erweist er sich als an gewisse Kulturvoraussetzungen gebunden, die ihn den Primitiven leichter zugänglich machen als das Christentum, die aber auch seine Unablösbarkeit von realen Kulturverhältnissen bedeuten. Wo er schließlich persische oder indische Mystik, griechische und moderne Philosophie aufgenommen hat, da verliert er seinen genuinen Geist und wird erst recht ein Kennzeichen und eine Begründung nationaler Autonomie. Der Konfuzianismus und Buddhismus schließlich sind mehr Philosophien als Religionen und verdanken ihre Absolutheit mehr dem allgemeingültigen Wesen des Denkens als einer spezifisch religiösen Offenbarungsgewißheit, wobei der erstere grundsätzlich national und der zweite faktisch an die Lebensbedingungen der tropischen Länder gebunden ist. Demgegenüber ist die naive Absolutheit des Christentums in allen Fällen eine ganz andersartige. Die nationale Gebundenheit ist grundsätzlich ausgeschlossen, und diese Ausschließung spiegelt den rein humanen Charakter seiner religiösen Idee wider, die sich lediglich an die einfachsten, allgemeinsten, innerlichsten und persönlichsten Bedürfnisse des Menschen wendet. Ferner beruht sie in keiner Weise auf der menschlichen Denktätigkeit und mühsamen Gedankenarbeit, sondern auf einer überwältigenden Kundgebung Gottes in den großen Propheten und deren Innenleben. Sie ist darum Leben und nicht Denken, Kraft und nicht Gesellschaftsordnung. Der Selbsterschließung Gottes im Kern des Gewissens und nicht der Richtigkeit des Denkens und Beweisens verdankt sie ihre Allgemeingültigkeit. So ist also die naive Absolutheit des Christentums einzigartig wie seine Gottesidee selbst, das Korrelat seiner Idee einer inneren seelischen Offenbarung, die Lebensweckung und Lebenserhöhung, Überwindung der Hemmungen des Schuldgefühls und Brechung der sich auf sich selbst versteifenden Selbstsucht ist. Von da aus scheint der vom Inhalt seiner religiösen Idee ausgehende Absolutheitsanspruch bestätigt. Ihm kommt von allen Religionen die innerlichst, aus dem Wesen Gottes und des Menschen begründete Allgemeingültigkeit zu, und dann kann man das Maß von Gültigkeit, das in den anderen Religionen enthalten ist, ruhig sich selbst überlassen. Auch die Frage einer etwaigen Weiter- und Höherentwicklung der Religion können wir auf sich beruhen lassen. Genug, daß das Christentum selbst noch eine werdende und nach immer neuem Ausdruck strebende Religion ist. Wir können uns damit begnügen, daß ihm die höchste Gültigkeit zukommt in dem ganzen Umkreis, den wir übersehen können. Wir werden keine Juden, Parsi oder Mohammedaner, auch keine Konfuzianer und keine Buddhisten werden wollen, sondern werden darnach trachten, unser Christentum in immer neuen Zusammenhang mit den sich wandelnden Umständen zu bringen und seinen rein menschlichgöttlichen Kern immer reiner herauszuarbeiten. Es ist das Höchste und Innerlichste, was wir überhaupt kennen. Es hat die höchste Gültigkeit. Das mag genügen.

Das war vor etwa 20 Jahren das Ergebnis meines Buches, und ich habe davon praktisch heute nichts zurückzunehmen. Aber theoretisch habe ich heute doch manches abzuändern, und diese Abänderungen sind auch nicht ganz ohne praktische Folgen.

Meine Bedenken liegen darin, daß der Konflikt zwischen dem Begriffe der Individualität, dessen Bedeutung für die Historie mir immer klarer und wichtiger geworden ist, mit dem der Höchstgeltung sich doch nicht so leicht vereinigen läßt. Weitere Untersuchungen, vor allem über die Geschichte des Christentums, wie ich sie in meinen Soziallehren niedergelegt habe, haben mir gezeigt, wie durch und durch individuell doch das historische Christentum selber ist und wie seine verschiedenen Perioden und Denominationen doch jedesmal in anderen Zeitumständen und Lebensbedingungen begründet sind. Es ist als Ganzes und im einzelnen doch eine vollkommen historisch-individuelle und relative Erscheinung, so, wie es ist, nur möglich auf dem Boden der antiken Kultur und der romanisch-germanischen Völker. Das Ostchristentum der Jacobiten, Nestorianer, Armenier, Aethiopier ist ein völlig anderes. Ja, schon das russische ist eine Welt für sich. Das heißt aber: Die Religion ist jedesmal von dem Boden und den geistigen, sozialen und nationalen Grundlagen abhängig, auf denen sie lebt. Auf der anderen Seite lehrte mich das Studium der nicht-christlichen Religionen immer deutlicher, daß ihre naive Absolutheit doch auch eine echte Absolutheit ist und vor allem der Buddhismus und Brahmanismus eine rein humane und innerliche Religiosität ist, die sich auf ihre Weise genau so auf innere Gewißheit und Hingabe berufen kann, aber freilich unter ganz anderen historischen, geographischen und sozialen Bedingungen ihre besondere, auf diesem Boden geforderte Form gewonnen hat. Vor allem aber verfolgte ich das Problem des Verhältnisses von historisch-individuellen Wirklichkeiten und geltenden Normen viel allgemeiner über das Gesamtgebiet der Historie in bezug auf politische, soziale, ethische, künstlerische und wissenschaftliche Ideenbildungen. Es sind Untersuchungen, die ich ganz jüngst abgeschlossen habe in einem neuen Buche ›Der Historismus und seine Probleme‹. Da ergab sich denn die gleiche Schwierigkeit auf allen Gebieten, nicht bloß auf dem der Religion. Ja, sogar die Gültigkeiten der Wissenschaft und der Logik scheinen unter verschiedenen Himmeln und auf verschiedenen Böden bis in den tiefsten und innersten Grund hinein starke individuelle Unterschiede zu zeigen. Dasjenige, was wirklich in der Menschheit allgemein und absolut ist, ist trotz durchgängiger Verwandtschaft und Verstehensmöglichkeit doch im Grunde recht wenig, immer noch mehr auf dem materiellen Gebiete der Sinnlichkeit als auf dem ideellen der Kulturwerte.

Die Wirkung dieser Erkenntnisse auf den Gedankengang meines älteren Buches ist nun folgende:

Die Idee der Individualität des Europäertums und des mit ihm eng verbundenen Christentums tritt nun viel stärker in den Vordergrund, und die doch immer etwas rationalistische Idee der Geltung und der Höchstgeltung tritt stark zurück. Entscheidend sind die Tatsachen und der Gang des Schicksals. Die Tatsachen haben nun einmal Griechentum, Römertum und Nordeuropäer aufs engste mit dem Christentum zusammengeschweißt. Alle Gefühle und alles Denken sind mit christlichen Motiven und Voraussetzungen durchtränkt, wie umgekehrt all unser Christentum mit antiken und modernen Elementen des Europäertums unlösbar verbunden ist. Das Christentum ist aus einer jüdischen Sekte die Religion des gesamten Europäertums geworden. Es steht und fällt mit diesem, wie umgekehrt dieses völlig entorientalisiert, hellenisiert und europäisiert ist. Die europäische Idee der Persönlichkeit, ihres ewigen göttlichen Rechtes, des Fortschrittes zu einem höheren Reich des Geistes und Gottes, die ungeheure Energie der Ausbreitung und der Verbindung von Geistlichem und Weltlichem, unsere Sozialordnung, unsere Wissenschaft, unsere Kunst: all das steht bewußt und unbewußt, gern und ungern auf dem Boden dieses völlig entorientalisierten Christentums. Die Geltung des Christentums besteht vor allem darin, daß wir nur durch es geworden sind, was wir sind, und nur in ihm die religiösen Kräfte behalten, die wir brauchen. Ohne es verfallen wir in selbstmörderisches Titanentum oder in entnervende Spielerei oder in gemeine Roheit. Dabei behelfen wir uns mit den Widersprüchen zwischen seiner hohen Spiritualität und den praktischen Lebensbedürfnissen so gut oder schlecht als es geht, in immer neuen Anläufen, in immer neuen Zuwendungen und Abwendungen. Diese Spannung gehört mit zu unserem Wesen und weckt immer neue heroische Strebungen neben den furchtbarsten Lügen und Freveln. So sind wir, so werden wir bleiben, so lange wir sind. Wir können die Religion nicht entbehren, aber die einzige, die wir vertragen können, ist das Christentum, weil es mit uns gewachsen ist und ein Teil unserer selbst ist.

Nun kann es selbstverständlich in diesen Dingen nicht bei der Brutalität der bloßen Tatsachen bleiben. Das Christentum könnte nicht die Religion einer so hochentwickelten Menschheitsgruppe sein, wenn es nicht eine gewaltige innere Kraft und Wahrheit hätte, wenn es nicht wirklich etwas von göttlichem Leben in sich enthielte. Davon gibt es bei dieser wie bei jeder anderen Theorie im Grunde die immer gleiche Evidenz einer tiefen inneren Erfahrung.

Aus dieser Erfahrung ist zweifellos seine Geltung zu begründen, aber eben doch nur seine Geltung für uns. Es ist das uns zugewandte Antlitz Gottes, die Art, wie wir in unserer Lage Gottes Offenbarung empfinden und fühlen, für uns verpflichtend und uns erlösend, für uns absolut, da wir etwas anderes nicht haben und in dem, was wir haben, die göttliche Stimme vernehmen. Aber es ist dadurch nicht ausgeschlossen, daß andere Menschheitsgruppen im Zusammenhang völlig anderer kultureller Verhältnisse den Zusammenhang mit dem göttlichen Leben auf eine individuell ganz andere Weise empfinden und eine ebenso mit ihnen gewachsene Religion haben, von der sie sich nicht lösen können, so lange sie sind, was sie sind. Sie mögen mit voller Ehrlichkeit ihre eigene Absolutheit empfinden und ihr den von ihrer Religiosität aus geforderten Ausdruck geben. Natürlich wird man etwas Derartiges nur bei Völkern hoher und selbständiger geistiger Kultur annehmen, deren ganzes Geistesleben innerlich mit ihrer Religion in langer Arbeit verbunden worden ist, nicht bei religiös gespaltenen und schwachen Völkern oder bei dem monotonen und doch immer wechselnden Heidentum bloßen Geisterglaubens. Diese Gebiete werden ja auch langsam von den großen Religionen erobert, die ein echtes Absolutheitsgefühl haben. Unter den großen und geistigen Religionen aber bleiben die vom Schicksal geformten geistigen Grundhaltungen entscheidend. Will man sie einer Wertvergleichung unterziehen, so kann man nicht die Religionen für sich, sondern stets nur die ganzen Kultursysteme selbst vergleichen, zu denen die Religionen jedesmal als ihr unablösbares Ingrediens gehören. Wer also will hier wagen, wirklich entscheidende Wertvergleichungen zu machen. Das könnte nur Gott selbst, der diese Verschiedenheiten aus sich entlassen hat. Die verschiedenen Menschheitsgruppen können nur jede auf ihrem Gebiete nach möglichster Reinheit und Tiefe von ihren eigenen Maßstäben aus streben und die geistig und kulturell schwächeren überwältigen, bei denen dann aber doch die auf sie übertragene Religion der Stärkeren von neuem sich individualisieren wird.

Praktisch ist zunächst im Ganzen das Ergebnis dieser neuen Denkweise dasselbe, wie das meiner früheren und wie schließlich aller und jeder Theologie, die das Christentum festhält und nur begründen und deuten will. Im besonderen ergeben sich aber doch einige wichtige Konsequenzen.

Zuerst auf dem Gebiete der Mission. Die Mission ist stets geteilt gewesen zwischen einer Begleiterscheinung der politischen, militärischen und kommerziellen Ausdehnung der Staaten und Völker und dem freien Bekehrungswerk des gläubigen Enthusiasmus. Das erstere ist weltgeschichtlich ungeheuer wichtig, für unseren Zusammenhang aber bedeutungslos. Das zweite dagegen hängt mit der Idee der Absolutheit zusammen. Da ist nun aber zu sagen, daß nach allen bisherigen Ausführungen ein derartiges Missionswerk den großen philosophisch imprägnierten Weltreligionen ganz anders gegenübersteht, als dem rohen Heidentum der kleinen Stämme. Mit den Weltreligionen wird immer nur ein geistiges Ringen, wird allenfalls eine gewisse Berührung möglich sein, während jenes Heidentum durch die Berührung mit dem Europäertum überall moralisch und geistig zersetzt wird und daher einen Ersatz durch höhere Religion und Kultur verlangt. Hier gibt es Missionspflicht und Missionserfolg, wie übrigens an solcher Missionsarbeit ja auch gar nicht das Christentum allein beteiligt ist. Auch Islam und Buddhismus missionieren. Den großen Weltreligionen gegenüber aber wird man den Standpunkt einnehmen müssen, daß sie die ihren Kulturkreisen entsprechenden Gestaltungen des religiösen Bewußtseins sind und darauf angewiesen sind, aus eigenen inneren Trieben sich zu reinigen und zu vertiefen, wobei die Berührung mit dem Christentum uns wie ihnen in einer solchen inneren Entwicklung hilfreich sein mag. Die großen Religionen scheinen eben doch Festwerdungen der großen Rassengeister zu sein, ähnlich wie die Rassen selbst Festwerdungen der biologisch-anthropologischen Formen sind. Zwischen ihnen gibt es nicht Bekehrung und Verwandlung, sondern Ausgleich und Verständigung.

Die andere Konsequenz liegt auf dem Gebiete der inneren Entwicklung des Christentums selbst. Ist die ganze Grundanschauung richtig, dann hängt auch diese Entwicklung eng zusammen mit der ganzen geistigen und kulturellen Entwicklung des Europäertums selbst. Zwar ist das religiöse Bewußtsein, das Gott und dem Ewig-Ruhenden zugewendet ist, der Rastlosigkeit und Veränderlichkeit der rein weltlichen Beziehungen weniger ausgesetzt und hat es sich demgemäß auch in den großen Denominationen niedergeschlagen, die aus den angegebenen inneren Gründen das konservativste Element des europäischen Daseins sind. Allein das Christentum wird trotzdem innerhalb der Kirchen selbst in die geistige Entwicklung hineingerissen und noch mehr außerhalb und oberhalb ihrer in der freien geistigen und literarischen Arbeit. Dazu hat es wie alle Universalreligionen und vielleicht mehr als alle anderen Trieb und Kraft einer beständigen Selbstreinigung und Selbstvertiefung, weil es auf den Geist angewiesen ist, der in alle Wahrheit führen soll und der seine Vollendung in der Zukunft des Gottesreiches sucht, auch weil es mit allen intellektuellen Mächten des Hellenentums von Anfang an amalgamiert ist. Unter diesen Umständen ist seine Entwicklung unberechenbar und zu immer neuen Individualisierungen befähigt. Gerade heute schlägt ihm eine neue weltgeschichtliche Stunde. Es muß mit einem neuen Naturbild, einem neuen sozialen Zustand und einer tiefen inneren Wandlung der geistigen Welt sich neu verbinden und muß der leidenden Welt einen neuen Frieden und eine neue Einheit bringen. Wie das geschehen könne, ist hier nicht zu sagen und ist auch in der Tat heute noch sehr wenig durchsichtig. Klar ist nur, daß es in einer kritischen Stunde seiner Weiterbildung steht und daß hier sehr gründliche und kühne Neuerungen nötig sind, die über alle bisherigen Denominationen hinausgehen. Ich bin in dieser Hinsicht immer radikaler und überkonfessioneller geworden, indem ich zugleich das eigentlich Religiöse immer selbständiger und eigentümlicher als eine autonome Macht des Lebens empfinde.

Soll es nun aber gar keinen gemeinsamen Zielpunkt geben, gar kein Absolutes in dem objektiven Sinn eines gemeinsamen höchsten Geistesgehaltes der Menschheit? Man wird das aus instinktiven Überzeugungen heraus nicht gerne zugeben, und man wird es vor allem bestreiten auf Grund der Tatsache der subjektiven Absolutheiten, die wir kennengelernt haben. Sie sind doch nicht einfach Illusionen und Selbstverherrlichungen, sondern entspringen dem Drang nach objektiv absoluter Wahrheit und wirken sich in beständiger kritischer Selbstreinigung und in beständigem Höherstreben praktisch aus. Darauf habe ich schon dereinst in meinem Büchlein hingewiesen. Nur möchte ich jetzt noch schärfer als damals darauf hinweisen, daß dieser Zusammenschluß nicht in einer der historischen Religionen selbst schon liegen kann, sondern daß sie alle in eine gemeinsame Richtung deuten und alle aus innerem Antrieb in eine unbekannte letzte Höhe streben, wo allein erst die letzte Einheit und das Objektiv-Absolute liegen kann. Und wie so ein letztes gemeinsames Ziel im Unbekannten, Zukünftigen und vielleicht Jenseitigen liegt, so liegt ein gemeinsamer Grund in dem ans Licht und ins Bewußtsein drängenden göttlichen Geiste, der im endlichen eingeschlossen ist und aus dessen letzter Einheit mit dem endlichen Geiste die ganze vielfältige Bewegung erst hervorgeht. Zwischen beiden Polen aber, dem göttlichen Grund und dem göttlichen Ziel, liegt mit den individuellen Besonderheiten der Kultur- und Rassenkreise auch die Besonderheit ihrer großen zusammenfassenden Religionsbildungen. Sie können sich gegenseitig verstehen, wenn sie den allzu menschlichen Eigensinn und Gewaltgeist ablegen. Sie können sich berühren und nähern, wenn jede vom eigenen Boden aus in Höhe und Tiefe strebt und dabei mit dem gleichen Streben der anderen sich berührt. Ein ergreifendes Beispiel solcher Begegnung bietet das Buch von Canon Streeter ›The Sadhu‹ dar. Aber soweit menschliches Auge in die Zukunft dringen kann, werden die großen Offenbarungen der verschiedenen Kulturkreise trotz einiger Verschiebungen an den Rändern geschieden bleiben, und die Verschiedenheiten ihres Wertes werden sich niemals objektiv feststellen lassen, da die Voraussetzungen jeder Argumentation schon mit bestimmten Eigentümlichkeiten des jeweiligen Kulturkreises zusammenhängen. Die Idee der Persönlichkeit selber ist in Ost und West verschieden, und daher können alle von diesem Boden der Persönlichkeitsidee ausgehenden Argumentationen hüben und drüben nur zu verschiedenen Ergebnissen führen. Einen anderen Boden aber, von dem Argumentationen über praktische Werte und Wahrheiten ausgehen könnten, gibt es nicht. Es ist jedesmal selbst schon eines mit den religiösen Grundhaltungen und von ihnen aus bestimmt.

Das ist das, was ich heute zu meinen früheren Theorien zu sagen habe. Ich hoffe, Sie fühlen, daß das kein Geist der Skepsis und der Unsicherheit ist. Eine Wahrheit, die in erster Linie Wahrheit für uns ist, ist darum doch Wahrheit und Leben. Und was wir täglich in der Liebe zu anderen Menschen erleben, daß sie Wesen für sich und mit eigenem Maßstab sind, das müssen wir auch in der Liebe zur Menschheit erleben können. Das schließt den Wetteifer nicht aus. Aber es muß vor allem ein Wetteifer um innere Reinigung und Klarheit sein. Suchen wir in jeder Gruppe selber nach dem Höchsten und Tiefsten, dann dürfen wir hoffen, uns zu begegnen. Das gilt von den Religionen im großen, das gilt von den einzelnen Denominationen, das gilt von den Individuen im Verkehr miteinander. Das göttliche Leben ist in unserer irdischen Erfahrung nicht ein Eines, sondern ein Vieles. Das Eine im Vielen zu ahnen, das aber ist das Wesen der Liebe.

Karl Barth, Kirchliche Dogmatik. Band I/2. Zollikon-Zürich, Evangelischer Verlag 1960, Seiten 356–379 (Auszüge). 8. Auflage 1990: Theologischer Verlag, Zürich (Originaltitel: Die wahre Religion).

Karl Barth

Die christliche Religion als die wahre Religion

Es ist nach unseren bisherigen Ausführungen darüber entschieden, daß wir von „wahrer" Religion nur in dem Sinne reden können, wie wir von einem „gerechtfertigten Sünder" reden.

Religion ist niemals und nirgends als solche und in sich wahr. Daß sie wahr, d. h. daß sie in Wahrheit Erkenntnis und Verehrung Gottes und Versöhnung des Menschen mit Gott sei, das wird vielmehr jeder Religion durch Gottes Offenbarung abgesprochen: daraufhin und damit, daß Gottes Offenbarung als Gottes Selbstdarbietung und Selbstdarstellung, als das Werk des von Gott selbst geschlossenen Friedens zwischen ihm und den Menschen die Wahrheit ist, neben der es keine andere, der gegenüber es nur die Lüge und das Unrecht gibt. Der Begriff einer „wahren Religion" ist, sofern damit eine einer Religion als solcher und an sich eigene Wahrheit gemeint sein sollte, so unvollziehbar wie der eines „guten Menschen", sofern mit dessen Güte etwas bezeichnet sein sollte, dessen er aus seinem eigenen Vermögen fähig ist. Keine Religion *ist* wahr. Wahr, d. h. entsprechend dem, als was sie sich gibt und wofür sie gehalten sein will, kann eine Religion nur *werden,* und zwar genau so, wie der Mensch gerechtfertigt wird, nur *von außen,* d. h. nicht aus ihrem eigenen Wesen und Sein, sondern nur kraft einer ihrem Wesen und Sein fremd, von ihr selbst aus unbegreiflich, ohne Eignung und Verdienst widerfahrenden Anrechnung, Annahme und Auszeichnung. Die wahre Religion ist wie der gerechtfertigte Mensch ein Geschöpf der *Gnade.* Die Gnade ist aber Gottes Offenbarung, dieselbe, vor der keine Religion als wahre Religion bestehen kann, dieselbe, vor der kein Mensch gerecht ist, dieselbe, die uns unter das Gericht des Todes beugt. Aber wie sie Tote zum Leben und Sünder zur Buße rufen kann, so kann sie auch mitten auf dem großen Feld, wo es von ihr her gesehen nur falsche Religion gibt, wahre Religion schaffen. Die Aufhebung der Religion durch die Offenbarung braucht nicht bloß zu bedeuten: ihre Negation, nicht bloß das Urteil: Religion ist Unglaube. Die Religion kann in der Offenbarung, obwohl und indem ihr jenes Urteil gilt, wohl aufgehoben, sie kann von ihr gehalten und in ihr geborgen, sie kann durch sie gerechtfertigt und – fügen wir gleich hinzu: geheiligt sein. Offenbarung kann Religion annehmen und auszeichnen als wahre Religion. Und sie kann das nicht nur. Wie kämen wir dazu, zu behaupten, daß sie das könne, wenn sie es nicht schon getan hätte? Es gibt eine wahre Religion: genau so, wie es gerechtfertigte Sünder gibt. Indem wir streng und genau in dieser Analogie bleiben – und sie ist mehr als eine Analogie, sie ist in umfassendem Sinn die Sache selbst, um die es hier geht – dürfen wir nicht zögern, es auszusprechen: *Die christliche Religion ist die wahre Religion.*

Wir haben bei unseren Überlegungen über „die Religion als Unglaube" den Unterschied zwischen christlicher und nichtchristlicher Religion mit Bewußtsein unberücksichtigt gelassen, durchaus in der Meinung, daß von allem was dort zu sagen war, auch die christliche Religion als solche mitbetroffen sei. Im Rahmen dieser Überlegungen konnte vom Christentum nicht besonders geredet, es konnte dem Christentum nicht eine besondere Stellung, ein jenem Urteil gegenüber gesicherter Ort zugewiesen werden. Es konnten also diese Überlegungen nicht etwa als eine Polemik gegen die nichtchristlichen Religionen verstanden werden, die dann wohl der Vorbereitung des Satzes, daß die christliche Religion die wahre Religion sei, zu dienen gehabt hätte, so daß unsere weitere Aufgabe nur die wäre, nachzuweisen, daß die christliche Religion sich im Unterschied zu den nichtchristlichen des Götzendienstes und der Werkgerechtigkeit nicht schuldig mache, also nicht Unglaube, sondern Glaube und also die wahre Religion oder, was in der Sache auf dasselbe herauskäme: überhaupt keine Religion, sondern im Gegensatz zu allen Religionen mit Einschluß ihrer mystischen und atheistischen Selbstkritik, die in sich rechte und heilige und als solche untadelige und unanfechtbare Form der Gemeinschaft zwischen Gott und Mensch sei. Diesen Weg hätten wir doch nur einschlagen können unter gleichzeitiger Verleugnung gerade dessen, was hier zu behaupten ist. Der Satz, daß die christliche Religion die wahre Religion sei, ist, wenn er ein gehaltvoller Satz sein will, nur im Gehör auf Gottes Offenbarung zu wagen. Ein im Gehör auf Gottes Offenbarung gewagter Satz kann aber nur ein Glaubenssatz sein. Ein Glaubenssatz muß aber sein ein Satz, der im Glauben und vom Glauben aus, d.h. aber in Anerkennung und Respektierung dessen, was uns durch die Offenbarung gesagt ist, gedacht und ausgesprochen wird. Sein expliziter und sein impliziter Inhalt wird durch dieses uns Gesagte ganz und gar bestimmt sein müssen. Das wäre nun aber gerade nicht der Fall, wenn wir den Satz, daß die christliche Religion die wahre Religion ist, auf einem Weg erreichen wollten, an dessen Anfang wir das Urteil der Offenbarung, daß Religion Unglaube ist, als eine uns selbst als Christen nicht angehende Sache zurücklassen würden, um es nur auf andere Leute, die Nicht-Christen, anzuwenden und uns selbst mit Hilfe dieses Urteils von ihnen abzuheben und vor ihnen auszuzeichnen. Vielmehr wird es unsere Sache gerade als Christen sein müssen, dieses Urteil zuerst und am schärfsten uns selbst angehen und treffen zu lassen, die anderen, die Nicht-Christen aber nur insofern, als wir in ihnen uns selbst, d.h. die Wahrheit dieses uns selbst angehenden und treffenden Urteils der Offenbarung wiedererkennen, in der Solidarität also, in der wir uns, in der Buße wie in der Hoffnung ihnen vorangehend, unter dieses Urteil beugen, um eben damit auch der Verheißung der Offenbarung teilhaftig zu sein. Am Ende des so anzutretenden Weges gibt es nämlich die Verheißung für die, die sich unter Gottes Gericht beugen, die sich ihres Unglaubens überführen lassen, gibt es den Glauben an diese Verheißung und in diesem Glauben die Gegenwart und Wirklichkeit der Gnade Gottes, die nun allerdings unsere Religion, die christliche, hervorhebt aus der Menge der anderen als *die wahre Religion.* Anders als auf diesem ganz demütigen Weg ist dieses ganz hohe Ziel nicht zu erreichen. Und er wäre nicht der wirklich demütige Weg, wenn wir ihn anders gehen wollten als in dem Bewußtsein, daß alles „Erreichen" hier nur in dem gänzlich anspruchslosen und dankbaren Hinnehmen eines Sachverhaltes bestehen kann, den wir nicht erreichen würden, wenn er nicht in Gottes Offenbarung, bevor wir uns auf den Weg machen, schon erreicht wäre.

Es muß also dabei bleiben, am Anfang der Erkenntnis der Wahrheit der christlichen Religion steht die Anerkennung, daß auch sie unter dem Urteil steht: Religion ist Unglaube, und daß sie nicht durch die innere Würdigkeit, sondern allein durch Gottes, in seiner Offenbarung verkündigte und wirksame Gnade von diesem Urteil freigesprochen ist. Dieses Urteil bedeutet aber konkret: unsere ganze Betätigung unseres Glaubens: unsere christlichen Vorstellungen von Gott und den göttlichen Dingen, unsere christliche Theologie, unsere christlichen Gottesdienste, unsere christlichen Gemeinschafts- und Ordnungsformen, unsere christliche Moral, Poesie und Kunst, unsere Versuche individueller und sozialer christlicher Lebensgestaltung, unsere christliche Strategie und Taktik zugunsten unserer christlichen Sache, kurz, unser *Christentum*, sofern es eben *unser* Christentum, das von uns unternommene und diesen und jenen Nah- und Fernzielen entgegengeführte Menschenwerk ist, das als solches mit dem Menschenwerk anderer Religionen auf einer Ebene sichtbar wird – dieses Ganze als solches und in seinen Einzelheiten ist gerade nicht das, was es sein möchte und zu sein vorgibt: *ein Werk* des Glaubens und also des Gehorsams gegen Gottes Offenbarung, sondern hier ist – in seiner Weise, anders als auf dem übrigen Feld der Religion aber in seiner Weise nicht weniger ernstlich der menschliche Unglaube, d.h. der Widerspruch gegen Gottes Offenbarung und also der Götzendienst und die Werkgerechtigkeit auf dem Plan und in Aktion. In derselben Ohnmacht und Eigenmächtigkeit, in derselben Höhe des Menschentums, die gerade seine tiefe Verlorenheit bedeutet, werden hier an der Selbstdarstellung und Selbstdarbietung Gottes, an der von ihm selbst vollbrachten Versöhnung vorbei und ihr entgegen, unter Mißachtung der göttlichen Tröstungen und Weisungen, große und kleine babylonische Türme errichtet, die als solche ganz gewiß nicht das Wohlgefallen Gottes finden können, wie sie denn auch ganz gewiß nicht zu seiner Ehre errichtet sind. (...)

Es ist nun nicht an dem, daß diese Relativierung der christlichen Religion dies bedeuten könnte, daß der christliche Glaube mutlos, unsicher, schwach gemacht oder daß damit auch nur der Entscheidung für die Wahrheit der christlichen Religion ihre Kraft und Zuversicht genommen würde. Der christliche Glaube lebt nun einmal gerade nicht von dem Selbstbewußtsein, in welchem sich der christliche Mensch von dem nichtchristlichen unterschieden weiß. Es gibt freilich ein solches Selbstbewußtsein, das an seinem Ort sogar sein Recht und seine Notwendigkeit hat. Dieses Selbstbewußtsein hat aber auch seine natürliche Grenze: Es kann nämlich unmöglich dies bedeuten, daß der christliche Mensch sich Gott gegenüber in einer ihm eigenen Gerechtigkeit und Heiligkeit behaupten wollen könnte. Es wird, in der Beziehung zu den Menschen ganz ungebrochen, in der Beziehung zu Gott ganz gebrochen und gerade, weil hier ganz gebrochen, dort ganz ungebrochen sein. (…)

Eben um diese Begrenzung des religiösen Selbstbewußtseins geht es bei der Erkenntnis der Relativierung auch der christlichen Religion durch Gottes Offenbarung. Im Glauben und durch den Glauben kommt es zu dieser Begrenzung. Wie sollte sie da eine Schwächung des Glaubens bedeuten können? Es wird der Glaube vielmehr seine *Kraft* darin beweisen, es wird der christliche Mensch gerade darin *leben*, in der Kraft seines Glaubens, daß der Glaube ihn dauernd nötigt, über sein religiöses Selbstbewußtsein hinaus zu denken und also auch mit der Relativierung seiner christlichen Religion durch Gottes Offenbarung ständig zu rechnen. Und wohlverstanden: Eben von hier und nur von hier aus wird dann auch die Entscheidung für die Wahrheit der christlichen Religion mit wirklicher Kraft fallen können. Starke menschliche Positionen sind immer nur die Gott gegenüber völlig preisgegebenen, d. h. die, gemessen an seinem Willen und Gericht, als völlig unhaltbar eingesehenen Positionen. Wir handeln auch im Blick auf unser Sein und Wirken nie klug, sondern immer unklug, wenn wir uns im geringsten Schlupfwinkel unseres Seins und Wirkens Gott gegenüber verschanzen und in Sicherheit bringen zu wollen meinen. Nicht nur unsere Sicherheit vor Gott, sondern gerade auch die Sicherheit unseres Seins und Wirkens und also auch unsere Sicherheit im Verhältnis zu den Menschen beruht schlechterdings darauf, daß wir uns solche Sicherungen im Glauben und durch den Glauben verboten sein lassen. (…)

Es handelt sich hier um eine Ordnung, die nur zum Schaden einer wirklichen Erkenntnis der Wahrheit der christlichen Religion vergessen und verletzt werden kann. Es geschieht zur Unehre Gottes und zum ewigen Verderben der Seelen, wenn das geschieht, daß die beweisende Kraft für diese Wahrheit nun doch wieder dem religiösen Selbstbewußtsein als solchem zugeschrieben wird. Es konnte und es kann sich die Kirche aber gerade auch nach außen, in ihrer Auseinandersetzung mit den nichtchristlichen Religionen nicht mehr schaden, als wenn sie sich der apostolischen Weisung, daß die Gnade uns genügt, entziehen zu müssen meint. Der Ort, wo man dann hinzuschauen vorzieht, ist der Nebel, und der Rohrstab, auf den man sich dann stützen will, wird einem durch die Hand gehen. Man stellt sich dann nämlich, indem man sie widerlegen und überwinden will, mit den anderen Religionen auf denselben Boden. Auch sie alle berufen sich ja auf diese und jene ihnen immanente Wahrheit. Auch sie möchten in der Kraft des religiösen Selbstbewußtsein siegen und haben es z. T. in erstaunlicher Weise auf großen Feldern getan. Das Christentum kann sich an diesem Kampf beteiligen. Kein Zweifel, daß es ihm an der nötigen Ausrüstung dazu nicht fehlt und daß es sich neben den anderen Religionen mit Ehren sehen lassen kann. Aber man vergesse nicht: Gerade auf sein Erstgeburtsrecht, auf die ihm als der Religion der Offenbarung eigene einzigartige Kraft hat es dann Verzicht geleistet. Diese Kraft wohnt nur in der Schwachheit. Sie und damit gerade das, womit das Christentum jetzt wirken zu können meint, nämlich die durch Gnade mitten in die Schwachheit hinein geschenkte Kraft auch des religiösen Selbstbewußtseins würde tatsächlich nur dann wirken, wenn das Christentum zuvor sich selbst erniedrigt statt erhöht hätte. (...)

Man darf sich nicht verwirren lassen durch die Tatsache, daß eine Geschichte des Christentums immer nur als eine Geschichte dieser Not, die es sich selber bereitet, zu schreiben ist. Es ist eine Geschichte, die hinter der zwischen Jahve und seinem Volk, zwischen Jesus und seinen Aposteln geschehene Geschichte völlig zurückbleibt. Es ist eine Geschichte, in der das, was ihr Ursprung, ihr Sinn und ihr Ziel ist, nämlich dies, daß der christliche Mensch nur in seiner Schwachheit stark ist, daß er sich an der Gnade wirklich genügen läßt, genau genommen nirgends direkt sichtbar wird. Auch nicht in der Reformationsgeschichte! Was geschichtlich sichtbar wird, das ist der in immer neuen Wendungen unternommene Versuch des christlichen Menschen, seine Religion als ein in sich selbst rechtes und heiliges Werk anzusehen und geltend zu machen; nur daß er sich von Zeit zu Zeit von der Heiligen Schrift her, die ihm eben dies nicht erlaubt, die auch diese seine christliche Religion unter Kritik stellen zu wollen scheint, als beunruhigt, gehemmt und aufgehalten erweist; nur daß er die Erinnerung daran offenbar nicht loswerden kann, daß er auch und gerade hinsichtlich des Werkes seiner Religion der Gnade Gottes nicht entbehren kann und also unter Gottes Gericht steht. Hier wäre dann allerdings der Reformationsgeschichte besonders zu gedenken; es wäre aber gerade im Lichte der Reformationsgeschichte zu sehen, daß auch die Zeiten vorher und nachher nicht einfach ohne diese Erinnerung gewesen sind. Dennoch: Die Geschichte des Christentums im ganzen zeigt eine Strömung, die dieser Erinnerung gerade entgegenläuft. Es wäre parteiisch, dies verkennen zu wollen und also die Geschichte des Christentums im Unterschied zu der der anderen Religionen in Anspruch zu nehmen als die Geschichte eines Teiles der Menschheit, der im Unterschied zu anderen nun wirklich als ein solcher dastünde, der durch Gnade von Gnade gelebt hätte. Genau genommen wird das auf dem ganzen christlichen Feld nirgends sichtbar sein. Sondern was uns sichtbar wird, das ist jedenfalls zunächst ein Teil der Menschheit, der der Gnade und damit der Offenbarung Gottes darum nicht weniger widerspricht, weil er gerade sie als seine besonderen und heiligsten Güter geltend macht und weil seine Religion insofern Offenbarungsreligion ist. Widerspruch ist Widerspruch. Daß er stattfindet, dürfte hier, dürfte gerade hinsichtlich der Offenbarungsreligion noch weniger geleugnet werden als anderswo, wo man allenfalls mildernd geltend machen könnte, daß er nur faktisch, nicht aber im direkten Gegenüber mit der Offenbarung stattfinde, während hier, in der Geschichte des Christentums, gerade weil es die Offenbarungsreligion ist, sozusagen mit erhobener Hand gesündigt wird. Gesündigt! Denn der Widerspruch gegen die Gnade ist Unglaube, und Unglaube ist Sünde, *die* Sünde sogar. Es ist also schon an dem, daß wir von der Wahrheit der christlichen Religion tatsächlich nicht anders denn im Rahmen der Lehre von der *iustificatio impii* reden können. Eben das Meer von naivem und vernünftelndem Widerspruch, das sich gegen den Satz erhebt, daß auch die christliche Religion unter die Regel: „Religion ist Unglaube" falle – die ganze Kirchengeschichte ist eine Geschichte dieses Widerspruchs – zeigt am besten, wie wahr und richtig dieser Satz ist. – Eben dieses Widerspruchs werden wir gewiß sowenig ledig werden, wie wir über unseren eigenen Schatten springen können. (...)

Wir können und müssen aber trotz dieses Widerspruchs und also trotz unserer eigenen Existenz die Einsicht vollziehen: daß gerade wir selbst mitsamt unserem Widerspruch gegen die Gnade unsererseits unter dem noch viel mächtigeren Widerspruch der Gnade selbst stehen. Wir können und müssen – im Glauben nämlich! Glauben heißt: sich in Erkenntnis seiner eigenen Sünde auf die unsere Sünde unendlich gut machende Gerechtigkeit Gottes verlassen, und also konkret: sich in Erkenntnis seines eigenen Widerspruchs gegen die Gnade an die diesem Widerspruch unendlich widersprechende Gnade Gottes halten. *In dieser* Erkenntnis der Gnade: in der Erkenntnis, daß sie die Rechtfertigung des Gottlosen, daß sie Gnade auch und gerade für Gnadenfeinde ist, vollzieht der christliche Glaube seine Erkenntnis der Wahrheit der christlichen Religion. Ein immanentes Recht- und Heiligsein gerade dieser Religion kommt also als Grund und Gehalt dieser ihrer Wahrheit sowenig in Betracht, wie irgendeine andere Religion kraft ihrer immanenten Vorzüge den Anspruch erheben kann, die wahre Religion zu sein. Es ist vielmehr gerade die dem christlichen Glauben unvermeidliche *Preisgabe* dieses Anspruchs, das gerade für den Christen unausweichliche *Bekenntnis,* daß er auch in seinem besten christlichen Tun ein Sünder ist, zwar nicht der Grund, wohl aber das *Symptom* der Wahrheit der christlichen Religion. Diese Preisgabe, dieses Bekenntnis kann nämlich anzeigen, daß die christliche Kirche der Ort ist, wo Menschen mit Gottes Offenbarung und Gnade konfrontiert, durch Gnade von Gnade leben. Wäre dem nicht so, wie würden sie denn glauben? Und würden sie nicht glauben, wie würden sie denn dann dieser Preisgabe und dieses Bekenntnisses fähig sein?

Wenn wir die siegreiche *Gnade* Gottes als das Geheimnis der Wahrheit der christlichen Religion bezeichnen, so ist damit – es muß auch das noch einmal ausdrücklich hervorgehoben sein – etwas anderes als dies gemeint, daß das Christentum jedenfalls in seiner *reformatorischen* Gestalt mit besonderem Nachdruck die Religion der freien Gnade, d.h. eine Religion sein will, deren Lehre und Leben nun gerade auf die in dem Begriff „Gnade" bezeichnete Wirklichkeit konzentriert ist. Es handelt sich bei der Begründung der Wahrheit der christlichen Religion durch die Gnade wirklich nicht um die immanente Wahrheit nun gerade einer Gnaden*religion* als solcher, sondern um die Wirklichkeit der Gnade *selbst,* durch die eine Religion vor anderen als die wahre angenommen und ausgezeichnet wird. Nicht darum, weil sie eine Gnadenreligion ist, geschieht dies, auch nicht darum, weil sie es vielleicht in besonders hervorgehobener und konsequenter Weise ist. Sondern umgekehrt darum, weil dies geschieht, wird sie in hervorgehobener und konsequenter Weise eine Gnadenreligion sein. Es ist ja auch das geschichtliche Gesicht einer Gnadenreligion, auch das einer konsequenten Gnadenreligion in seinen entscheidenden Zügen von dem anderer Religionen nicht verschieden. Es ist auch sie in ihrem immanenten Bestand an jenem Widerspruch gegen die Gnade durchaus beteiligt; es kann sogar – wir werden hier den Protestantismus wirklich nicht retten wollen können – gerade auch sie den Charakter einer besonders hervorgehobenen Empörung gegen die Gnade annehmen. Es kann auch die Gnadenreligion nur durch die Gnade selbst und gar nicht durch sich selbst gerechtfertigt und zur wahren Religion gemacht sein. Gewiß wird diese ihre Erwählung und Wahrheit sich auch darin manifestieren, daß sie Gnadenreligion ist und immer konsequenter sich als solche versteht und gestaltet. Es wird jenes Symptom der Preisgabe alles menschlichen Anspruchs, es wird jenes Bekenntnis, daß wir immer aufs neue Widersprecher Gottes sind, gewiß nicht ausbleiben. Es wird schon nicht daran fehlen können, daß wir uns, indem wir Widersprecher sind, ganz und gar auf eben den geworfen und in das Flehen zu dem gedrängt wissen, dem wir widersprechen, und der uns noch ganz anders widerspricht, und nicht fehlen an dem Lobpreis seines Segens, dessen wir so ganz unwürdig sind. Es wird schon so sein, daß uns eben in dieser Begegnung mit Gott, deren Stätte wir dann wohl Pniel oder, sei es denn: evangelisch-reformiertes Christentum heißen, Gottes Angesicht offenbar wird und also Pniel oder das evangelisch-reformierte Christentum die wahre Religion. Wir werden dann aber nicht vergessen, daß nicht jene Symptome und also auch nicht diese von uns so benannte Stätte die wahre Religion begründen, sondern daß es die Wahrheit selbst ist, die der Grund jener Symptome ist, die diese Stätte ausgezeichnet hat, so daß wir sie so benennen können, ohne daß sie doch gerade an diese Symptome und an diese Stätte gebunden wäre. Es wird immer der Wahrheit selbst bedürfen, wenn wir uns im Blick auf diese noch so deutlichen Symptome und im Blick auf diese noch so ausgezeichnete Stätte hinsichtlich der Wahrheit der christlichen Religion nicht dennoch täuschen sollen. (...)

Daß es eine wahre Religion gibt, das ist Ereignis im Akt der Gnade Gottes in Jesus Christus, genauer: in der Ausgießung des Heiligen Geistes, noch genauer: in der Existenz der Kirche und der Kinder Gottes. Sofern die Kirche Gottes und die Kinder Gottes existieren, insofern gibt es mitten in der Welt menschlicher Religion wahre Religion, will sagen: eine Erkenntnis und Verehrung Gottes und ein ihr entsprechendes Handeln des Menschen, von denen nicht nur zu sagen ist, daß sie verkehrt, ein aus Lüge und Unrecht geborener Versuch mit untauglichen Mitteln sind, sondern von denen zu sagen ist: daß sie (in ihrer Verkehrtheit) tatsächlich zu ihrem Ziel kommen, daß hier (trotz der Lüge und des Unrechts, die auch hier geschehen, trotz der Untauglichkeit der auch hier angewandten Mittel) wirklich Gott erkannt und verehrt wird, wirklich ein Handeln des mit Gott versöhnten Menschen stattfindet. Die Kirche und die Kinder Gottes und also die Träger der wahren Religion leben von der *Gnade Gottes*, d. h. ihre Gotteserkenntnis, ihre Gottesverehrung, ihr Gottesdienst in Lehre, Kultus und Leben ist bestimmt durch die Einsicht von der allem menschlichen Denken, Wollen und Tun zuvorkommenden und alle menschliche Verkehrtheit zurechtbringenden freien Güte Gottes, die dem Menschen nur den Glauben und die Dankbarkeit übrigläßt und zuweist – auch diese nicht als sein Werk, sondern als ihre eigene Gabe – die sich aber eben dem glaubenden und dankbaren Menschen unter keinen Umständen versagen wird. Indem die Kirche und die Kinder Gottes unter dieser Ordnung leben, leben sie von Gottes Gnade. Aber daß sie das tun, das ist es nicht, was ihre Existenz als Kirche und Kinder Gottes begründet, und das ist es nicht, was nun gerade ihre Religion zur wahren Religion macht. Auf dieses ihr Tun als solches gesehen, erheben sie sich nämlich nicht entscheidend über das Niveau der allgemeinen Religionsgeschichte, sind sie der göttlichen Anklage auf Götzendienst und Werkgerechtigkeit nicht entzogen. Einmal darum nicht, weil ihr Leben von der Gnade jedenfalls in der Geschichte kaum anders denn als eine je und je eingeschaltete Hemmung gegenüber dem im übrigen auch in ihrem Bereich wirksamen Vollzug des Gesetzes aller Religion sichtbar wird: wäre wirklich das Denken, Wollen und Tun der Christen als solcher, die von Gnade leben, das Kriterium ihrer Existenz als Kirche und Kinder Gottes – mit welchem Mut könnte dann diese ihre Existenz als solche und die Wahrheit gerade ihrer Religion behauptet werden? Man kann das auf Grund dieses Kriteriums aber auch darum nicht behaupten, weil ein angebliches und zum Teil sehr stattliches angebliches Leben von Gnade, weil das Phänomen der Gnadenreligion auch auf den übrigen Feldern der Religionsgeschichte jedenfalls nicht einfach unbekannt ist, ohne daß wir doch, messend mit biblischen Maßstäben, deshalb Anlaß hätten, von Kirche und Kindschaft Gottes, von der Existenz wahrer Religion in diesen Bereichen zu reden. Entscheidend ist für die Existenz der Kirche und der Kinder Gottes und für die Wahrheit ihrer Religion etwas ganz anderes – entscheidend dann auch hinsichtlich ihres an sich so problematischen Lebens von der Gnade: dies nämlich, daß sie *durch die Gnade Gottes* von seiner Gnade leben. Das macht sie zu dem, was sie sind, das macht ihre Religion wahr, das hebt sie empor über das Niveau der allgemeinen Religionsgeschichte. Durch die Gnade Gottes, d.h. aber: durch die Wirklichkeit dessen, wovon sie angeblich, aber doch so problematisch leben, durch die Wirklichkeit dessen, wovon der Mensch angeblich und sehr problematisch auch auf anderen Feldern der Religionsgeschichte allenfalls leben kann. Durch die Wirklichkeit, will sagen: dadurch, daß Gott jenseits alles menschlichen Angebens, jenseits dessen, was Menschen im Bereich ihrer Religion, auch wenn sie eine Gnadenreligion ist, denken, wollen und tun können, ohne ihr Verdienst und ihre Würdigkeit tatsächlich als der gnädige Gott, der er ist, an ihnen handelt, ihrem Denken, Wollen und Tun tatsächlich in freier Güte zuvorkommt, tatsächlich den Glauben und die Dankbarkeit in ihnen erweckt, sich ihnen tatsächlich nicht versagt. Nicht kraft dessen, daß sie ihn als solchen anerkennen und danach tun, also nicht kraft ihrer Gnadenreligion, sondern kraft dessen, daß Gott sich ihrer in Gnaden angenommen hat, also kraft seiner Barmherzigkeit, trotz ihrer angeblichen und doch so problematischen Gnadenreligion, kraft des Wohlgefallens, das er an ihnen hat, kraft der freien Wahl, deren alleiniges Motiv eben dieses sein Wohlgefallen ist, kraft seines Heiligen Geistes, den er nun eben über sie ausgießen wollte, sind sie, was sie sind, und ist ihre Religion die wahre Religion. Daß die Kirche und die Kinder Gottes durch seine Gnade von seiner Gnade leben und eben dadurch zur Stätte und zu den Trägern der wahren Religion werden, das haben wir aber in seiner konkreten Bedeutung, in seiner Unterschiedenheit von irgendeinem höheren Religionsprinzip, das als solches dem Gericht über alle menschliche Religion mitverfallen wäre, erst dann gesehen, wenn wir uns darüber klar sind, daß „durch die Gnade Gottes" schlechterdings identisch ist mit: *„durch den Namen Jesus Christus"*. Weil er, Jesus Christus, der ewige Sohn Gottes und als solcher der ewige Gegenstand des göttlichen Wohlgefallens ist, weil er als dieser ewige Sohn Gottes Mensch wurde, weil also in ihm nun auch der Mensch nicht aus Verdienst und Würdigkeit, sondern nach der Gnade, die sich in Gottes

Sohn des Menschen angenommen, Gegenstand des göttlichen Wohlgefallens geworden ist, weil in diesem Einen die Offenbarung Gottes unter den Menschen, die Versöhnung des Menschen mit Gott, ein für allemal vollzogen ist, weil er den Heiligen Geist gibt – darum und dadurch, in diesem Einen gibt es eine Kirche Gottes, gibt es Kinder Gottes. Sie sind, was sie sind, und sie haben die wahre Religion, weil er an ihrer Stelle steht, und also um seinetwillen. Sie können keinen Augenblick von ihm absehen wollen in der Meinung und Absicht, in sich selbst sein zu wollen, was sie sind, und in sich selbst die wahre Religion haben zu wollen. Aber auch wenn sie tatsächlich von ihm absehen – und eben das tun auch sie dauernd – so wird das zwar zur Folge haben, daß sie ihrer Existenz als Kirche und Kinder Gottes und eben damit auch der Wahrheit ihrer Religion ungewiß werden: Es kann aber nichts ändern an dem objektiven Sachverhalt, daß sie in ihm, in dem Namen Jesus Christus, d.h. in der in Jesus Christus geschehenen Offenbarung und Versöhnung (nicht anderswo aber hier wirklich!) sind, was sie sind, und damit Träger der wahren Religion sind. Also: Durch die Gnade Gottes gibt es Menschen, die von seiner Gnade leben. Oder konkret gesagt: Durch den Namen Jesus Christus gibt es Menschen, die an diesen Namen glauben. Sofern dies das Selbstverständnis der Christen und der christlichen Religion ist, darf und muß von ihr gesagt werden, daß sie und sie allein die wahre Religion ist. – Dieser Satz in dieser seiner eigentümlichen Begründung muß nun unter vier bestimmten Gesichtspunkten entfaltet und erläutert werden.

Paul Tillich, Ergänzungs- und Nachlaßbände zu den Gesammelten Werken. Band IV, hrsg. von I. C. Henel. Stuttgart, Evangelisches Verlagswerk 1975, Seiten 144–156; jetzt: Walter de Gruyter & Co., Berlin – New York.

Paul Tillich

Die Bedeutung der Religionsgeschichte für den systematischen Theologen

1.

In diesem Vortrag möchte ich drei Punkte von grundsätzlicher Bedeutung erörtern. Der erste betrifft *zwei grundsätzliche Entscheidungen.* Ein Theologe, der das Thema ›Die Bedeutung der Religionsgeschichte für den systematischen Theologen‹ wählt und sein Thema ernst nimmt, hat bereits, implizit oder explizit, zwei grundsätzliche Entscheidungen getroffen: einerseits hat er sich von einer Theologie getrennt, die alle Religionen mit Ausnahme der eigenen verwirft. Andererseits hat er, wenn er sein Thema positiv auffaßt, das Paradox einer „Religion der Nicht-Religion" verworfen oder die Theologie ohne *theos,* die man auch „säkularisierte Theologie" nennen kann.

Beide Richtungen haben eine lange Geschichte. Die erstere ist in unserem Jahrhundert von Karl Barth erneuert worden; die letztere wird heute am deutlichsten von der Gott-ist-tot-Theologie vertreten. In der ersten Haltung gilt die eigene Religion entweder als *vera religio,* als die wahre Religion, der gegenüber alle anderen Religionen *religiones falsae,* falsche Religionen, sind, oder die eigene Religion ist, wie man heute sagt, Offenbarung, während die anderen Religionen nur vergebliche Versuche sind, Gott zu erreichen. Ein vergeblicher Versuch, Gott zu erreichen – das wird zur Definition aller Religionen.

Von diesem Standpunkt aus ist es sinnlos, die konkreten Unterschiede der Religionen zu untersuchen. Ich denke an die Ängstlichkeit, mit der z. B. Emil Brunner solche Untersuchungen unternahm, und an die theologische Isolierung von Religionshistorikern wie Rudolf Otto und an die ähnliche Lage, in der sich heute ein Mann wie Friedrich Heiler befindet. Ich denke ferner an die bitteren Angriffe auf Schleiermacher, weil er den Begriff Religion auf das Christentum anwandte, und ich erinnere mich an die Angriffe, die man gegen mich richtete, als ich vor 40 Jahren in Marburg zum ersten Mal ein Seminar über Schleiermacher hielt. Das wurde zu jener Zeit für ein Verbrechen gehalten.

Die Ablehnung der Orthodoxie, der alten wie der neuen, gründet sich auf folgende systematische Voraussetzungen: Erstens muß man annehmen, daß Offenbarungserfahrungen universell menschlich sind. Die Religionen beruhen auf etwas, was dem Menschen zu allen Zeiten und überall gegeben ist, nämlich auf Offenbarungen, die immer erlösende Macht haben. In allen Religionen gibt es offenbarende und erlösende Mächte. „Gott hat uns nicht ohne Zeugnis von sich gelassen." Die zweite Voraussetzung ist die Annahme, daß der Mensch Offenbarungen empfängt, indem er sie der menschlichen Situation, seinen biologischen, psychologischen und soziologischen Grenzen anpaßt. Indem er Offenbarungen annimmt, entstellt er sie; er kehrt das Verhältnis von Gott und Mensch so um, daß er Gott zum Mittel und den Menschen zum Zweck macht. Die dritte Voraussetzung ist die Annahme, daß es im Laufe der menschlichen Geschichte nicht nur partikulare Offenbarungserlebnisse gibt, sondern auch einen Offenbarungsprozeß, in dem die Ergebnisse der Aneignung und die Entstellungen der Offenbarung einer Kritik unterworfen werden. Diese Kritik erscheint in drei Formen, als mystische, als prophetische und als profane Kritik. Die vierte Voraussetzung ist die Annahme, daß es ein zentrales Ereignis in der Geschichte der Religionen geben kann – und ich betone das *kann* –, das die positiven Elemente der verschiedenen Entwicklungen in der Religionsgeschichte in sich vereinigt und eine konkrete Theologie mit universalistischem Anspruch möglich macht. Es gibt noch eine fünfte Voraussetzung: Die Geschichte der Religionen läuft ihrem Wesen nach nicht *neben* der Geschichte der Kultur einher. Das Heilige liegt nicht außerhalb des Profanen, sondern in seiner Tiefe; es ist der schöpferische Grund des Profanen und zugleich die Kritik an ihm. Aber es kann dies nur sein, wenn es zugleich eine Kritik an sich selbst enthält, eine Kritik, die sich des Profanen als eines Mittels der Selbst-Kritik bedient. Nur wenn der Theologe diese fünf Voraussetzungen annimmt, kann er ernsthaft und rückhaltlos die Bedeutung der Religionsgeschichte für die Theologie gegen diejenigen verteidigen, die sie im Namen eines neuen oder eines alten orthodoxen Absolutismus verwerfen.

Andererseits muß sich der Theologe, der die Bedeutung der Religionsgeschichte anerkennt, gegen die Theologie ohne Gott wenden. Auch die ausschließliche Geltung des Profanen muß er verwerfen oder die Idee, daß das Heilige sozusagen vollständig im Profanen aufgegangen sei. Durch die letzte der fünf Voraussetzungen, die sich auf das Verhältnis von Heiligem und Profanem bezieht, ist die Bedrohung durch die Verkündigung, „daß Gott tot ist", bereits verringert. Die Religion muß das Profane als Mittel der Selbstkritik gebrauchen. Aber die entscheidende Frage ist: Warum überhaupt Religion, Religion im Sinne eines Bereichs von Symbolen, Riten und Institutionen? Sind diese für einen Theologen, der die Idee von Gott ablehnt, nicht ebenso bedeutungslos wie die Geschichte der Magie oder der Astrologie?

Um die Theologie gegen den Angriff von dieser Seite zu verteidigen, muß der Theologe eine grundsätzliche Voraussetzung machen: Er muß annehmen, daß die Religion als Struktur von Symbolen der Erkenntnis und des Handelns, d. h. als Mythen und Riten innerhalb einer Gesellschaftsgruppe eine dauernde Notwendigkeit selbst für eine äußerst säkularisierte Kultur und eine weitgehend entmythologisierte Theologie ist. Ich leite diese Notwendigkeit von der Tatsache ab, daß der göttliche Geist der Verkörperung bedarf, um wirklich und wirksam zu werden. Man kann zwar sagen, daß das Heilige, das Unbedingte oder das Wort Gottes dem Bereiche des Profanen immanent sei – ich selbst habe das unzählige Male gesagt –, aber um im Profanen immanent sein zu können, muß das Heilige zumindest die Möglichkeit haben, auch außerhalb des Profanen zu sein. Das heißt, es muß ein Unterschied bestehen zwischen dem, was in etwas immanent ist, und dem, worin es immanent ist. Die Manifestationen der beiden müssen irgendwie unterscheidbar sein. Unsere Frage ist also: *Wodurch unterscheidet sich das bloß Profane von demjenigen Profanen, das Gegenstand einer säkularisierten Theologie wäre?* Um ein konkretes Beispiel zu geben: Die Reformatoren waren im Recht, wenn sie behaupteten, daß jeder Tag ein Tag des Herrn sei. Aber um diese Behauptung machen zu können, mußte es erst einen Tag des Herrn geben, und zwar nicht nur einmal in der Vergangenheit, sondern es muß ihn immer wieder geben als Gegengewicht gegen das Übergewicht des Profanen. Aus diesem Grund ist es notwendig, von Gott zu sprechen, wenn auch nicht notwendigerweise auf die traditionelle Art.

Damit ist eine positive Bewertung der Religionsgeschichte ermöglicht.

Wir müssen als Theologen also zwei Widerstände gegen eine unvoreingenommene Beurteilung der Religionsgeschichte überwinden: die orthodox-exklusive und die säkular-ablehnende Haltung. Der bloße Begriff „Religion" stellt den systematischen Theologen vor eine Unzahl von Problemen, und diese werden noch dadurch vermehrt, daß die beiden Gegner, obwohl sie von entgegengesetzten Seiten kommen, ein Bündnis eingehen können. Das ist in der Vergangenheit geschehen und geschieht heute wieder. Beide Seiten neigen dazu, das Christentum auf die Person Jesu von Nazareth zu reduzieren. Die Neuorthodoxen tun dies, indem sie ihn zu dem ausschließlichen Ort machen, an dem sich das Wort Gottes offenbart. Die Theologen des Säkularismus tun das gleiche, indem sie ihn zu dem einzigen Vertreter eines theologisch relevanten Säkularismus machen. Dies Letztere ist aber nur möglich, wenn Jesu Gestalt und Botschaft selbst radikal an Bedeutung einbüßen und von ihnen nichts übrigbleibt als eine ethische, besonders eine sozial-ethische Lehre. In diesem Fall wird die Geschichte der Religion, selbst der jüdischen und der christlichen, überflüssig. Deshalb müssen wir, wenn wir Wert und Sinn der Religionsgeschichte verstehen wollen, das Bündnis der auf die Gestalt Jesu konzentrierten, sonst aber gegensätzlichen Richtungen der Orthodoxie und der säkularisierten Theologie zerbrechen.

2.

Jetzt komme ich zu meinem zweiten Punkt, einer *Theologie der Religionsgeschichte.* Traditionell beschränkt sich die Religionsgeschichte auf die Geschichte der Offenbarung, wie sie im Alten und Neuen Testament erzählt wird, und dehnt sich auf die Geschichte der Kirchen aus, die die geistige Lenkung der Menschheit fortsetzen. Die übrigen Religionen unterscheiden sich nach dieser Auffassung nicht wesensmäßig voneinander. Sie sind alle Pervertierungen einer Art von ursprünglicher Offenbarung ohne besondere Offenbarungserfahrungen, die für die christliche Theologie bedeutsam wären. Es sind heidnische Religionen, Nationalreligionen, aber keine Vermittler von Offenbarung und Erlösung. Praktisch hat sich dieses Prinzip jedoch niemals völlig durchgesetzt.

Juden wie Christen wurden von den Religionen der Völker, die sie unterwarfen oder von denen sie unterworfen wurden, beeinflußt. Diese Religionen haben zuweilen das Judentum oder das Christentum fast völlig zu ersticken gedroht, was zu heftigen Reaktionen innerhalb dieser beiden Religionen geführt hat. Deshalb brauchen wir eine „Theologie der Religionsgeschichte", in der die positive Bewertung der universalen Offenbarung der kritischen das Gleichgewicht hält, denn beide sind nötig. Eine solche „Theologie der Religionsgeschichte" kann dem systematischen Theologen dazu verhelfen, die Gegenwart und unseren eigenen Platz in der Geschichte zu verstehen, sowohl im Hinblick auf das Einmalige des Christentums wie auf seinen universalen Anspruch.

Wenn ich heute auf meine eigene Studienzeit und die folgenden Jahre zurückblicke, bin ich noch immer dankbar für das, was ich aus der sogenannten religionsgeschichtlichen Schule in biblischen und kirchengeschichtlichen Studien gewonnen habe. Sie machte mir klar, in welchem Maße die biblische Tradition mit der vorderasiatischen und der Mittelmeer-Tradition verbunden war. Ich erinnere mich daran, wie befreiend es war, die universal menschlichen Motive, die uns in der Schöpfungsgeschichte, dem hellenistischen Existentialismus und der persischen Eschatologie begegnen, in den späteren Teilen des Alten Testaments und im Neuen Testament wiederzufinden. Jene Religionen hatten Symbole für die Erlösergestalten und das Drama der Erlösung geschaffen, die später das Bild von Jesu Person und Werk im Neuen Testament bestimmten. Diese Dinge waren nicht vom Himmel gefallen, sondern waren durch eine lange Offenbarungsgeschichte vorbereitet worden, bis sie schließlich in dem *kairos,* der rechten, der erfüllten Zeit, das Erscheinen Jesu als des Christus möglich machten. Diese Einflüsse beeinträchtigten weder die Einzigartigkeit der prophetischen Angriffe auf die Religion im Alten Testament noch die einmalige Macht der Erscheinung Jesu im Neuen Testament. Zu diesen Erkenntnissen kam später bei mir wie bei vielen Theologen eine weitere: Wir lernten die Bedeutung auch der Religionen kennen, die der biblischen Tradition ferner stehen.

Das erste Problem, dem eine theologische Betrachtung der Geschichte Israels und der christlichen Kirche begegnet, ist das Problem der Heilsgeschichte. Die Heilsgeschichte vollzieht sich innerhalb der Weltgeschichte und tritt in großen Augenblicken, in *kairoi,* zutage wie den verschiedenen Reformationsversuchen innerhalb der Kirchengeschichte. Religionsgeschichte darf jedoch nicht mit Heils- oder Offenbarungsgeschichte verwechselt werden; vielmehr müssen wir, wenn wir Religionsgeschichte ernst nehmen, fragen, ob es innerhalb der allgemeinen Religionsgeschichte *kairoi* gibt. Man hat versucht, solche *kairoi* zu finden. In der Zeit der Aufklärung im 18. Jahrhundert hat man alle Entwicklungen als Vorbereitung für den großen *kairos* verstanden, für den Augenblick, in welchem die menschliche Vernunft ihre Reife erreicht. Diese reife Vernunft hat noch religiöse Elemente in sich: Gott, Freiheit, Unsterblichkeit. Kant hat diese Ideen in seinem berühmten Werk ›Die Religion innerhalb der Grenzen der bloßen Vernunft‹ entwickelt. Ein ähnlicher Versuch war die romantische Geschichtsdeutung, die zu Hegels bekanntem System führte. Nach seiner Auffassung schreitet die Religionsgeschichte, gemäß philosophischer Kategorien, die aller Wirklichkeit ihre Struktur verleihen, fort. Das Christentum ist die höchste und letzte Stufe, „die geoffenbarte Religion". Aber dieses Christentum ist philosophisch entmythologisiert. Es ist eine Verbindung der Kantischen Philosophie mit der Botschaft des Neuen Testaments.

Alle früheren Religionen sind nach Hegels Auffassung der Religionsgeschichte „aufgehoben". Das bedeutet, daß das Vergangene als solches in der Religionsgeschichte seinen Sinn verloren hat; es besteht nur noch als ein Element in der späteren Entwicklung. Das heißt beispielsweise, daß für Hegel die indischen Religionen längst abgestorben sind und keine Bedeutung mehr für die Gegenwart haben; sie gehören einer älteren Stufe der Entwicklung an. Hegels Versuch einer Theologie der Religionsgeschichte führte zu einer Erfahrungstheologie, wie sie vor dreißig Jahren in Amerika weit verbreitet war. Sie beruhte auf dem Gedanken, daß man sich neuen religiösen Erfahrungen in der Zukunft offenhalten müsse. Heutzutage vertreten Männer wie Toynbee diese Richtung; vielleicht suchen sie nach etwas in der religiösen Erfahrung, das zu einer Vereinigung der großen Religionen führen kann. Auf jeden Fall ist es eine nach-christliche Ära, auf die ihre religionsgeschichtlichen Spekulationen vorbereiten.

In diesem Zusammenhang muß ich Teilhard de Chardin erwähnen, der von der Entwicklung eines universalen, auf das Göttliche gerichteten Bewußtseins spricht, das im Grunde christlich ist.

Das Christentum enthält nach ihm alle geistigen Elemente der Zukunft in sich. Diese Auffassung der Religionsgeschichte finde ich nicht befriedigend. Auch mit meiner eigenen bin ich nicht zufrieden, aber ich will sie trotzdem darlegen in der Hoffnung, sie dadurch anzuregen, selbst über die Religionsgeschichte nachzudenken.

Meine eigene Methode ist dynamisch-typologisch: Es gibt keine endlos fortschreitende Entwicklung, sondern es gibt Elemente, die in jeder Erfahrung des Heiligen vorhanden sind. Diejenigen Elemente, die in einer Religion vorherrschen, bestimmen den besonderen Typ dieser Religion. Dieses Problem müßte man tiefer ergründen; hier kann ich nur das Schema einer Typologie entwerfen. Die universale Grundlage der Religion ist die Erfahrung des Heiligen innerhalb des Endlichen. Das Heilige erscheint universell in allem Endlichen und Partikularen, und es erscheint jeweils auf besondere Art. Dies kann man die sakramentale Grundlage aller Religionen nennen – das Heilige, das im Hier und Jetzt gesehen, gehört, erfaßt werden kann trotz seines ekstatisch-mystischen Charakters. Reste dieses Elementes sind in den Sakramenten der Hochreligionen erhalten, und ohne sie würde eine religiöse Gemeinschaft zu einem Verein mit rein moralischem Anliegen werden, wozu tatsächlich ein großer Teil des Protestantismus geworden ist, weil er seine sakramentale Grundlage verloren hat.

Ein zweites Element der Religion ist der kritische Widerstand gegen die Dämonisierung des Sakramentalen, die das Heilige in ein Objekt verwandelt, über das man verfügen kann. Dieses Element ist in verschiedenen kritischen Bewegungen verkörpert. Die erste von ihnen ist die mystische Bewegung, in der die Unzufriedenheit mit den konkreten Erscheinungsformen des Heiligen, des Unbedingten, zum Ausdruck kommt. Man sucht, diese Formen zu transzendieren auf das Eine hin, das jenseits des Vielfältigen liegt: Das Heilige als das Unbedingte liegt jenseits aller seiner Verkörperungen. Diese haben zwar ihre Berechtigung, sie werden nicht verneint, aber es wird ihnen nur sekundäre Bedeutung zuerkannt. Um das Höchste, das Unbedingt-Eine zu erreichen, muß man über sie hinausgehen. Das Partikulare wird in dieser Haltung um des Unbedingten-Einen willen negiert, und das Konkrete wird entwertet.

Das dritte Element in der religiösen Erfahrung ist das Element des Sollens, das moralische oder prophetische Element. Auch in ihm wird das Sakramentale wegen seiner dämonischen Konsequenzen kritisiert, die sich z. B. in der Leugnung der Gerechtigkeit im Namen der Heiligkeit zeigen. Hierum geht der gesamte Kampf der jüdischen Propheten gegen die sakramentale Religion. Bei Amos und Hosea führt dieser Kampf gelegentlich so weit, daß sie den ganzen Kult ablehnen. Diese Kritik an der sakramentalen Grundlage ist entscheidend für die jüdische Religion und bildet ein Element innerhalb der christlichen Religion. Aber auch bei diesem Element würde ich sagen, daß es ohne Verbindung mit dem sakramentalen und dem mystischen Element moralistisch und schließlich profan wird.

Ich möchte die Einheit dieser drei Elemente in einer Religion die *Religion des konkreten Geistes* nennen, allerdings mit Vorbehalt, aber ich weiß keine bessere Bezeichnung. Dann könnte man vielleicht sagen, daß das *telos* – d. h. das innere Ziel eines Wesens (so wie das *telos* der Eichel ist, ein Eichbaum zu werden) –, daß das *telos* der Religionsgeschichte eine *Religion des konkreten Geistes* ist. Wir können diese *Religion des konkreten Geistes* mit keiner der wirklichen Religionen identifizieren, auch nicht mit dem Christentum als Religion. Aber als protestantischer Theologe wage ich zu behaupten, daß es keinen höheren Ausdruck für das gibt, was ich die Synthese dieser drei Elemente nenne, als Paulus' Lehre vom Geist. In ihr sind die beiden fundamentalen Elemente der Religion, das ekstatische und das rationale, vereinigt.[1] Hier ist Ekstase, aber die höchste Schöpfung der Ekstase ist Liebe im Sinne von Agape. Ihre andere Schöpfung ist *gnosis,* die Erkenntnis Gottes. *Gnosis* aber ist Erkenntnis und nicht Auflösung oder Chaos.

Die positive oder negative Beziehung dieser Elemente[2] zueinander gibt der Religionsgeschichte ihren dynamischen Charakter. Das innere *telos,* von dem ich sprach, die *Religion des konkreten Geistes,* ist sozusagen das, worauf sich die Religionsgeschichte zubewegt. Aber wir dürfen die Synthese nicht nur als zukünftige Erwartung begreifen; sie manifestiert sich zu allen Zeiten, sowohl in dem Kampf gegen den dämonischen Anspruch der sakramentalen Grundlage wie in dem Kampf gegen die profanisierende Entstellung der sakramentalen Grundlage durch ihre Kritiker. Sie tritt fragmentarisch immer wieder in den großen Augenblicken der Religionsgeschichte in Erscheinung. Darum müssen wir einerseits die Religionsgeschichte in uns aufnehmen und auf diese Art die vergangenen Religionen aufheben. Andererseits müssen wir erkennen, daß wir in einer echten lebendigen Tradition stehen, die aus den Augenblicken besteht, in denen die große Synthese Wirklichkeit geworden ist. In diesem Sinne können wir die gesamte Religionsgeschichte als einen Kampf für die *Religion des konkreten Geistes* betrachten, als einen Kampf Gottes gegen die Religion innerhalb der Religion. Dieser Ausdruck „der Kampf Gottes gegen die Religion innerhalb der Religion" kann als Schlüssel zum Verständnis der äußerst chaotisch erscheinenden Religionsgeschichte dienen.

Als Christen sehen wir in der Erscheinung Jesu als des Christus den entscheidenden Sieg in diesem Kampf. Es gibt ein altes Symbol für den Christus, „*Christus Victor*", das in dieser Deutung der Religionsgeschichte wieder verwandt werden kann. Schon im Neuen Testament ist es mit dem Sieg über die dämonischen Mächte und die astrologischen Kräfte verbunden. Es deutet auf den Sieg am Kreuz hin als die Überwindung aller dämonischen Ansprüche. Ich glaube, daß wir von hier aus den Weg zu einer Christologie finden können, die uns aus den vielen Sackgassen herausführt, in die das christologische Dogma die christlichen Kirchen von Anfang an verfangen hatte. Jetzt sehen wir, daß die kritischen Momente in der Religionsgeschichte, die *kairoi,* eine Fortsetzung in anderen *kairoi* haben können, in denen die Religion des konkreten Geistes sich fragmentarisch hier und jetzt verwirklichen kann. Für uns als Christen ist das Kriterium das Ereignis des Kreuzes: Was in ihm symbolisch geschah, geschah und geschieht fragmentarisch auch an anderen Orten und zu anderen Zeiten und wird wieder in der Zukunft geschehen, wenn auch nicht in geschichtlicher oder empirischer Verbindung mit dem Kreuz.

Nun komme ich zu einer Frage, die im Mittelpunkt dieser Konferenz stand, nämlich der Frage, wie die Dynamik der Religionsgeschichte sich auf das Verhältnis von Heiligem und Profanem auswirkt. Das Heilige ist nicht nur der Dämonisierung ausgesetzt und dem Kampf Gottes gegen die Religion als dem Kampf gegen die der Religion innewohnende Gefahr der Dämonisierung – das Heilige ist auch in Gefahr der Profanisierung. Und beide, Dämonisierung und Profanisierung, sind insofern miteinander verknüpft, als Profanisierung oder Säkularisierung die dritte und radikalste Form der Entdämonisierung ist. Sie kennen die Bedeutung des Wortes profan: „vor den Toren des Heiligtums" und des Begriffs säkular:

„zu der Welt gehörig". In der Säkularisierung wird die ekstatisch-mystische Sphäre des Heiligen für die Welt gewöhnlicher rationaler Strukturen aufgegeben. Dagegen anzukämpfen im Namen der Heiligkeit des Lebens und die Menschen im Heiligtum zu halten wäre einfach, wenn das Säkulare nicht eine kritische religiöse Funktion hätte. Das Problem ist so schwierig, weil das Säkulare das Rationale ist und das Rationale die Irrationalität des Heiligen der Kritik unterwerfen und seine Dämonisierung richten muß.

Die rationale Struktur, von der ich spreche, enthält die Strukturen der Moralität, des Rechts, der Erkenntnis und der Kunst. Die Weihe, die das Heilige dem Leben gibt, bedeutet zugleich die Beherrschung des Lebens durch ekstatische Formen des Heiligen und die Unterdrückung des dem Menschen innewohnenden Verlangens nach dem Guten, nach Gerechtigkeit, Wahrheit und Schönheit. In dieser Hinsicht ist Säkularisierung eine Befreiung, und sowohl die Propheten wie die Mystiker waren in diesem Sinne Vorläufer der Säkularisierung. Das Heilige wurde allmählich zum moralisch Guten, dem philosophisch und später dem wissenschaftlich Wahren oder dem künstlerisch Ausdrucksvollen. Aber an diesem Punkt macht sich eine tiefe Dialektik bemerkbar: Das Säkulare, das im Recht ist, wenn es sich gegen die Beherrschung durch das Heilige zur Wehr setzt, wird seines Sinnes entleert und wird zum Opfer dessen, was ich die Quasi-Religionen genannt habe. Und diese Quasi-Religionen wirken sich als ebenso bedrückend aus wie die dämonischen Elemente innerhalb der Religion. Sie sind sogar noch schlimmer, wie sich in unserer Zeit gezeigt hat, denn sie sind ohne die Tiefe und den Reichtum echter religiöser Traditionen.

Hier tritt ein anderes *telos* oder inneres Ziel der Religionsgeschichte in Erscheinung. Ich nenne es Theonomie, von *theos* = Gott und *nomos* = Gesetz abgeleitet. Wenn die autonomen Kräfte der Erkenntnis, der Kunst, des Rechts und der Moralität auf den letzten Sinn des Lebens hinweisen, dann haben wir Theonomie. Dann werden diese Kräfte nicht von dem Heiligen beherrscht, sondern weisen in ihrem inneren Wesen auf das Heilige, das Unbedingte, hin. In der Wirklichkeit jedoch spielt sich ein Kampf ab zwischen der Heiligung des Lebens, die heteronome Formen annimmt, und der Selbstverwirklichung aller kulturellen Funktionen, die autonom werden und ihren Sinngehalt verlieren.

Theonomie erscheint in dem, was ich die Religion des konkreten

Geistes genannt habe, fragmentarisch, aber niemals vollkommen. Ihre Erfüllung ist eschatologisch, ihre Erwartung liegt jenseits der Zeit, im Ewigen. Dieses theonome Element in der Beziehung zwischen dem Heiligen und dem Säkularen oder Profanen ist ein Element in der Struktur der *Religion des konkreten Geistes.* In ihm gibt es Fortschritt wie in jeder Tätigkeit (selbst einen Vortrag halten ist auf Fortschritt in irgendeiner Richtung angelegt), aber es darf nicht im Sinne des Fortschrittglaubens verstanden werden; es ist nicht auf Erfüllung in der Zeit gerichtet. In diesem Punkt denke ich anders als Teilhard de Chardin, dem ich mich in vielen anderen Punkten nahe fühle.

3.

Meine dritte und letzte Betrachtung gilt der *Interpretation der theologischen Tradition im Lichte religiöser Phänomene.* Lassen Sie mich mit einer Behauptung beginnen, die ein großer Theologe von der Universität Berlin, Adolf von Harnack, einmal gemacht hat. Er sagte, daß die Geschichte des Christentums alle Elemente der Religionsgeschichte umfasse. Das war eine richtige Einsicht, aber er selbst zog nicht die nötigen Folgerungen aus ihr. Er sah nicht, daß sie eine weitaus positivere Beziehung zwischen der gesamten Religionsgeschichte und der Geschichte der christlichen Kirchen erfordere, als es seine eigene konstruktive Theologie war, die er auf eine Art bürgerliche, individualistische, moralistische Theologie eingeengt hatte.

An diesem Punkt möchte ich den Dank meines Freundes Professor Eliade erwidern für seine Zusammenarbeit mit mir in zwei Jahren gemeinsamer Seminare, in denen jede einzelne christliche Lehre und jeder einzelne christliche Ritus für mich eine neue, tiefere Bedeutung gewonnen hat. Und als Erklärung, aber auch als Selbst-Anklage, muß ich erwähnen, daß meine *Systematische Theologie* entstanden war, bevor diese Seminare stattfanden, und einer anderen Absicht diente, nämlich der apologetischen Aussprache gegen das Säkulare und mit dem Säkularen. Ihr Zweck war, Fragen zu beantworten, die sich aus der wissenschaftlichen und philosophischen Kritik am Christentum ergaben. Aber vielleicht ist eine längere und intensivere gegenseitige Durchdringung von systematischer Theologie und Religionsgeschichte nötig. Unter ihrem

Einfluß könnte sich die Struktur des religiösen Denkens im Zusammenhang mit einer neuen fragmentarischen Manifestation der Theonomie oder einer *Religion des konkreten Geistes* entwickeln. Das ist meine Hoffnung für die Zukunft der Theologie.

Um diese Möglichkeit zu sehen, muß man auf das Beispiel achten, das die religionsgeschichtliche Methode dem systematischen Theologen dadurch gibt, daß sie die Bedeutung des Partikularen hervorhebt. Das zeigt sich in Form einer doppelten Negation, nämlich der Negation einer übernatürlichen Theologie und der Negation einer natürlichen Theologie. In der übernatürlichen Theologie hat die protestantische Orthodoxie die Idee von Gott systematisch entwickelt. Sie nahm ihren Gottesbegriff aus Dokumenten der Offenbarung, von denen sie annahm, daß sie inspiriert, aber nicht durch die Geschichte vorbereitet waren. Solche Dokumente waren für die protestantische Orthodoxie die Bibel und für den Islam der Koran. Aus diesen heiligen Schriften entwickelte die Kirche dann ihre Lehren, gewöhnlich auf dem Wege über dogmatische Kontroversen, faßte sie in Glaubensartikeln oder offiziellen Lehrbüchern zusammen und erklärte sie theologisch mit Hilfe der Philosophie. Bei alledem blickte sie nicht über den Kreis dessen hinaus, was ihr durch die Offenbarung, d. h. die eigene Religion oder den eigenen Glauben, gegeben war. Neben dieser in allen christlichen Kirchen vorherrschenden Methode steht die der natürlichen Theologie, die ihre religiösen Begriffe aus der philosophischen Analyse der Wirklichkeit, besonders aus der Analyse der Struktur des menschlichen Geistes ableitet. Die so gewonnenen Begriffe, wie der von Gott, können dann zu traditionellen Lehren in Beziehung gesetzt werden, müssen es aber nicht.

Der Religionshistoriker verfährt dagegen folgendermaßen: Erstens verwendet auch er das traditionelle Material, und zwar in der Form, in der es diejenigen, die theologisch arbeiten, existentiell verstehen. Da der Religionshistoriker aber theologisch-wissenschaftlich arbeitet, muß er die Objektivität wahren, die zur Beobachtung der Wirklichkeit erforderlich ist. Zweitens übernimmt er von der natürlichen Theologie die Methode der Analyse des menschlichen Geistes und der Wirklichkeit und zeigt, an welcher Stelle – sowohl in uns selbst wie in unserer Welt – die religiöse Frage entsteht, wie z. B. in der Erfahrung der Endlichkeit, in der Suche nach dem Sinn unseres Lebens, in der Erfahrung des Heiligen als Heiliges usw. Als drittes bietet der Religionshistoriker eine Phänomenologie der Religion, indem er die Phänomene, die in der Religionsgeschichte hervortreten, die Symbole, die Riten, die Ideen und die verschiedenen Handlungen beschreibt. Viertens weist er auf die Beziehung dieser Phänomene zu den traditionellen Begriffen hin – ihre Verwandtschaft, ihre Unterschiede und ihre Widersprüche – und auf die Probleme, die sich daraus ergeben. Als fünftes und letztes stellt der Religionshistoriker die neu interpretierten Begriffe in den Rahmen der religionsgeschichtlichen Entwicklung und der profanen Geschichte und setzt sie in Beziehung zu unserer gegenwärtigen religiösen Lage und unserer kulturellen Situation. In diese fünf Stufen der religionsgeschichtlichen Methode sind auch Elemente der älteren traditionellen Theologie aufgenommen, aber sie sind im Zusammenhang mit der Geschichte der Menschheit und mit den menschlichen Erfahrungen gesehen, wie sie in den großen Symbolen der Religionsgeschichte Ausdruck gefunden haben.

Das methodische Verfahren, in dem die Religionsgeschichte die religiösen Begriffe in ihrem historischen Zusammenhang zeigt und in Beziehung zur Gegenwart stellt, hat den Vorteil, daß es uns eine neue Wahrheit der religiösen Symbole enthüllt: Wir sehen sie jetzt in ihrer Beziehung zu dem gesellschaftlichen Boden, auf dem sie gewachsen sind und in den wir sie heute wieder einpflanzen müssen. Dies ist von außerordentlicher Bedeutung, denn religiöse Symbole fallen nicht vom Himmel; sie wurzeln in der Totalität menschlicher Erfahrungen, die der umgebenden Welt, der gesellschaftlichen wie der politischen, eingeschlossen. Aber sie wurzeln nicht nur in ihr, sie sind auch Ausdruck des Protestes gegen sie. Beides müssen wir beachten, wenn wir Symbole gebrauchen und wieder einführen wollen.

Ein weiteres Ergebnis dieser Methode ist, daß wir uns heute der religiösen Symbolik als Ausdrucksmittel für die Lehre vom Menschen bedienen können, als Sprache der Anthropologie, wenn wir dieses Wort nicht im Sinne einer empirischen Wissenschaft, sondern als Lehre vom Wesen des Menschen verstehen. Die religiösen Symbole sagen etwas über das Selbstverständnis des Menschen, das Verständnis seiner eigentlichen Natur, aus. Die Betonung der Sündhaftigkeit des Menschen im Christentum und das Fehlen dieses Begriffs im Islam ist ein gutes Beispiel für das, was ich meine. Es zeigt den fundamentalen Unterschied in dem Selbstverständnis des Menschen zwischen zwei großen Religionen und Kulturen. Auf diese Art können wir tiefere Einsicht in die Natur des Menschen gewinnen als mit Hilfe irgendeiner empirischen Psychologie.

Als letztes müssen wir nun fragen: Was bedeutet dies alles für die Beziehung des Theologen zu seiner Religion? Seine Theologie bleibt in ihren Erfahrungsgrundlagen verwurzelt; ohne sie ist keine Theologie möglich. Aber diese fundamentalen Erfahrungen versucht der Theologe in universal gültige Aussagen zu fassen. Diese Universalität besteht jedoch nicht in einer alles umfassenden Abstraktion – diese würde die Religion selbst zerstören –, sondern sie liegt in der Tiefe einer jeden konkreten Religion sowie in der geistigen Freiheit, die Freiheit sowohl *von* der Religion wie auch *für* die Religion ist.

Anmerkungen

[1] Diese Stelle ist nicht ohne weiteres verständlich. Die Elemente des Ekstatischen und Rationalen haben nichts mit den vorher genannten Elementen zu tun, die die Religionstypen bestimmen. Ekstase ist nach Tillich die Ergriffenheit durch den göttlichen Geist und als solche Teil der religiösen Erfahrung. Sie kann jedoch die rationalen Strukturen des menschlichen Geistes und seiner Schöpfungen zerstören und Chaos schaffen. Deshalb muß ihr durch rationale Elemente das Gleichgewicht gehalten werden, wie Tillich ein paar Seiten später zeigt. In *agape* und *gnosis* ist das ekstatische Element mit dem rationalen (der ethischen Forderung in der *agape,* der Erkenntnis in der *gnosis*) völlig vereint. Vgl. Systematische Theologie III, 137–144. (Anm. der Übers.)

[2] Hier sind wieder die Elemente des Sakramentalen, des Mystischen und des Prophetischen gemeint.

Karl Rahner, Schriften zur Theologie. Band V. Zürich, Benziger Verlag AG 1962, Seiten 136–158.

Karl Rahner

Das Christentum und die nichtchristlichen Religionen

„Offener Katholizismus“ bedeutet sowohl die Tatsache, daß der katholischen Kirche geschichtliche Mächte gegenüberstehen, die sie selbst nicht als rein „weltliche“ und für sie gleichgültige auf sich beruhen lassen kann, sondern die für sie eine Bedeutung haben, die aber dennoch nicht in einem Verhältnis positiver Art des Friedens und gegenseitiger Bejahung zur Kirche stehen, als auch die Aufgabe, mit diesen Mächten in ein Verhältnis zu treten, das ihre Existenz begreift (soweit diese nicht einfach bejaht werden kann), das Ärgernis ihres Widerspruchs erträgt und überwindet und die Kirche so gestaltet, daß sie fähig ist, diesen Pluralismus, soweit er nicht sein soll, zu überwinden, indem sie sich selbst als die höhere Einheit dieses Gegensatzes begreift. Offener Katholizismus bedeutet somit ein bestimmtes Verhalten gegenüber dem heutigen Pluralismus weltanschaulicher Mächte. Dieser Pluralismus ist dabei offenbar nicht gemeint als eine bloße Tatsache, die man als unerklärlich einfach stehenläßt, sondern als eine Tatsache, die bedacht sein will und unbeschadet des Nichtseinsollenden, das sie teilweise an sich trägt, noch einmal von einem höheren Gesichtspunkt aus in das Ganze und Eine des christlichen Daseinsverständnisses eingeordnet werden soll. Zu den für das Christentum schwerwiegendsten und am schwersten einzuordnenden Momenten an diesem Pluralismus, in dem wir leben und mit dem wir als Christen fertig zu werden haben, gehört der Pluralismus der Religionen. Wir meinen hier nicht den Pluralismus der christlichen Konfessionen. Auch dieser Pluralismus ist eine Tatsache und eine Frage und Aufgabe an die Christen. Aber nicht mit ihm haben wir uns hier zu beschäftigen, sondern mit dem wenigstens in letzter Grundsätzlichkeit schwerwiegenderen Problem der Vielheit der Religionen, die es auch noch in der Zeit des Christentums gibt, und zwar immer noch nach einer zweitausendjährigen Geschichte und Mission dieses Christentums. Gewiß ist es richtig, daß diesen Religionen allen zusammen samt dem Christentum selber heute ein Feind gegenübersteht, den sie früher nicht hatten, die dezidierte Religionslosigkeit, die Verneinung der Religion überhaupt, eine Verneinung, die gewissermaßen mit der Inbrunst einer Religion, eines absoluten und heiligen Systems als der Grundlage und dem Maßstab allen weiteren Denkens auftritt, so paradox es klingen mag, die staatlich organisiert sich als *die* Religion der Zukunft vorstellt, als die dezidierte, absolute Profanität und Geheimnislosigkeit des menschlichen Daseins, so bleibt es doch eben wahr, daß gerade dieser Zustand der Bedrohtheit der Religion überhaupt eine seiner wichtigsten Waffen und Erfolgschancen in der Zerrissenheit der religiösen Menschheit hat. Und davon abgesehen: Für das Christentum ist dieser religiöse Pluralismus eine größere Bedrohung und der Grund einer größeren Unruhe als für alle anderen Religionen. Denn keine andere, nicht einmal der Islam, setzt sich selbst so absolut als *die* Religion, als die eine und einzig gültige Offenbarung des einen, lebendigen Gottes wie das Christentum. Für es also muß der faktische, bleibende, immer noch neu virulente Pluralismus der Religionen nach einer zweitausendjährigen Geschichte das größte Ärgernis und die größte Anfechtung sein. Und diese Anfechtung ist heute auch für den einzelnen Christen bedrohlicher als je zuvor. Denn früher war die andere Religion praktisch auch die Religion eines anderen Kulturkreises, einer Geschichte, mit der man selbst nur ganz am Rande seiner eigenen Geschichte kommunizierte, war die Religion der auch in jeder anderen Hinsicht Fremden. Kein Wunder also, daß man sich nicht wunderte, daß diese so Anderen und Fremden auch eine andere Religion hatten, kein Wunder, daß man nicht ernsthaft und im allgemeinen diese andere Religion als eine Frage an sich selbst oder gar als eine Möglichkeit für einen selbst betrachten konnte. Heute ist es anders. Es gibt kein in sich geschlossenes Abendland mehr, kein Abendland mehr, das sich einfach als den Mittelpunkt der Weltgeschichte und der Kultur betrachten könnte, dessen Religion also schon von daher, das heißt von einem Punkt, der eigentlich nichts mit einer Glaubensentscheidung zu tun, sondern das Gewicht des profan Selbstverständlichen hat, als die selbstverständliche und einzig für einen Europäer in Frage kommende Form der Gottesverehrung erscheinen könnte. Heute ist jeder jedes anderen Menschen in der Welt Nachbar und Nächster, und darum von der Kommunikation aller Lebenssituationen von planetarischer Art her bestimmt: Jede Religion, die in der Welt existiert, ist, wie alle kulturellen Möglichkeiten und Wirklichkeiten anderer Menschen, eine Frage und eine angebotene Möglichkeit für jeden Menschen. Und wie man die Kultur des anderen als eine Relativierung der eigenen konkret und existentiell fordernd erlebt, so ist es unwillkürlich auch mit den fremden Religionen. Sie sind ein Moment an der eigenen Daseinssituation geworden, nicht mehr bloß theoretisch, sondern konkret, und sie werden daher erlebt als In-Frage-Stellung des Absolutheitsanspruchs des eigenen Christentums. In der Frage des Fertigwerdens mit dem heutigen Pluralismus ist somit die Frage nach dem Verständnis und Bestehen des religiösen Pluralismus als eines Momentes in unserer unmittelbaren christlichen Existenz eine vordringliche Frage. Man könnte diese Frage von verschiedenen Seiten her anpacken. Hier soll nur versucht werden, einige Grundzüge einer katholisch-dogmatischen Interpretation der nichtchristlichen Religionen vorzutragen, die vielleicht geeignet sind, die Frage nach der christlichen Position gegenüber dem religiösen Pluralismus in der heutigen Welt einer Lösung näher zu führen. Da man leider nicht sagen kann, daß die katholische Theologie, wie sie konkret betrieben wird, in neuerer Zeit eine wirklich genügend große Aufmerksamkeit den hier zu stellenden Fragen geschenkt hat, kann auch nicht behauptet werden, daß das hier Gesagte als Gemeingut der katholischen Theologie vorgetragen werden könne. Das Gesagte hat also nur soviel Gewicht als die Gründe dafür, die wiederum nur eben angedeutet werden können. Wo den vorzulegenden Sätzen darüber hinaus ein größeres theologisches Gewicht zukommt, ergibt sich das aus dem Gesagten für den theologischen Gebildeten von selbst. Wenn wir sagen, es handle sich um Grundzüge einer *katholisch*-dogmatischen Interpretation der nichtchristlichen Religionen, so soll damit nicht angedeutet sein, es gehe dabei notwendig auch um eine innerchristlich kontrovers-theologische Theorie, sondern es soll nur gesagt sein, daß wir nicht eigens darauf eingehen können, ob die vorzutragenden Thesen auch die Hoffnung haben können, von der evangelischen Theologie angenommen zu werden. Wir sagen, es handle sich um eine dogmatische Interpretation, weil wir die Frage nicht als empirische Religionsgeschichtler, sondern vom Selbstverständnis des Christentums selbst aus, also als Dogmatiker stellen.

1. These: Die erste These, die an den Anfang zu stellen ist, weil sie gewiß die Grundlage des theologischen Verständnisses der anderen Religionen im christlichen Glauben ist, lautet: Das Christentum versteht sich als die für alle Menschen bestimmte, absolute Religion, die keine andere als gleichberechtigt neben sich anerkennen kann. Dieser Satz ist für das Selbstverständnis des Christentums selbstverständlich und grundlegend. Er braucht hier weder bewiesen noch in seinem Sinn entfaltet zu werden. Wenn Religion als gültige und legitime für das Christentum zuerst und zuletzt nicht dasjenige Verhältnis des Menschen zu Gott ist, das der Mensch selbst autonom stiftet, nicht die Selbstinterpretation des menschlichen Daseins durch den Menschen, nicht die Reflexion und Objektivierung der Erfahrung ist, die er durch sich selbst mit sich macht, sondern die Tat Gottes an ihm, die freie Selbstoffenbarung in Selbstmitteilung Gottes an den Menschen, das Verhältnis, das Gott selbst zum Menschen hin von sich her stiftet und stiftend offenbart, wenn *dieses* Verhältnis Gottes zu allen Menschen grundlegend das eine und selbe ist, weil es auf der Inkarnation, dem Tod und der Auferstehung des einen fleischgewordenen Wortes Gottes beruht, wenn das Christentum die durch Gott selbst in seinem Wort vorgenommene Interpretation dieses in Christus für alle Menschen von Gott selbst gestifteten Verhältnisses Gottes zu den Menschen ist, dann kann nur das Christentum sich als die wahre und legitime Religion für alle Menschen schlechthin dort und dann anerkennen, wo und wann es in existentieller Mächtigkeit und fordernder Kraft in den Bereich einer anderen Religion eindringt und diese, sie an sich selbst messend, in Frage stellt. Seit es Christus gibt, seitdem er im Fleisch als das Wort Gottes in Absolutheit gekommen und die Welt in seinem Tod und seiner Auferstehung real und nicht nur theoretisch mit Gott versöhnt, das heißt geeinigt hat, ist dieser Christus und seine bleibende geschichtliche Gegenwart in der Welt, Kirche genannt, *die* religio, die den Menschen an Gott bindet. Eine Bemerkung muß freilich schon zu dieser ersten These (die hier nicht näher entfaltet und begründet werden kann) gemacht werden. Mag dieses Christentum selbst auch seine Vorgeschichte haben, die dieses Christentum bis in den Anfang der Menschheitsgeschichte selbst – wenn auch in sehr wesentlich gestufter Weise – zurückführt, mag dieses Haben einer „Vorgeschichte" für die theoretische und existentielle Begründung seines Absolutheitsanspruches nach

Ausweis des NT auch von viel größerer Bedeutung sein als es unsere heutige katholische Fundamentaltheologie weiß, so hat das Christentum als solches doch einen innergeschichtlichen Anfang; es war nicht immer, es hat begonnen. Es war wenigstens in seiner geschichtlich-greifbaren, kirchlich-soziologischen Verfassung, in dem reflexen Zusichselbstgekommensein des Heilshandelns Gottes in Christus und auf ihn hin nicht schon immer und überall *der* Heilsweg der Menschen. Als eine geschichtliche Größe hat darum dieses Christentum einen zeitlich-räumlich punktförmigen Anfang in Jesus von Nazareth und in dem Heilsereignis des einmaligen Kreuzes und des leeren Grabes in Jerusalem. Damit ist aber gegeben, daß diese absolute Religion, auch dann, wenn sie anfängt, diese grundsätzlich für alle Menschen zu sein, auf einem geschichtlichen Weg zu den Menschen kommen muß, denen sie als deren legitime, sie anfordernde Religion gegenübertritt. Die Frage ist also diese (und sie ist bisher in der katholischen Theologie nicht klar genug und reflex genug durchdacht in echter Konfrontierung mit der Länge und Verwickeltheit echt menschlicher Zeit und Geschichte), ob dieser Zeitpunkt des existentiell realen Angefordertseins durch diese absolute Religion in ihrer geschichtlich greifbaren Verfaßtheit wirklich für alle Menschen uhrzeitlich im selben Moment eintritt oder ob dieses Eintreten dieses Momentes selbst wieder eine Geschichte hat und so uhrzeitlich nicht für alle Menschen, Kulturen und Geschichtsräume gleichzeitig ist. Gewöhnlich betrachtet man den Beginn der objektiven Verpflichtung der christlichen Botschaft für alle Menschen, also die Abschaffung der Gültigkeit der mosaischen Religion *und* aller anderen Religionen, die auch (wie wir später sehen werden) ein Moment der Gültigkeit und Gottgewolltheit an sich haben können, als in der apostolischen Zeit geschehend und faßt somit die Zeit zwischen diesem Beginn und der faktischen Annahme oder der persönlich schuldhaften Ablehnung des Christentums in einer nichtjüdischen Welt und Geschichte als die Spanne zwischen der schon geschehenen Promulgation des Gesetzes und der faktischen Kenntnisnahme durch den vom Gesetz Gemeinten. Ob diese Auffassung richtig ist oder ob man da, wie wir meinen möchten, einer anderen Auffassung sein kann, also den Beginn des Christentums für die konkreten Geschichtsräume, Kulturen und Religionen auf den Zeitpunkt verlegen kann, in denen dieses Christentum innerhalb dieser Einzelgeschichte und Kultur geschichtlich eine reale Größe geworden ist, zu einem wirklichen geschichtlichen Moment dieser bestimmten Kultur, das ist nicht bloß eine müßige Gelehrtenfrage. Man schließt z. B. aus der üblichen Antwort im ersten Sinn, daß seit dem ersten Pfingstfest *überall* in der Welt die Taufe der unmündig sterbenden Kinder zum übernatürlichen Heil notwendig sei, obwohl sie das vorher nicht war. Auch für andere Fragen, z. B. für die Vermeidung noch unreifer Bekehrungen, für die Berechtigung und Wichtigkeit der „indirekten" Missionierung usw. könnte eine richtige und ausgewogene Lösung von großer Bedeutung sein. Man wird sich fragen müssen, ob man der angedeuteten ersten Auffassung angesichts einer zweitausendjährigen und noch weithin in den Anfängen stehenden Missionsgeschichte heute noch beipflichten kann, wenn doch z. B. selbst schon Suarez wenigstens hinsichtlich der *Juden* gesehen hat, daß die promulgatio und obligatio der christlichen Religion und nicht nur die divulgatio und notitia promulgationis in geschichtlicher Folge geschehen ist? Wir können hier diese Frage nicht eigentlich beantworten. Sie darf aber wenigstens als offene Frage angemeldet und praktisch die Richtigkeit der zweiten Theorie vorausgesetzt werden, weil nur sie der wirklichen Geschichtlichkeit des Christentums und der Heilsgeschichte entspricht. Und daraus ergibt sich nun ein nuancierteres Verständnis unserer ersten These: Wir behaupten positiv nur, daß das Christentum seiner Bestimmung nach die absolute und somit einzig für alle Menschen bestimmte Religion ist, lassen aber die Frage (wenigstens grundsätzlich) offen, in welchem genauen Zeitpunkt diese absolute Verpflichtetheit jedes Menschen und jeder Kultur auf das Christentum konkret eintritt auch im Sinn der *objektiven* Verpflichtung einer solchen Forderung. Immerhin, auch so bleibt die aufgestellte These noch erregend genug: Wo immer der Mensch konkret in der echten Dringlichkeit und Schwere seiner konkreten Existenz vom Christentum betroffen wird, stellt sich nach dem Selbstverständnis des Christentums dieses als die einzig noch gültige Religion dieses Menschen dar, die für ihn von heilsmittelhafter, nicht nur gebothafter Notwendigkeit ist. Man beachte: Es handelt sich um die Heilsnotwendigkeit einer *gesellschaftlichen Größe.* Ist diese auch das Christentum und nicht eine andere Religion, so wird man doch unbedenklich sagen dürfen, ja müssen, daß in dieser These implizit die andere enthalten ist, daß im konkreten Dasein des Menschen schlechthin eine gesellschaftliche Verfaßtheit der Religion zum Wesen der Religion selber gehört, daß man also Religion nur dann habe, wenn man sie in einer gesellschaftlichen Form hat, daß also somit der Mensch, dem geboten ist, Religion zu haben, aufgefordert ist, eine gesellschaftliche Form von Religion zu suchen und anzunehmen. Wir werden bald sehen, was diese Überlegung für die Beurteilung nichtchristlicher Religionen bedeutet.

Eines darf hier schließlich noch angemerkt werden: Wenn das Entscheidende im *Begriff* des *Heidentums* und somit auch der nichtchristlichen, der heidnischen Religionen (dieses Wort als theologischer Begriff ohne alle Abwertung gemeint) nicht die faktische Ablehnung des Christentums ist, sondern das Fehlen einer genügenden geschichtlichen Begegnung mit dem Christentum von ausreichender geschichtlicher Mächtigkeit, die das Christentum wirklich real anwesend sein läßt unter diesem Heidentum und in der Geschichte des betreffenden Volkes, dann hört in diesem Sinn durch das jetzt geschehende Aufbrechen des Abendlandes in eine planetarische Weltgeschichte hinein, in der jedes Volk und jeder Kulturkreis zum inneren Moment jedes anderen Volkes und jedes anderen Kulturkreises wird, das Heidentum auf zu existieren oder vielleicht besser gesagt: Es kommt langsam in eine ganz neue Phase: Wir haben die *eine* Weltgeschichte, in der als *einer* die Christen und die Nichtchristen (das heißt Alt- und Neuheiden zusammen) in derselben Situation leben, sich dialogisch gegenüberstehen. Und so steht erst recht wieder die Frage nach dem christlichen theologischen Sinn der anderen Religionen auf.

2. These: Bis zu jenem Augenblick, in dem das Evangelium wirklich in die geschichtliche Situation eines bestimmten Menschen eintritt, enthält eine nichtchristliche Religion (auch außerhalb der mosaischen) nicht nur Elemente einer natürlichen Gotteserkenntnis, vermischt mit erbsündlicher und weiter darauf und daraus folgender menschlicher Depravation, sondern auch übernatürliche Momente aus der Gnade, die dem Menschen wegen Christus von Gott geschenkt wird, und sie kann von daher, ohne daß dadurch Irrtum und Depravation in ihr geleugnet werden, als, wenn auch in verschiedener Gestuftheit, *legitime* Religion anerkannt werden. Diese These bedarf einer weiter ausholenden Erklärung.

Zunächst muß der terminus ad quem beachtet werden, bis zu welchem hin diese Einschätzung der außerchristlichen Religionen gilt: Es ist der Zeitpunkt, in dem das Christentum eine geschichtlich reale Größe für die Menschen dieser Religion wird. Ob dieser Zeitpunkt theologisch zusammenfällt mit dem ersten Pfingsten oder selber für die einzelnen Völker und Religionen uhrzeitlich verschieden liegt, das mag auch hier in etwa noch offenbleiben. Wir haben jedoch die Formulierung so gewählt, daß sie eher auf die uns richtiger scheinende Ansicht in dieser Frage hinweist, wobei freilich auch noch einmal die genaueren *Kriterien* des Eintritts dieses Zeitpunktes offenbleiben.

Die These selbst teilt sich in zwei Teile. Sie besagt zunächst, daß in den nichtchristlichen Religionen a priori durchaus übernatürlich-gnadenhafte Momente angenommen werden können. Wenden wir uns zunächst dieser Behauptung zu. Dieser Satz besagt natürlich in keiner Weise, daß alle die Momente polytheistischer Auffassung des Göttlichen und aller anderen religiösen, ethischen und metaphysischen Depravationen in den nichtchristlichen Religionen in Theorie und Praxis übersehen oder verharmlost werden sollen oder dürfen. All der Protest des Christentums gegen solche Momente, der die ganze Geschichte des Christentums und seiner Interpretation der nichtchristlichen Religionen vom Römerbrief an im Gefolge der alttestamentlichen Polemik gegen die Religion der „Heiden" begleitet, bleibt in dem darin eigentlich Gemeinten und Gesagten aufrechterhalten, bleibt ein Teil der Botschaft, die das Christentum und die Kirche diesen Völkern solcher Religionen zu sagen hat. Wir haben hier ferner nicht aposteriorische Religionsgeschichte zu treiben. Darum können wir auch nicht empirisch dieses Nichtseinsollende und Gottwidrige in diesen nichtchristlichen Religionen beschreiben und in seiner mannigfaltigen Art, Gestuftheit und Dosierung darstellen. Wir treiben ja Dogmatik, haben also nur die Möglichkeit, das allgemeine und unnuancierte Verdikt auf Nichtseinsollendheit der nichtchristlichen Religionen in dem Augenblick, wo sie real und geschichtsmächtig dem Christentum begegnen (und zunächst nur so!), zu wiederholen. Es ist aber klar, daß dieses Nein die sehr wesentlichen Unterschiede innerhalb der nichtchristlichen Religionen nicht leugnen will, zumal der fromme, gottgefällige Heide schon ein Thema des AT war und dieser gottgefällige Heide doch nicht einfach als schlechthin außerhalb jeder konkreten, gesellschaftlichen Religion lebend und seine eigene Religion autochthon konstruierend gedacht werden kann; so wie

Paulus in der Areopagrede doch auch eine positive Sicht grundsätzlicher Art auf die heidnische Religion nicht einfach ausschließt. Entscheidend für den ersten Teil unserer These ist aber eine grundsätzliche theologische Erwägung. Sie beruht letztlich darauf (dabei sehen wir von gewissen genaueren Nuancierungen ab), daß wir den Glaubenssatz vom allgemeinen und ernsthaften Heilswillen Gottes allen Menschen gegenüber, und zwar auch innerhalb der nachparadiesischen, erbsündlichen Heilsphase zu bekennen haben, wenn wir Christen sein wollen. Gewiß wissen wir, daß durch diesen Glaubenssatz über das *individuelle* Heil des Menschen als faktisch erreichtes noch nichts Sicheres gesagt ist. Aber Gott will das Heil aller. Und dieses so gewollte Heil ist das Heil Christi, ist das Heil der übernatürlichen, den Menschen vergöttlichenden Gnade, das Heil der visio beatifica, ist ein Heil, das wirklich all den Menschen zugedacht ist, die zu Millionen und Abermillionen in vielleicht einer Million Jahren vor Christus lebten und auch seit Christus doch in Volksgeschichten, Kulturen und Epochen von größtem Umfang lebten, die dem Gesichtskreis der neutestamentlichen Menschen noch ganz entzogen waren. Wenn wir das Heil als ein spezifisch *christliches* begreifen, wenn es kein Heil an Christus vorbei gibt, wenn die übernatürliche Vergöttlichung des Menschen nach katholischer Lehre nie durch bloß den guten Willen des Menschen ersetzt werden kann, sondern als selber in diesem irdischen Leben gegebene notwendig ist, wenn aber andererseits dieses Heil Gott wirklich, wahrhaft und ernsthaft allen Menschen zugedacht hat, dann kann beides nicht anders vereint werden, als daß gesagt wird, daß jeder Mensch wahrhaft und wirklich dem Einfluß der göttlichen, übernatürlichen, eine innere Gemeinschaft mit Gott und eine Selbstmitteilung Gottes anbietenden Gnade ausgesetzt ist, mag er zu dieser Gnade im Modus der Annahme oder der Ablehnung stehen. Es hat keinen Sinn, grausam und ohne jede Hoffnung auf eine Annahme von seiten des heutigen Menschen angesichts der ungeheuerlichen Größe dieser außerchristlichen Heils- und Unheilsgeschichte anzunehmen, daß außerhalb des amtlichen und öffentlichen Christentums die Menschen ungefähr alle so böse und verstockt seien, daß das Angebot der übernatürlichen Gnade real doch meist nicht erfolgen müsse, weil die einzelnen Menschen sich im voraus zu einem solchen Angebot durch subjektiv schwere Verstöße gegen das natürliche Sittengesetz eines solchen Angebotes unwürdig gemacht hätten. Wenn man die Dinge genauer theologisch durchdenkt, kann man Natur und Gnade nicht wie zwei zeitlich hintereinanderliegende Phasen im Leben des einzelnen ansehen. Es ist ferner unmöglich, zu denken, daß dieses Angebot der übernatürlichen vergöttlichenden Gnade an alle Menschen wegen des allgemeinen Heilswillens Gottes doch im allgemeinen meist, von relativ wenigen Ausnahmen abgesehen, durch die personale Schuld der einzelnen Menschen unwirksam bliebe. Denn wir haben vom Evangelium aus keinen wirklich durchschlagenden Grund, so pessimistisch vom Menschen zu denken, wir haben aber alle Ursache, wider alle bloß menschliche Erfahrung optimistisch von Gott und seinem Heilswillen zu denken, der mächtiger ist als die sehr endliche Dummheit und Bosheit der Menschen, optimistisch, das heißt, christlich wahrhaft hoffend und vertrauend von Gott zu denken, der gewiß das letzte Wort hat und der uns geoffenbart hat, daß er das machtvolle Wort der Versöhnung und Vergebung in die Welt hinein gesprochen hat, so wenig wir etwas Sicheres über das endgültige Los eines einzelnen Menschen innerhalb und außerhalb des amtlich verfaßten Christentums sagen können. Wenn es wahr ist, daß das ewige Wort Gottes um unseres Heiles willen und trotz unserer Schuld Fleisch geworden ist und den Tod der Sünde gestorben ist, dann hat der Christ nicht das Recht anzunehmen, daß das Schicksal der Welt im Nein des Menschen, auf das Ganze der Welt gesehen, doch seinen selben Gang geht, wie er gewesen wäre, wenn Christus nicht gekommen wäre. Christus und sein Heil ist nicht einfach eine von zwei Möglichkeiten, die der Freiheit des Menschen zur Auswahl angeboten sind, sondern die Tat Gottes, die die falsche Wahl des Menschen überholend aufsprengt und erlöst. In Christus gibt Gott nicht nur die *Möglichkeit* des Heiles, das doch selber vom Menschen gewirkt werden müßte, sondern das tatsächliche Heil selbst, sosehr es die – eben von Gott geschenkte – richtige Entscheidung der menschlichen Freiheit einschließt. Wo die Sünde schon war, ist die Gnade im Übermaß gekommen. Und darum haben wir alles Recht anzunehmen, daß die Gnade nicht nur auch außerhalb der christlichen Kirche angeboten ist, was zu leugnen jansenistischer Irrtum wäre, sondern auch wenigstens weithin zu einem Sieg in der von ihr selbst erwirkten freien Annahme durch die Menschen kommt. Daß das empirische Bild der Menschen, ihres Lebens, ihrer Religion und ihrer individuellen und allgemeinen Geschichte diesen Glaubensoptimismus, der die ganze Welt unter die Erlösung durch Christus gestellt weiß, nicht als unmöglich erweist, müßte natürlich ausführlicher gezeigt werden, als es hier bei der Kürze der Zeit möglich ist. Aber wenn wir bedenken, daß das Theoretische und das Rituelle im Guten und im Bösen nur ein sehr inadäquater Ausdruck dessen sind, was der Mensch existentiell tatsächlich vollzieht, wenn wir bedenken, daß die Transzendenz des Menschen (auch die von der Gnade Gottes erhöhte und befreite) als die eine und selbe sich unter den mannigfaltigsten Formen und Namen vollziehen kann, wenn wir einrechnen, daß der religiöse Mensch dort, wo er wirklich religiös handelt, auswählend und reflex kritisch sichtend sich der vielfältigen Formen des institutionell Religiösen bedient oder diese unreflex ausläßt, wenn wir bedenken, welche unausmeßbare Differenz auch noch im christlichen Bereich vermutlicherweise obwaltet zwischen dem objektiv Verkehrten im sittlichen Leben und dem, was davon wirklich subjektiv schwer schuldhaft realisiert wird, dann werden wir es nicht für unmöglich halten, daß im geistig-personalen Leben des einzelnen Menschen die Gnade am Werk ist und sogar angenommen wird, mag auch ein solches Leben auf den ersten Blick primitiv, unerleuchtet, dumpf und ins Irdische versunken erscheinen. Wir können einfach sagen: Dort, wo und insofern im Leben des einzelnen Menschen eine sittliche Entscheidung vollzogen wird (und wo könnte dies in irgendeiner Form als schlechthin unmöglich – außer eben in pathologischen Fällen – erklärt werden?), ist diese sittliche Entscheidung so denkbar, daß sie auch den Begriff des übernatürlich erhöhten, glaubenden und so heilshaften Aktes verwirklicht und faktisch also mehr als bloß „natürliche Sittlichkeit" ist. Daß also im Leben aller Menschen, wenn man sie zunächst als einzelne betrachtet, gnadenhafte Einflüsse der eigentlich christlichen übernatürlichen Gnade denkbar sind und trotz dem sündigen Zustand der Menschen und ihrer scheinbaren Gottesferne auch als angenommene vorkommen können, das braucht und kann eigentlich gar nicht bezweifelt werden, wenn man im Ernst an den allgemeinen Heilswillen Gottes in Christus für alle Menschen glaubt.

Unsere zweite These aber geht weiter und sagt in ihrem zweiten Teil, daß von daher auch die konkreten Religionen der „vorchristlichen" Menschheit nicht einfach von vornherein als illegitim betrachtet werden müssen, sondern durchaus in der Heilsprovidenz

Gottes einen positiven Sinn haben können. Selbstverständlich ist dieser Satz hinsichtlich der einzelnen Religionen, die wir hier nicht untersuchen können, in einem sehr variablen Sinn gemeint. Das heißt: Die verschiedenen Religionen werden den Anspruch einer legitimen Religion nur in einem sehr verschiedenen Sinn und Grad erheben können. Aber eben diese Variabilität ist im Begriff einer legitimen Religion gar nicht ausgeschlossen, wie wir gleich zu zeigen haben. Legitime Religion soll hier heißen: eine institutionelle Religion, deren „Benützung" durch den Menschen zu einer bestimmten Zeit im ganzen als positives Mittel der richtigen Beziehung zu Gott und so zur Erlangung des Heiles angesehen werden kann und so in Gottes Heilsplan positiv einkalkuliert ist. Daß es einen solchen Begriff und die damit gemeinte Wirklichkeit geben kann, auch dort, wo diese Religion in ihrer konkreten Gestalt viele Irrtümer theoretischer und praktischer Art aufweist, zeigt eine theologische Analyse der Struktur des Alten Bundes. Wir müssen hier zunächst bedenken, daß der Begriff einer Religion, die, weil von Gott in irgendeiner Weise gestiftet, auch darum schon die bleibende Norm der Scheidung zwischen Richtigem (Gottgewolltem) und Falschem im Religiösen als dauernde Institution und inneres Moment dieser Religion in sich trägt, nur im NT, in der Kirche Christi als einer eschatologisch endgültigen und *darum* und nur darum „indefektiblen" und unfehlbaren Größe verwirklicht ist. So etwas gab es im AT nicht, obwohl es doch sicher als legitime Religion anerkannt werden muß. Es gab im Alten Bund als einer konkreten, geschichtlichen, religiösen Erscheinung, Richtiges, von Gott Gewolltes *und* Falsches, Irrtümliches, Fehlentwickeltes, Depraviertes. Es gab aber im Alten Bund keine bleibende, dauernde und institutionelle Instanz, die autoritativ und immer und sicher für das Gewissen des einzelnen entscheiden konnte zwischen dem Gottgewollten und dem menschlich Depravierten in der konkreten Religion. Es gab die Propheten. Aber sie waren keine Dauerinstitution, sondern das immer wieder neu einsetzenmüssende Gewissen für das Volk, das gegen die Depravation der konkreten Religion protestiert und gerade so das Vorhandensein dieser Depravationen bestätigt. Die amtlichen, institutionellen Größen des Königtums und des Priestertums waren so wenig gegen diese gottwidrige Depravation gefeit, daß sie den Untergang der israelitischen Religion selber herbeiführen konnten. Da es aber auch Pseudopropheten gab und keine unfehlbare „institutionelle" Instanz zur Unterscheidung der echten und falschen Prophetie, darum war dem Gewissen des einzelnen Israeliten selbst letztlich allein überlassen, in der konkreten Erscheinung der israelitischen Religion zu unterscheiden zwischen dem, was darin wahrer Gottesbund und was menschlich freie und so unter Umständen verfälschende Auslegung und Depravation dieser gottgestifteten Religion war. Es konnten für diese Unterscheidung der Geister objektive Kriterien vorhanden sein, aber ihre Handhabung konnte nicht einfach einer „kirchlichen" Instanz überlassen werden, nicht einmal in den entscheidenden Fragen, da auch in diesen die amtlichen Instanzen versagen konnten und schließlich endgültig versagt haben. Dieses Eine und Ganze in seiner letztlich der individuellen Entscheidung überlassenen Unterscheidung zwischen Gottgewolltem und Menschlich-Allzumenschlichem war die konkrete israelitische Religion. In der Heiligen Schrift haben wir zwar den amtlichen und gültigen Niederschlag dieser diakritischen Unterscheidung der Geister, die die alttestamentliche Religionsgeschichte bewegt haben. Da aber der Kanon der Schrift in einer unfehlbaren Grenzziehung auch wieder nur im NT für das AT gegeben ist, so ist diese genaue und endgültige Unterscheidung des Legitimen und Illegitimen in der alttestamentlichen Religion wiederum nur vom NT als der eschatologisch endgültigen Größe her möglich. Die nur auf eigenes Wagnis (letztlich) und tastend unterscheidbare Einheit der konkreten Religion des AT war aber dennoch die von Gott gewollte, heilshaft für die Israeliten providentielle, die legitime Religion für sie. Wobei noch zu beachten ist, daß sie dies selber nur für die Israeliten und sonst niemanden sein wollte, da das Institut der stammesmäßig nichtjüdischen Religionsanhänger, das heißt der Proselyten, eine sehr späte Sache ist. Zum Begriff einer im obigen Sinn legitimen Religion kann es also nicht gehören, daß sie in ihrer konkreten Erscheinungsform frei sei von Depravation, von Irrtum und objektiv sittlich Verkehrtem oder daß in ihr eine eindeutige objektive und bleibende Instanz für das Gewissen des einzelnen vorhanden sei, die es dem einzelnen sicher ermöglicht, zwischen den Elementen des Gottgewollten und -gestifteten und den Elementen des bloß Menschlichen und Entarteten rein zu scheiden. Man muß sich also von dem Vorurteil frei machen, als dürften wir eine Religion außerhalb des Christentums vor das Dilemma stellen, entweder mit allem an ihr von Gott zu stammen, seinem

Willen und seiner positiven Vorsehung zu entsprechen oder einfach nur menschliches Gebilde zu sein. Ist der Mensch in diesen Religionen auch unter der göttlichen Gnade, und das zu leugnen, ist gewiß völlig verkehrt, dann kann es nicht ausbleiben, daß sich diese übernatürliche Gnadenhaftigkeit des Menschen auch dort (wenn auch wahrhaftig nicht allein) bemerkbar macht und ein Gestaltungsmoment des konkreten Lebens wird, wo dieses Leben die Beziehung auf das Absolute thematisch macht, also in der Religion. Man kann zwar vielleicht theoretisch sagen, daß dort, wo eine bestimmte Religion ein Falsches, menschlich Depraviertes nicht nur in ihrer konkreten Erscheinungsform bei sich hat, sondern dieses zu einem ausdrücklich und reflex festgehaltenen, ausdrücklich als *Wesens*bestandteil erklärten Moment an sich macht, diese Religion in ihrem eigentlichsten und spezifischsten Wesen verkehrt sei und darum nicht mehr als legitime Religion, auch nicht im weitesten Sinn dieses Wortes, in Frage komme. Das mag rein begrifflich ganz richtig sein. Aber es ist doch zu fragen, ob und in welchen Religionen außerhalb des (hier sogar: katholischen) Christentums eine Instanz vorhanden sei, die das Falsche zum eigentlichen Wesensbestandteil erheben und so den Menschen vor die Alternative stellen könne, entweder dieses Depravierte als das Eigentlichste und Entscheidende anzunehmen oder aus dieser Religion gänzlich auszuscheiden. Selbst wenn man so etwas vielleicht vom Islam als solchem sagen könnte, wäre so etwas immer noch von den meisten Religionen zu verneinen. Und in jedem Fall wäre zu fragen, wie weit sich die „Anhänger" einer solchen Religion einer solchen Interpretation der betreffenden Religion faktisch anschließen. Wenn man ferner bedenkt, wie leicht im konkreten, ursprünglich religiösen Akt seine eigentliche Intention immer auf das eine und selbe Absolute geht, auch wenn es unter den verschiedensten Namen auftritt, dann wird man nicht einmal sagen können, daß der theoretische Polytheismus, so beklagenswert und verwerflich er objektiv ist, immer und überall ein absolutes Hindernis dafür sein muß, daß in einer solchen Religion echte religiöse Akte, die sich auf den wahren einen Gott beziehen, vollzogen werden. Dies zumal, als schwer nachweisbar ist, daß das praktische religiöse Leben der alten Israeliten, soweit es sich vulgär-theoretisch explizierte, immer mehr war als ein bloßer Henotheismus.

Nun ist weiter folgendes zu bedenken: Der einzelne Mensch soll und muß die Möglichkeit haben, einer echten, ihn rettenden Gottesbeziehung in seinem Leben und zwar in allen Zeiten und Situationen der Menschheitsgeschichte teilhaftig zu sein. Sonst kann von einem ernsthaften und auch tatsächlich wirksam werdenden Heilswillen Gottes allen Menschen aller Zeiten und Zonen gegenüber nicht die Rede sein. Bei der sozialen Natur des Menschen, bei der in früheren Zeiten sogar noch viel radikaler bestehenden gesellschaftlichen Gebundenheit der Menschen ist es nun aber schlechthin undenkbar, daß der konkrete Mensch diese Gottesbeziehung, die er haben muß und die ihm von Gott her möglich gemacht wird und werden muß, soll er gerettet werden, konkret in einer absolut privaten Innerlichkeit und außerhalb der faktischen, sich ihm anbietenden Religion seiner Umwelt habe vollziehen können. Wenn der Mensch immer und überall ein homo religiosus sein mußte und konnte, damit er als solcher sich retten konnte, dann war er dieser homo religiosus in der konkreten Religion, in der „man" in seiner Zeit lebte und leben mußte, der er nicht entrinnen konnte, so sehr er im einzelnen kritisch und auswählend und die Akzente existentiell anders setzend als die offizielle Theorie dieser Religion dieser seiner Religion gegenüberstehen mochte und gegenüberstand. Kann aber der Mensch immer eine ihn rettende, positive Gottesbeziehung haben, mußte er sie immer haben, so hat er sie eben innerhalb *der* Religion gehabt, die faktisch ihm als Moment seines Daseinsraumes zu Gebote stand. Die Eingebettetheit der individuellen Religionsübung in eine gesellschaftliche, religiöse Ordnung gehört zu den Wesenszügen wahrer, konkreter Religion, wie wir schon vorhin sagten. Wollte man also dem außerchristlichen Menschen zumuten, er habe seine echte, ihn rettende Gottesbeziehung schlechthin außerhalb der ihm gesellschaftlich vorgegebenen Religion vollziehen müssen, dann würde eine solche Vorstellung aus Religion ein unfaßbar Innerliches, ein immer und überall nur indirekt Getanes, eine nur transzendentale Religion ohne jede kategoriale Greifbarkeit machen und würde das eben aufgestellte Prinzip der notwendigen Gesellschaftlichkeit jeder konkreten Religion aufheben, so daß dann auch das kirchliche Christentum die notwendige Voraussetzung allgemein menschlicher, naturrechtlicher Art für den Erweis seiner Notwendigkeit nicht mehr besäße. Und da zum Begriff der legitimen, dem Menschen positiv heilshaft von Gott zugedachten Religion gar nicht gehört, daß sie rein und in all ihren Elementen positiv von Gott gewollt ist, so kann eine solche Religion für den betreffenden Menschen als durchaus für ihn legitime Religion angesprochen werden. Das von Gott ihm heilschaffend Zugedachte erreichte ihn nach dem Willen und der Zulassung Gottes (in einem praktisch nicht mehr adäquat auflösbaren Ineinander) in der *konkreten* Religion seines konkreten Daseinsraumes, seiner geschichtlichen Bedingtheit, was ihm Recht und beschränkte Möglichkeit der Kritik und der Aufmerksamkeit auf religiöse Reformimpulse, die durch Gottes Vorsehung immer wieder innerhalb einer solchen Religion sich erhoben, nicht abnahm. Um das noch besser und einfacher zu verstehen, braucht man nur an die natürliche und gesellschaftlich verfaßte Sittlichkeit eines Volkes und einer Kultur zu denken. Diese ist nie rein, sie ist immer auch depraviert, wie Jesus sogar vom AT bestätigt. Sie kann darum immer auch vom einzelnen nach seinem Gewissen bestritten und korrigiert werden. Aber sie ist dennoch in ihrer Ganzheit *die* Weise, in der dem einzelnen Menschen nach Gottes Willen das natürliche göttliche Sittengesetz entgegentritt und eine konkrete Macht im Dasein des einzelnen erhält, der nicht als privater Metaphysiker diese Tafeln des göttlichen Gesetzes auf eigene Faust neu konstruieren kann. Im ganzen ist also die Sittlichkeit eines Volkes und einer Zeit (bei aller Korrigierbarkeit und -notwendigkeit) die legitime und konkrete Form des göttlichen Gesetzes, so daß erst im NT allein die Institution für die Garantie der Reinheit dieser Erscheinungsform (mit den nötigen Vorbehalten) ein Moment an dieser Erscheinung selbst wird und nicht früher. Gibt es also *vor* diesem Moment legitime Anwesenheit des göttlichen Sittengesetzes und der Religion im Leben des Menschen, dann gibt es dies, ohne daß dafür ihre absolute Reinheit, das heißt ihr Bestehen aus bloß gottgewollten Momenten, zur Bedingung der Legitimität gemacht werden darf. In der Tat: Wenn jeder Mensch, der in diese Welt kommt, von der göttlichen Gnade verfolgt wird, wenn diese Gnade, auch als übernatürlich und heilshaft erhöhende, nach der besseren Theorie innerhalb der katholischen Theologie eine bewußtseinsverändernde Wirkung hat, auch wenn sie *als* solche nicht einfach direkt Gegenstand der unmittelbaren Reflexion sicherer Art sein kann, dann kann es nicht sein, daß die konkreten Religionen in ihrem objektivierten Bestand einfach gar keine Spuren dieser Gnadenbetroffenheit aller Menschen an sich tragen. Diese mögen schwer unterscheidbar sein auch noch für den erhellten Blick des Christen. Aber vorhanden sein müssen sie. Und vielleicht haben wir nur zu schlecht und zu wenig liebevoll hingeblickt auf die nichtchristlichen Religionen, um sie wirklich zu sehen. Es geht jedenfalls nicht an, die nichtchristlichen Religionen nur zu betrachten als ein Konglomerat aus natürlicher theistischer Metaphysik und menschlich verkehrter Interpretation und Institutionalisierung dieser „natürlichen Religion". Die konkreten Religionen müssen Momente übernatürlicher, gnadenhafter Art an sich tragen, und in *ihrer* Praxis konnte der vorchristliche Mensch (den es vermutlich bis auf unsere Tage gibt, wenn auch diese Tage *heute* allmählich aufhören) die Gnade Gottes erreichen.

Wenn wir sagen, es habe in der vorchristlichen Zeit auch außerhalb des AT legitime Religionen gegeben, so ist damit nicht gesagt, daß diese in *allen* ihren Elementen legitim gewesen seien, was zu behaupten ja absurd wäre; es ist nicht gesagt, daß *jede* Religion legitim gewesen sei, weil ja innerhalb der geschichtlich konkreten Situation der betreffenden Menschen eines bestimmten Volkes, einer Kultur, Geschichtsperiode usw. sich unter Umständen durchaus mehrere Formen, Systeme und Gestalten religiöser Art anboten, die den betreffenden Menschen vor die Entscheidung stellten, *welche* nach seinem Gewissen hic et nunc der im ganzen richtigere und so für ihn in concreto einzig erlaubte Weg des Gottfindens sei. Es ist mit dieser These nicht gesagt, daß die Legitimität des AT von genau gleicher Art gewesen sei wie diejenige, die wir außerchristlichen Religionen in einem bestimmten Maß vindizieren, da im AT durch die Propheten, wenn auch nicht in einer bleibend institutionellen Weise, in der öffentlichen Heilsgeschichte für eine Unterscheidungsmöglichkeit zwischen Legitimen und Nichtlegitimen innerhalb der israelitischen Religionsgeschichte gesorgt war, was außerhalb ihrer nicht im gleichen Maße behauptet werden kann, womit freilich wiederum nicht gesagt ist, daß außerhalb des AT in gar keiner Weise im Bereich des öffentlich Geschichtlichen und Institutionellen von einer göttlich gesteuerten Heilsgeschichte die Rede sein könne. Der Hauptunterschied zwischen einer solchen Heilsgeschichte und der des AT wird vermutlich darin bestehen, daß das NT in seiner geschichtlichen Faktizität nun einmal im AT *seine* unmittelbare Vorgeschichte hat (die – nebenbei gesagt –, da von Abraham oder Moses an allein rechenbar, gegenüber der allgemeinen, vielleicht eine Million Jahre zählenden Heilsgeschichte verschwindend kurz ist) und darum *diese* kleine Spanne Heilsgeschichte diakritisch enthüllt in ihrem Gottgewollten und Gottwidrigen in einer Scheidung, die wir so in anderen Religionsgeschichten nicht durchführen können. Es ist mit dieser zweiten These in ihrem zweiten Teil aber ein Doppeltes in positiver Weise gesagt: Auch die außerchristlichen und außeralttestamentlichen Religionen enthalten durchaus Momente übernatürlichen Gnadeneinflusses, der sich auch in ihren Objektivationen geltend machen muß, und: In Anbetracht der Tatsache, daß der konkrete Mensch die ihm gebotene Gottbeziehung konkret nur in gesellschaftlich verfaßter Weise leben kann, muß er das Recht, ja die Pflicht gehabt haben, diese seine Gottbeziehung innerhalb der ihm in seiner geschichtlichen Situation gebotenen religionsgesellschaftlichen Wirklichkeiten zu leben.

3. These: Wenn die zweite These richtig ist, dann tritt das Christentum dem Menschen außerchristlicher Religionen nicht einfach als dem bloßen und schlechthinnigen Nichtchristen gegenüber, sondern als einem, der durchaus schon als ein anonymer Christ in dieser oder jener Hinsicht betrachtet werden kann und muß. Es wäre falsch, den Heiden zu sehen als einen Menschen, der bisher in keiner Weise von der Gnade und Wahrheit Gottes berührt war. Hat er aber die Gnade Gottes schon erfahren, hat er unter Umständen diese Gnade in der Annahme der Unabsehbarkeit und der ins Unendliche offenen Weite seines sterbenden Daseins schon angenommen als die unauslotbare letzte Entelechie seines Daseins, dann ist in ihm, schon bevor das missionarische Wort von außen auf ihn auftrifft, in einem wahren Sinn schon Offenbarung geschehen, weil diese Gnade als apriorischer Horizont aller seiner geistigen Vollzüge zwar nicht gegenständlich gewußt, aber subjektiv mitbewußt ist. Und die Offenbarung, die von außen an ihn herantritt, ist dann nicht die Verkündigung des bisher schlechthin Nichtgewußten, so wie man einem bayrischen Kind in der Schule zum erstenmal mitteilt, daß es einen Kontinent Australien gibt, sondern ist die gegenständlich-begriffliche Aussage dessen, was dieser Mensch in der Tiefe seines geistigen Daseins schon vollzogen hat oder vollziehen konnte. Wir haben hier nicht die Möglichkeit, genauer diese fides implicita als dogmatisch möglich in dem sogenannten Heiden nachzuweisen. Es läßt sich hier nicht mehr als die These und die Andeutung der Richtung bieten, in der der Beweis dieser These gefunden werden könnte. Aber wenn es wahr ist, daß der Mensch, der Objekt des missionarischen Bemühens der Kirche wird, schon im voraus dazu ein Mensch ist oder sein kann, der sich auf sein Heil zubewegt und es unter Umständen findet, ohne daß er von der Verkündigung der Kirche erreicht wird, wenn es gleichzeitig wahr ist, daß dieses Heil, das ihn so erreicht, das Heil Christi ist, weil es ein anderes Heil nicht gibt, dann muß man nicht nur ein anonymer Theist, sondern auch ein anonymer Christ sein können. Und dann ist eben wahr, daß die Verkündigung des Evangeliums im letzten Verstand nicht einen absolut von Gott und Christus Verlassenen zu einem Christen, sondern einen anonymen Christen zu einem Menschen macht, der um dieses sein Christentum in der Tiefe seines begnadeten Wesens nun auch gegenständlich reflex und in einem gesellschaftlich verfaßten Bekenntnis, in Kirche, weiß. Damit ist nicht geleugnet, sondern mitgesagt, daß dieses ausdrückliche Zusichselberkommen seines zuvor anonymen Christentums selbst ein Stück des Werdens dieses Christentums selbst ist, eine von seinem Wesen her geforderte höhere Entwicklungsphase dieses Christentums und darum unter dem gleichen Gesolltsein von Gott her steht, wie alles am Heil. Man kann also aus dieser Auffassung in keiner Weise den Schluß ableiten, diese ausdrückliche Predigt des Christentums sei überflüssig, weil der Mensch ja auch ohne sie schon anonym Christ sei. Ein solcher Schluß ist genau so und aus den gleichen Gründen falsch, wie wenn jemand aus der Tatsache, daß jemand im voraus zum Sakrament der Taufe oder Buße allein durch seine subjektiven Akte des Glaubens und der Reue gerechtfertigt sein kann, schließen wollte, die beiden Sakramente könne man sich schenken. Das reflexe Zusichselberkommen des vorher anonymen Christentums ist gefordert 1. aus der inkarnatorischen und gesellschaftlichen Struktur der Gnade und des Christentums, und 2. darum, weil seine deutlichere und reine reflexe Erfassung an sich auch wieder die größere Heilschance für den einzelnen Menschen bietet, als wenn er nur ein anonymer Christ wäre. Trifft aber die Botschaft der Kirche auf einen Menschen, der nur im Sinn eines anonymen, noch nicht zu sich selbst gekommenen Christentums ein „Nichtchrist" ist, dann muß die Mission dieser Tatsache Rechnung tragen und in ihrer Missionsstrategie und -taktik die nötigen Folgen ziehen. Man wird vermuten können, daß dies noch nicht immer in genügendem Maße geschehen ist. Was dies genauer heißt, kann hier nicht mehr entwickelt werden.

4. These: Wenn einerseits nicht gehofft werden kann, daß der religiöse Pluralismus in der konkreten Situation der Christen in absehbarer Zukunft verschwinden werde, wenn andererseits diese Nichtchristenheit vom Christen selbst dennoch durchaus als eine Christenheit anonymer Art aufgefaßt werden darf, der er zwar immer missionarisch entgegentritt als einer Welt, die zum ausdrücklichen Bewußtsein dessen gebracht werden soll, was ihr schon zuvor als göttliches Angebot oder darüber hinaus auch schon als unreflex und unausdrücklich angenommenes göttliches Gnadengeschenk gehört, dann wird sich die Kirche heute nicht so sehr als die exklusive Gemeinschaft der Heilsanwärter betrachten, sondern vielmehr als den geschichtlich greifbaren Vortrupp, als die geschichtlich und gesellschaftlich verfaßte Ausdrücklichkeit dessen, was der Christ als verborgene Wirklichkeit auch außerhalb der Sichtbarkeit der Kirche gegeben erhofft. Zunächst einmal: So sehr wir immer neu und immer unverdrossen für die Einigung der ganzen Menschheit in der einen Kirche Christi zu arbeiten, zu leiden und zu beten haben, haben wir aus theologischen Gründen und nicht nur aus profaner geschichtlicher Diagnose heraus doch zu erwarten, daß in absehbarer Zeit der religiöse Pluralismus in der Welt und in unserem eigenen geschichtlichen Daseinsraum nicht verschwinden wird. Wir wissen aus dem Evangelium, daß der Widerspruch zu Christus und zur Kirche bis zum Ende der Zeiten nicht verschwinden wird. Wir haben sogar eher eine Verschärfung dieses agonalen Daseins des Christentums zu erwarten. Wenn aber dieser Widerspruch zur Kirche sich nicht nur auf den rein privaten Bereich des einzelnen beschränken kann, sondern einen öffentlich-geschichtlichen Charakter haben muß, wenn dieser Widerspruch anwesend sein soll in einer Geschichte, die jetzt im Unterschied zu früher eine planetarische Einheit hat, dann kann der Widerspruch zur Kirche, der bleibt, nicht mehr lokal außerhalb einer bestimmten begrenzten Geschichtsregion, etwa des Abendlandes, angesiedelt sein. Er muß bei uns und überall sein. Und dies gehört zu dem, was der Christ erwarten muß und auszuhalten lernen muß. Die Kirche, die gleichzeitig die homogene Charakterisierung einer in sich homogenen Kultur, also die mittelalterliche Kirche ist, wird es nicht mehr geben, wenn anders die Geschichte aus der Phase ihrer planetarischen Einheit nicht mehr heraus- und zurückkann. In einer einheitlichen Weltgeschichte, in der jedes ein Moment für jeden ist, ist der „seinmüssende" Widerspruch öffentlicher Art gegen das Christentum ein Moment am Daseinsraum jeder Christenheit. Wenn aber dennoch diese Christenheit, die so immer ihren Widerspruch sich gegenüber hat und gar nicht ernstlich erwarten kann, daß dies jemals aufhört, dennoch an den allgemeinen Heilswillen Gottes glaubt, also glaubt, daß Gott auch noch dort mit seiner geheimen Gnade siegen kann, wo die Kirche nicht siegt, sondern wo ihr widersprochen wird, dann kann diese Kirche sich gerade nicht als *ein* dialektisches Moment an der ganzen Geschichte fühlen, sondern in ihrem Glauben hat sie ihren Widerspruch hoffend und liebend schon überwunden: Die widersprechenden anderen sind bloß die, die nocht nicht erkannt haben, was sie eigentlich doch schon sind oder sein können, sogar dann, wenn sie auf der Oberfläche des Daseins widersprechen; sie sind schon anonyme Christen, und die Kirche ist nicht die Gemeinschaft derer, die besitzen, zum Unterschied von jenen, die Gottes Gnade entbehren, sondern die Gemeinschaft derer, die ausdrücklich bekennen können, was sie *und* die anderen zu sein hoffen. Es mag dem Nichtchristen anmaßend erscheinen, daß der Christ das Heile und geheiligte Geheilte in jedem Menschen als Frucht der Gnade seines Christus und als anonymes Christentum wertet und den Nichtchristen als einen noch nicht reflex zu sich selbst gekommenen Christen betrachtet. Aber auf diese „Anmaßung" kann der Christ nicht verzichten. Und sie ist eigentlich die Weise seiner größten Demut für sich und die Kirche. Denn sie läßt Gott nochmals größer sein als den Menschen und die Kirche. Die Kirche wird den Nichtchristen von morgen mit der Haltung entgegentreten, die Paulus aussprach, indem er sagte: Was ihr nicht kennt und doch verehrt (und doch *verehrt!*), das kündige ich euch (Apg 17, 23). Von hier aus kann man tolerant, bescheiden und dennoch unerbittlich sein gegenüber allen nichtchristlichen Religionen.

(Die vorangegangenen Ausführungen sind die Niederschrift eines Vortrags, der in Eichstätt (Bayern) bei einer Tagung der „Abendländischen Akademie" am 28.4.1961 gehalten wurde. Es wurde nicht versucht, nachträglich diese Ausführungen zu erweitern, obwohl sehr vieles recht fragmentarisch bleibt.)

Evangelische Theologie 49 (1989), Seiten 505–516.

Paul F. Knitter

Nochmals die Absolutheitsfrage. Gründe für eine pluralistische Theologie der Religionen

I. Einleitung

„Selig sind, die da Heimweh haben, denn sie sollen nach Hause kommen." So könnte ich mit einer Sentenz von Johann Heinrich Jung-Stilling beginnen, der hier in Marburg vor fast zweihundert Jahren seinen berühmten allegorischen Schlüsselroman ›Das Heimweh‹ (1794) schrieb. Wenn ich heute hier in dieser geschichtsträchtigen Stadt zu Ihnen sprechen kann, so empfinde ich als Kind der sogenannten „Neuen Welt" durchaus etwas von der melancholischen Schwermut und der Wonne der Seligkeit, die die großen Erbauungsschriftsteller wie einen John Bunyan oder einen Jung-Stilling dazu trieben, sich nach einer ewigen Heimat zu sehnen. Marburg ist für mich nach mehr als fünfzehn Jahren Lehrtätigkeit in den Vereinigten Staaten von Amerika nicht nur „Alte Welt", sondern nach wie vor ein Stück meiner irdischen Heimat. Denn immer mehr spüre ich, wie sehr ich seit meiner Studienzeit in Rom, Münster und Marburg gerade hier wurzele in allem, was ich denke und was ich tue. So tut es gut, wieder einmal, wenn auch nur kurz, zu Hause und mit alten Freunden zusammen zu sein und Anteil an einer ehrwürdigen Tradition zu haben, von der nicht zuletzt die Räume dieser über zweihundert Jahre alten Universitätsbuchhandlung ein im wörtlichen Sinne beredtes Zeugnis geben. In Amerika ist Marburg wegen seiner Tradition solider, schöpferischer und mutiger theologischer Wissenschaft bekannt. Mich als Teil dieser Tradition fühlen zu dürfen ist daher eine Ehre für mich, und ich hoffe, daß wir heute mit der Diskussion der Frage neuer Formen des interreligiösen Dialogs eine Tradition aufgreifen und weiterführen, die in Marburg mit Rudolf Otto und Friedrich Heiler begann und von solchen Gelehrten wie

Ernst Benz und vor allem meinem Doktorvater Carl Heinz Ratschow fortgesetzt wurde.

Die alte Absolutheitsfrage möchte ich heute mit Ihnen erörtern, allerdings, wie ich hoffe, unter neuen Perspektiven und mit entsprechend neuen Antworten. Ich werde dabei einige Gedanken aufgreifen, die ich in meinem kürzlich veröffentlichten Buch ›Ein Gott – viele Religionen‹ ausführlicher dargestellt habe. Es handelt sich vor allem um theologische Anregungen und Vorschläge, die aus der amerikanischen Diskussion der letzten Jahre hervorgingen. Das neue Buch, das ich 1987 gemeinsam mit John Hick unter dem Titel ›The Myth of Christian Uniqueness: Toward a Pluralistic Theology of Religions‹[1] herausgab, bietet eine detaillierte Zusammenfassung dieser Diskussion.

Da die Christen anderen Religionen gegenüber heute in einer Weise begegnen, sie erleben, verstehen und von ihnen herausgefordert werden wie nie zuvor in der Geschichte des Christentums, ist in Kirche und Theologie der Ruf nach einer Reform des christlichen Verständnisses der religiös Andersgläubigen inzwischen unüberhörbar geworden. Er ist Teil eines wachsenden Verständnisses dafür, daß die althergebrachten Haltungen, Kategorien und Theologien nicht mehr ausreichen, um eine christliche Antwort auf die „Zeichen der Zeit" zu formulieren, wie sie sich aus unserer *Erfahrung des religiösen Pluralismus* ergeben.

Obwohl die Bewegung erst am Anfang steht und sich erst teilweise formiert hat und obwohl sie erst die Stimme einer Minderheit innerhalb der christlichen Gemeinschaft hat, gibt es heute doch eine zunehmende Zahl von Gläubigen und Theologen, die mit den traditionellen Exklusiv- oder Inklusivtheologien im Blick auf die anderen Religionen unzufrieden sind. Deshalb erörtern sie und schlagen eine sogenannte genuine, das heißt eine wirklich ehrliche pluralistische Theologie der Weltreligionen vor. Es scheint in der Tat so zu sein, daß es im Laufe der letzten hundert Jahre einen gewissen theologischen Impuls gab, eine christliche Theologie der Religionen von einer *Exklusivposition* her auf eine *Inklusiv-* und nunmehr auf eine *Pluralismusposition* hin zu begründen und durchzuführen. Oder wie ich es in meinem Buch ausgedrückt habe: Es gab eine Entwicklung vom Ekklesiozentrismus über den Christozentrismus zum Theozentrismus.

Mit anderen Worten: Viele Christen bemerken heute das Unzutreffende der traditionellen Sicht, die die anderen Religionen *ausschließt,* indem sie darauf beharrt, daß es keine Erlösung außerhalb der Kirche oder des Kerygmas gibt und daß das Christentum der einzige Bauplatz der Offenbarung und Erlösung ist. Aber viele dieser selben Christen sind keineswegs mit der moderneren, liberalen Anschauung, wie sie vor allem auf dem Zweiten Vatikanischen Konzil und im Weltkirchenrat entwickelt wurde, zufrieden. Die liberale Anschauung erkennt den Wert der anderen Religionen darin, daß sie Wege der Gotteserfahrung sind. Sie besteht aber darauf, daß dieser Wert ursprünglich von Christus kommt und in ihm und seiner Kirche *eingeschlossen* und erfüllt werden muß. Und so empfinden immer mehr Christen und christliche Theologen die Notwendigkeit, einen *pluralistischen* Zugang zu anderen Glaubensweisen zu eröffnen, eine Methode, die die unabhängige Gültigkeit und – oberflächlich betrachtet – die Gleichheit der anderen religiösen Wege als möglich anerkennt. Diese Christen fühlen sich verpflichtet, die Möglichkeit zu erwägen, daß die christliche Religion eine unter vielen sein kann.

Um Mißverständnissen vorzubeugen, will ich gleich darauf hinweisen, was diese pluralistische Option *nicht* meint. Das pluralistische Modell behauptet nicht die Gleichheit oder ein gemeinsames Wesen aller Religionen, so als ob Unterschiede keinen Unterschied machten. Die meisten christlichen Pluralisten, die ich kenne, wollen die verwirrenden Unterschiede zwischen den Religionen beibehalten und nach Wegen nicht nur eines interreligiösen Verstehens, sondern auch einer interreligiösen Meinungs- und Urteilsbildung suchen. Eine pluralistische Theologie ist auch nicht der Meinung, daß Jesus Christus und sein Evangelium nur für den Westen oder nur für Christen da sind. Sie stellt die exklusive Endgültigkeit und Normativität Christi, aber nicht seine Universalität in Frage. Sie fragt nicht, ob Jesus der universale Erlöser ist, sie fragt vielmehr, ob er der einzige universale Erlöser ist.

Nach Langdon Gilkey stellt eine pluralistische Theologie trotz all der eben erwähnten Einschränkungen „eine wirklich gewaltige Umwälzung dar ..., eine ganz neue Position für die Kirchen, sogar für die liberalen Kirchen ...", eine Bewegung, die „weitreichende theologische Folgen hat".[2]

Im folgenden möchte ich nun prüfen, *warum* und *wie* christliche Theologen eine neue pluralistische Theologie der Religionen vorschlagen. Ich entdecke vier verschiedene, aber miteinander verbundene Wege, auf denen diese Vorschläge gemacht werden. Alle diese Wege haben etwas mit der Wahrung persönlicher Integrität zu tun. So kann man sagen: Eine neue pluralistische Theologie ist für viele Christen heute geradezu notwendig, damit sie sich ihre intellektuelle, theologische, ethische und biblische Integrität bewahren können.

II. Intellektuelle Integrität

Einer der eindrucksvollsten Beweggründe und deutlichsten Wege zu einer pluralistischen Sicht der anderen Religionen ist für viele Christen und christliche Theologen das, was Ernst Troeltsch für das Christentum entdeckt und was Bernhard Lonergan „historisches Bewußtsein“ genannt hat. Um ihre intellektuelle Integrität bewahren zu können, geben Theologen wie Gilkey zu, daß sie *theologisch* das akzeptieren müssen, was sie *kulturell* schon längst aufgenommen haben. Das heißt, wenn man den ewigen Wechsel, den immer wieder begrenzten Lauf der Geschichte voraussetzt, wenn man die Bedingungen des Kontextes, die theoriebeladenen Grenzen jedes Begriffes und jeder Behauptung von Wahrheit als Vorgaben anerkennt, dann muß man ehrlicherweise zugeben, daß es unter menschlichen Bedingungen kein letztes Wort über die Wahrheit und auch nicht nur einen Weg geben kann, sie zu erfahren, ein Wort und einen Weg, die für alle Zeiten und alle Völker gültig wären. So bekennnt Gilkey: „Kein kultureller Logos ist letztgültig und damit universal (selbst ein auf Wissenschaft beruhender nicht). Keine Offenbarung ist das universale Kriterium oder kann es für alle anderen sein (selbst die christliche Offenbarung, wie wir sie jetzt verstehen, nicht).“[3]

Das historische Bewußtsein ist für die Theologen in verschiedener Hinsicht eine Ohrfeige, zuletzt und am nüchternsten verabreicht von so antifundamentalistischen Philosophen wie Richard Rorty und Richard Bernstein. Wie ernst die Theologen diese Ohrfeige nehmen, zeigen zwei neuere theologische Studien, die in Amerika weithin Beifall fanden: Francis Schüssler Fiorenzas ›Foundational Theology‹ und George Lindbecks ›The Nature of Doctrine‹. Wenn Christen darauf bestehen, eine festgefaßte Quelle der Wahrheit zu besitzen, ein unveränderliches Kriterium, das sie in allen kulturellen Situationen anwenden können, um zu entscheiden, was wahr oder gut ist, ein Fundament also, das umfassender ist als der Ablauf und die Vielfalt der Geschichte und das über diese noch hinausragt, dann heißt das: Die Wirklichkeit ist ihnen gleichgültig. Sie sehnen sich nach Unwirklichem. Gemeinsam mit Philosophen, Anthropologen und Literaturkritikern unserer Zeit sollten Christen jedoch eingestehen, daß es außerhalb des Streites von historischer Entwicklung und weitergehendem Dialog keinen festen Ort für die Wahrheit gibt.[4] Das bedeutet, daß das Christentum eine unter *mehreren, begrenzten* Religionen der Welt ist.

Gegen diesen philosophisch-kulturellen Standpunkt kann man philosophisch einwenden: Angenommen, alle Religionen sind begrenzt und relativ, kann es dann nicht einen *primus inter relativos,* einen „ersten unter den Begrenzten" geben? Logisch ist das in der Tat möglich. „Nur wie könnte man das erkennen?", fragt John Hick. Solche Ansprüche auf eine relative Überlegenheit könnten nicht mit Apriori-Annahmen oder mit einer göttlichen Offenbarung, die der einen „überlegenen" Religion zuteil wurde, begründet werden. Derlei Ansprüche müßten vielmehr auf einer „Prüfung der Tatsachen" beruhen, und zwar Tatsachen, über die alle verfügen. Solche Tatsachen gibt es aber nicht. Selbst wenn wir die relative Überlegenheit einer Religion auf der breiten Basis der Frage zu bestimmen versuchten, wie gut sie im Vergleich zu anderen das Wohl der Menschheit voranbringt, so ist es nach Hicks Urteil schließlich doch „unmöglich, global festzustellen, eine Religion hätte mehr Gutes oder weniger Böses beigesteuert oder einen günstigeren Ausgleich zwischen Gut und Böse gehalten als die anderen ... In ihrer ungeheuer vielfältigen Gesamterscheinung sind die (religiösen) Traditionen der Welt einander offenbar mehr oder weniger ebenbürtig. Keine davon kann man als eine offenkundig überlegene heraussuchen."[5]

Wenn wir zu diesen antifundamentalistischen Schlußfolgerungen noch hinzufügen, daß die Christen zunehmend nicht nur andere Religionen, sondern auch andersgläubige Menschen kennenlernen und dabei tatsächlich die Schönheit, die Werte und inneren Bindungen empfinden können, wie sie im Glauben der Hindus, der Buddhisten, der Muslimen und der Juden enthalten sind, dann wird es immer schwieriger, andere Religionen und andersgläubige Menschen aus theologischer Sicht entweder als „verloren“ oder als minderwertig oder als etwas zu betrachten, das noch der Erfüllung im Christentum bedarf.

III. Theologische Integrität

Nun hat das historische Bewußtsein auch noch eine Innenseite: das religiöse Bewußtsein. Sagt uns das historische Bewußtsein, daß jeder menschliche Begriff von Wahrheit unweigerlich begrenzt und bedingt ist, so sagt uns als Frucht der religiösen Erfahrung das religiöse Bewußtsein mit noch größerer Gewißheit, daß die göttliche Wirklichkeit und Wahrheit ihrer Natur gemäß immer mehr ist, als irgendein Mensch begreifen oder irgendeine Religion ausdrücken kann. Man muß nicht Mystiker sein, um dies zu erkennen. Die persönliche geschichtliche Begegnung mit Gott ist bipolar, geht also in zwei Richtungen. Sie ist einerseits geheimnisvoll, andererseits wirklich; einerseits vieldeutig, andererseits zuverlässig. Die Mystiker und Denker, die die Gotteserkenntnis als ein schlechthinniges Geheimnis empfanden und nachdrücklich betonten – Paulus, Thomas von Aquin, Luther, Calvin und als einer der jüngsten Zeugen des Mysteriums Gottes Karl Rahner –, sind alle miteinander Glieder in der Kette der christlichen Tradition.

Auf eine Theologie der Religionen angewendet, verlangt diese Anerkennung des Geheimnisses Gottes von uns auch die Anerkennung der Tatsache, daß keine Religion und keine Offenbarung das einzige, letzte, exklusive oder inklusive Wort Gottes sein kann. Solch ein letztes Wort würde Gott begrenzen und ihm sein Geheimnis nehmen. Das aber wäre Idolatrie, wie Wilfried Cantwell Smith kürzlich schrieb. Smith erinnert uns daran, daß „Idolatrie“ ein Wort ist, das für das Christentum vielleicht noch mehr gilt als für die sogenannten „heidnischen Religionen“. Ein Idol, sei es eine Statue oder ein Stein, vermittelt tatsächlich keine Gottheit. Es beschränkt und begrenzt sie vielmehr wie eine Lehre oder ein Buch, die beanspruchen, die einzige oder letzte Vermittlung Gottes zu sein.[6] Tom Driver drückt es so aus: „Die Idolatrie besteht darauf, daß es nur einen Weg, eine Norm, eine Wahrheit gibt. Sie weigert sich, vom ‚andern‘ verbessert oder unterrichtet zu werden.“[7]

Diese Anerkennung des Mysteriums Gottes, das von keiner Religion, keiner Offenbarung und keinem Erlöser festgehalten werden kann, wird um so überwältigender und beziehungsreicher, wenn man mit vielen pluralistischen Theologen bedenkt, daß das Mysterium nicht etwas Ein-, sondern etwas Vielfältiges, etwas Plurales ist! Das ist der tiefere Gehalt der christlichen Erfahrung, wie sie in der Trinitätslehre ihren Ausdruck findet: Die Gottheit ist nicht nur eine, sondern viele. Gott ist plural. Trifft das auf Gott *ad intra* zu, so ist es auch wahr in bezug auf Gottes Wirklichkeit und Schöpfung *ad extra.* Gott bedarf der Vielfalt, um Gott zu sein. Pluralität ist das Wesen aller Realität – von den Atomen bis hin zu den Religionen. Tom Driver zieht daraus den überzeugenden Schluß: „Nach pluralistischer Sicht ist es nicht so, daß die eine Natur Gottes in den verschiedenen religiösen Überlieferungen unterschiedlich und unzulänglich zum Ausdruck gebracht wird. Infolge der mannigfaltigen Verwobenheit Gottes mit der großen Vielfalt menschlicher Gemeinschaften gibt es vielmehr in der Gottheit selbst echte und ursprüngliche Unterschiede.“[8]

Theologie in diesem Sinne als Mystagogie verstanden, führt zu einer pluralistischen Christologie, wie man sie vielleicht kurz bezeichnen könnte. Können und müssen Christen auch weiterhin behaupten, daß Jesus von Nazareth tatsächlich und universal das Mysterium Gottes vermittelt, indem er es bekannt und zu einer Wirklichkeit macht, so schöpft er doch dieses Mysterium nicht aus. So gewiß Jesus *ein* Fenster ist, durch das wir auf das Universum des göttlichen Mysteriums schauen können und müssen, so kann es doch auch noch *andere* Fenster geben. Wenn man sagt, Jesus ist ganz Gott *(totus Deus)*, so bedeutet das noch nicht, daß er das Ganze Gottes *(totum Dei)* hervorbringt. Um es mit John A.T. Robinson zu sagen: Jesus „definiert Gott zwar, aber er begrenzt ihn nicht“.[9] Genauer noch: Jesus „beschreibt“ das ewig lebendige, sich selbst mitteilende Mysterium Gottes, aber er „verschreibt“ es nicht.

IV. Ethische Integrität

Als dritte Triebkraft oder Brücke zu einer pluralistischen Theologie der Religionen könnte man den ethischen oder praktischen Bereich nennen. Diese Brücke ruht auf zwei Hauptpfeilern. Der erste ist der „dialogische Imperativ“, wie ihn David Lochhead in seinem soeben erschienenen gleichnamigen Buch nennt.[10] Heutzutage spüren viele Menschen immer deutlicher und geben es auch zu, daß es eine moralische Verpflichtung gibt, eine gottgegebene Pflicht, mit denen zu sprechen, von denen zu lernen und mit denen zusammenzuarbeiten, die ganz anders sind als man selbst. Ja, Dialog ist ein Imperativ. Er ist einer der grundlegenden Werte, die zur entscheidenden Beurteilung anderer Werte als Kriterium dienen. Beide, Weltkirchenrat wie Zweites Vatikanisches Konzil, haben diese moralische Verpflichtung, mit den anderen Religionen den Dialog zu führen, förmlich anerkannt.[11]

Die Kraft des dialogischen Imperativs fühlen die Christen heute an verschiedenen Ecken der Welt. Mit gesundem Menschenverstand kann man viel von denen lernen, die ganz anders sind als man selbst. Tut man es nicht, so setzt man sich um so mehr der Ansteckungsgefahr der Selbsttäuschung und des Egoismus aus. Geschichtsphilosophen sind der Ansicht, daß wir nach der „Achsenzeit", die die Weltkulturen zwischen tausend vor und zweihundert nach Christus erlebten, heute dabei sind, in eine viel dichtere „zweite Achsenzeit" einzutreten. Während der ersten Achsenzeit, wie Karl Jaspers sie beschrieben hat, wachte die Menschheit auf und entdeckte den Wert des Individuums im kritischen Bewußtsein. Zu Beginn der zweiten Achsenzeit entdecken wir die Werte der vorachsialen, primitiven Periode neu und stellen dabei fest, daß wir wahrlich und gewiß in unserem kritischen Bewußtsein nur wachsen können, wenn wir es gemeinsam, wenn wir es im Dialog tun. Daher ist Thomas Berry der Meinung, daß die Religionen der Welt jetzt den kleinen Abschnitt ihrer historischen Entwicklung beenden und sich im Übergang zum großen Abschnitt des Dialogs befinden.[12] Das wäre dann eine Phase, in der sie ihre Partikularansprüche auf Überlegenheit oder Letztgültigkeit hinter sich ließen, um von der einmaligen Verschiedenheit der anderen zu lernen.

An solchen Einsichten in den dialogischen Imperativ halten, wie schon bemerkt, Philosophen der Hermeneutik wie Habermas und Tracy fest. Das zeigt sich in ihrer Argumentation: Seitdem es kein archimedisches Fundament oder Kriterium für Wahrheit mehr gibt, ist *kommunikative Praxis,* also Dialog, unsere ganze Hoffnung. Nur sie kann uns zu wachsender „Weisheit und Erkenntnis" Gottes und der Menschen befähigen. Wem das zu esoterisch klingt, der sei daran erinnert, daß politische Philosophen und Theologen die Dringlichkeit des dialogischen Imperativs mitten hinein in unsere

Staaten und gesellschaftlichen Lebensräume stellen. Sie sagen uns, daß, wenn wir den nuklearen Holocaust vermeiden, die Bedingungen des Ungleichgewichtes und der Ungerechtigkeit, die zum Konflikt führen, beseitigen wollen, wir unsere Welt neu gestalten müssen. Wir brauchen eine neue, internationale, politische und ökonomische Ordnung. Sie muß unsere Welt der Nationalstaaten, deren jeder von seiner nationalen Sicherheit geradezu besessen ist, in einen Weltstaat von Gemeinschaften umformen, in dem jedes nationale Gemeinwesen seine eigene Wohlfahrt in Abhängigkeit von der Wohlfahrt aller begreift. Wenn wir also nicht so *zusammen* leben wie nie zuvor, dann werden wir in Zukunft überhaupt nicht mehr leben. Aber – und dieses Aber schreiben die Philosophen und Theologen groß! – solch eine neue Weltordnung ist in den Augen beider, der Gläubigen wie der Nichtgläubigen, anscheinend äußerst schwierig zu verwirklichen. Sie ist vielleicht sogar unmöglich, es sei denn, die Religionen der Welt würden mithelfen, die Basis für das Zusammenfließen der einstweilen noch geteilten Werte und Symbole zu bilden, und sie sorgten für eine beispielhafte Zusammenarbeit. Die Religionen sind verpflichtet, wesentlich zum Überleben der Menschheit beizutragen. Aber sie können diesen Beitrag nur leisten, wenn sie die vergangenen Spiele eines religiösen Ein-Mann-Theaters hinter sich lassen und wenn sie ehrlich miteinander sprechen und arbeiten.[13]

Ist der dialogische Imperativ der erste Pfeiler der ethischen Bewegung auf eine pluralistische Theologie der Religionen zu, so ist das schlichte Bekenntnis, daß die christlichen Einstellungen der Vergangenheit gegenüber anderen Glaubensweisen die Durchführung dieses Imperativs behindert haben, der zweite Pfeiler. Verstehen wir Dialog als ein aufgeteiltes Suchen, bei dem alle Partner gleichermaßen Lernende wie Lehrende sind, so kann wohl kaum einer etwas vom anderen Partner lernen oder wirklich auf ihn hören, wenn er mit der Überzeugung in den Dialog geht, daß *er* Gottes letztes Wort oder das umfassende Kriterium aller Wahrheit besitzt. Das gilt natürlich für den Hinduismus genauso wie für den Buddhismus und das Christentum. Ich kann die Verdienste eines anderen und meinen Wunsch, von ihnen zu lernen, noch so hoch stellen – wenn ich von vornherein davon überzeugt bin, daß seine Wahrheit letztlich nur insoweit verdienstvoll ist, als sie in meiner eingeschlossen und enthalten ist und von ihr erst voll zur Geltung und Erfüllung gebracht wird, dann kann solch ein Dialog, wie man so schön sagt, nur noch wie ein Gespräch zwischen Katze und Maus enden. Wie fein und gefällig ich es auch umkleide, entweder mein „letztes Wort" verneint das Wort des anderen oder es weist ihm eine mindere Bedeutung zu. Noch einmal bildlich ausgedrückt: Voll zu ihrer Erfüllung kommt die Maus erst, wenn sie im Bauch der Katze eingeschlossen ist. Mit anderen Worten: Absolute Offenbarungen und letzte Normen sind ganz offenkundig ein Hindernis für den moralischen Imperativ des Dialogs. Was aber moralisches Verhalten verhindert, ist selbst unmoralisch.

Damit will ich sagen: Die Pluralisten bestreiten nicht das Recht oder besser noch die Notwendigkeit jedes Partners, von festen Positionen aus in den Dialog einzutreten, mit umfassenden Ansprüchen, zutiefst davon überzeugt, daß seine Perspektive zu einem vorliegenden Streitpunkt besser ist als jeder andere. So ist nun einmal der Stoff des Dialogs. Mit oberflächlichem Geplauder hat er ebensowenig zu tun wie mit bloßem Informationsaustausch. Es besteht jedoch ein entscheidender Unterschied zwischen dem Aussprechen von jemandes tiefen, göttlich gelenkten Überzeugungen auf der einen und der Aussage der gottgegebenen letzten endgültigen Offenbarung auf der anderen Seite. Im ersten Fall ist man zumindest theoretisch für Kritik und Veränderung offen. Im zweiten ist man, wenn man sich verändert und bewegt, Gott untreu. „Bevorzugt" von Gottes letzter, endgültiger, unübertroffener Offenbarung, waren die Christen in der Vergangenheit aber allzuoft unbeweglich und starr.

Aus diesem Grunde bekämpfen heute christliche Missionare den „Kryptokolonialismus", wie er für die zeitgenössischen Inklusivtheologien gegenüber den anderen Religionen kennzeichnend ist. Die freundliche Offenheit der Inklusivisten verhüllt nämlich nur eine Haltung, die den anderen Religionen herablassend wie „armen Eingeborenen" begegnet. Diese Einstellung war einer der Hauptgründe für das Fehlen des missionarischen Erfolges. Unsere „kryptokolonialistische Theorie der Religionen verhindert, daß ... unsere (christliche) Revolutionsrhetorik in den Herzen der Nichtchristen der Dritten Welt einen Widerhall findet", ruft uns Aloysius Pieris von Sri Lanka zu.[14] Weil wir nicht richtig miteinander gesprochen haben, haben wir auch kein echtes Zeugnis unseres Glaubens geben können.

Unter die Anreize und Wege zu einer pluralistischen Theologie der Religionen ist auch die Bibel zu rechnen. Wenn ich das sage, so muß ich natürlich sofort zugeben, daß die Heilige Schrift kein Haupt- oder Ureingang zum Pluralismus gewesen ist. Vielmehr hat vor allem beim kirchlichen Gebrauch der Schrift äußerer Druck, wie wir gerade sahen: kulturell-philosophischer, ethisch-praktischer und pastoraler, die Christen vor neue Fragen gestellt. Es war nun neu zu klären, wie das Wort Gottes zu erforschen, zu hören, zu verstehen ist und wie sich die Christen ihm unterzuordnen haben. Eine neue Wende im hermeneutischen Zirkel! Neue Erfahrungen in neuen Zusammenhängen bringen neue Möglichkeiten mit sich, nach Gottes Wort zu fragen und sich von ihm fragen zu lassen.

Wenn ich im folgenden versuche zusammenzufassen, wie die pluralistischen Theologen der Religionen in diesen hermeneutischen Zirkel eintreten, so muß ich noch stärker vereinfachen als bisher schon. Offensichtlich gibt es drei Hauptwege, auf denen eine Reihe von Theologen in der Heiligen Schrift nicht nur eine Erlaubnis, sondern sogar einen Ruf nach einer pluralistischen Sicht der Andersgläubigen entdecken.

1. Einige Theologen gehen in die pluralistische Richtung, indem sie in bezug auf die neutestamentliche Christologie auf ein weithin anerkanntes hermeneutisches Prinzip setzen. Es besagt, daß die frühe Kirche Jesus Titel und Bilder gegeben habe, die wir heute besser in einem mehr literarsymbolischen als wörtlichen Sinne verstehen müssen, wenn wir richtig begreifen wollen, wer Jesus für die damaligen Christen war. Man könnte auch sagen: Bilder wie Sohn Gottes, Wort Gottes, Herr, Messias, Heiland sind als doxologische oder bekenntnishafte Ausdrücke persönlich-gemeinschaftlicher Erfahrung mit diesem Menschen und seiner Botschaft und als Aufforderungen, ihm nachzufolgen, zu interpretieren. Sie sind aber nicht als definitive Sachaussagen über seine Natur oder seine ontologische Stellung im Universum zu verstehen. Diesen Weg geht John Hick in seinem bekannten, aber häufig mißverstandenen Appell, die Inkarnation zu akzeptieren und als lebendigen Mythos zu begreifen.[15] Auch Rosemary Ruether und andere im jüdisch-christlichen Gespräch engagierte Theologen folgen dieser symbolisch-poetischen Interpretation der neutestamentlichen Jesusbilder. Sie

geben dabei zu bedenken, daß Jesu Messianität ihn nicht in das absolute Zentrum der Geschichte stellt, sondern als ein Paradigma der Zukunft an eine wichtige Stelle zusammen mit anderen Paradigmen setzt.[16] Mit dieser literarsymbolischen Lesart der neutestamentlichen Christologie können die Christen mit einer klaren Ansicht darüber in den interreligiösen Dialog eintreten, was Gott *wirklich* in Jesus getan hat, ohne daß sie darauf bestehen müßten, daß er es *nur* in *Jesus* getan hat. Wer mit Überzeugung erklärt, Jesus sei der fleischgewordene Sohn Gottes oder der Messias, der müßte auch offen sein für die Möglichkeit, daß es auch noch andere fleischgewordene Söhne oder Töchter Gottes, andere Messiasse gibt.

2. Viele pluralistische Theologen der Religionen ziehen im allgemeinen die johanneische Logos- beziehungsweise Weisheitschristologie der paulinischen Passions- und Osterchristologie vor. Sie finden also den Grund und Auftrag zum Dialog dergestalt, daß sie eher die *Partikularität Jesu innerhalb der Universalität der Selbstoffenbarung Gottes* ansiedeln als die *Universalität Gottes innerhalb der Partikularität des historischen Jesus.* Das Denken auf der Linie der Weisheit, die Jesus als eine konkrete, historische, normative Offenbarung dessen ansieht, was Gott überall und von Anfang an getan hat und noch tut, ziehen diese Theologen einem Denken auf der Linie von Ostern her vor. Denn ihrer Meinung nach identifiziert die Ostertradition das historische Amt sowie Tod und Auferstehung Jesu mit dem Ausgangspunkt oder der Quelle dessen, was Gott universal tun will.

Noch einmal: Mit der Weisheits- beziehungsweise Logoschristologie können die Christen ausdrücken, was sich *wirklich* in Jesus ereignet hat, ohne beanspruchen zu müssen, daß es sich *nur hier* ereignet hat. Von daher ist Panikkars scharfes und nüchternes Axiom zu verstehen: Wenn die Christen behaupten, Jesus sei der Christus, können sie nicht so leicht verkündigen, Christus sei Jesus.[17] Bezeichnenderweise sind jene Theologen, die die kühnsten Interpretationen der traditionellen Logoschristologie bieten, Asiaten wie Stanley Samartha aus Indien, Aloysius Pieris von Sri Lanka und Seiichi Yagi aus Japan.[18] Ihre Christologien sind durchsetzt und vermischt mit hinduistischen und buddhistischen Bildern und Erfahrungen.

3. Ein dritter Weg zu einer pluralistischen Lektüre des neutestamentlichen Zeugnisses geht mehr in eine linguistische Richtung.

Hier wird erkannt, daß das Neue Testament von Jesus behauptet, er sei die klare, unleugbare Gegenwart des „Ein und Alles", des Exklusiven und Normativen. „In keinem anderen ist das Heil, auch ist kein anderer Name unter dem Himmel den Menschen gegeben, durch den wir sollen selig werden" als Jesus Christus (Apg 4, 12). Diese Stelle ist vielleicht das einschlägigste Beispiel. Aber die pluralistischen Theologen fragen: Was für eine Art von Sprache ist das? Welcher Absicht, welchem Zweck dient sie? Was kennzeichnet das Wesen einer solchen Sprache? Grob zusammengefaßt könnte man sagen: Die *Absicht*, den *Zweck* dieser Exklusivsprache verstehen jene Theologen so: Vorausgesetzt, daß es in der ersten Gemeinde von Jesusanhängern kein historisches Bewußtsein gab; vorausgesetzt, daß diese Gemeinde eine bedrohte Minderheit war und daß sie in ihrer apokalyptischen Mentalität damit rechnete, alles werde bald vorbei sein, so kann man diese absolutistische Redeweise über Jesus als Teil des historisch bedingten *Mediums* verstehen, durch das die frühen Christen ihre zentrale *Botschaft* über Jesus weitergeben wollten. Etwas vereinfacht könnte man auch sagen: Um zu verkündigen, daß Gott *wirklich* in Jesus gehandelt hat, mußten die Christen unter den historischen Umständen damals auch sagen, daß Gott *nur* in *Jesus* gehandelt hat. Heute können wir jedoch an derselben zentralen Botschaft des „wirklich" festhalten, ohne weiterhin auf dem Medium des „nur" bestehen zu müssen.

Diese Möglichkeit ist um so wahrscheinlicher, wenn wir uns das Wesen der neutestamentlichen Rede über die Einzigartigkeit Jesu vergegenwärtigen. Sie ist eher bekenntnishafte oder, wie Krister Stendahl sie genannt hat, „Liebessprache", als philosophische, dogmatische, apologetische Sprache. Liebende sagen oft „Du bist der/die Schönste", „Du bist einmalig", „Du allein". Das ist ihre natürliche Sprache. Sie reden so, weil sie damit ihren Partner bejahen und ihre Hingabe ausdrücken, nicht aber, um philosophische Behauptungen aufzustellen oder um andere Menschen herabzusetzen. Wir vergewaltigen die Sprache, wenn wir sie heute gebrauchen, um andere Menschen zu verurteilen. Mit der neutestamentlichen Wendung „Kein anderer Name", die ich der amerikanischen Originalausgabe meines eingangs erwähnten Buches als Titel gab, wollen die ersten Christen – und mit ihnen auch wir – Jesus bejahen, aber Buddha nicht ausschließen.[19]

VI. Schluß

Ich habe versucht, einen Überblick über die Frage zu geben, warum und wie einige christliche Theologen heute nach einem neuen, pluralistischen Modell einer Theologie der Religionen rufen. Es ist ein Modell, das nach meinem Eindruck beides ist: ehrlich gegenüber dem Zeugnis des Evangeliums und ehrlich gegenüber den brennenden Fragen unserer Zeit. Ob ich damit recht habe, wird die theologische Diskussion der nächsten Jahre zeigen.

(Vortrag, am 23.6.1988 in der Marburger Universitätsbuchhandlung N.G. Elwert gehalten bei einem Symposion mit den Marburger Professoren Carl Heinz Ratschow und Harald Wagner über mein Buch: Ein Gott – viele Religionen. Gegen den Absolutheitsanspruch des Christentums, München 1988; amerikanische Originalausgabe: No Other Name? A Critical Survey of Christian Attitudes Toward the World Religions (American Society of Missiology Series 7), N.Y. 1985. Manche meiner Ausführungen haben ihre Grundlagen in den Studien, die ich während der sechziger und siebziger Jahre an verschiedenen Universitäten in Europa über das Verhältnis von Kirche und christlicher Theologie zu den nichtchristlichen Religionen treiben konnte. Vgl. aus dieser Zeit besonders: Towards a Protestant Theology of Religions. A Case Study of Paul Althaus and Contemporary Attitudes (MThSt 11), Marburg 1974; Christianity and the World Religions: A New Era of Encounter and Growth, in: Jaspert, B./Mohr, R. (Hrsg.), Traditio – Krisis – Renovatio aus theologischer Sicht. Festschrift Winfried Zeller zum 65.Geburtstag, Marburg 1976, S.501–512. – Die Übersetzung des vorangegangenen Vortrages aus dem Amerikanischen ins Deutsche verdanke ich Bernd Jaspert in Kassel, meinem treuen Freund aus der gemeinsamen Marburger Studienzeit.)

Anmerkungen

[1] N.Y. 1987.

[2] Gilkey, L.: Plurality and Its Theological Implications, in: Hick, J./ Knitter, P. (Hrsg.), The Myth of Christian Uniqueness. Toward a Pluralistic Theology of Religions, N.Y. 1987, S.39–40.

[3] A.a.O., S.48.

[4] Vgl. Omann, Th.B.: Relativism, Objectivism, and Theology, in: Horizons 13 (1986), S.291–305; Tracy, D.: Plurality and Ambiguity. Hermeneutics, Religion, Hope, New York 1987; Schüssler Fiorenza, Fr.: Foundational Theology, New York 1984; Lindbeck, G.: The Nature of Doctrine, Philadelphia 1984; Rorty, R.: Philosophy and the Mirror of Nature,

Princeton 1979; Bernstein, R.: Beyond Objectivism and Relativism. Science, Hermeneutics, and Praxis, Philadelphia 1983.

[5] Hick, J.: The Non-Absoluteness of Christianity, in: Hick/Knitter (o. Anm. 2), S. 30.

[6] Vgl. Smith, W. C.: Idolatry in Comparative Perspective, in: Hick/Knitter (o. Anm. 2), S. 53–68.

[7] Driver, T. F.: The Case of Pluralism, in: Hick/Knitter (o. Anm.2), S. 216.

[8] A. a. O., S. 212.

[9] Robinson, J. A. T.: Truth is Two-Eyed, Philadelphia 1980, S. 125–127.

[10] Vgl. Lochhead, D.: The Dialogical Imperative, N. Y. 1988.

[11] Vgl. World Council of Churches, Guidelines on Dialogue with People of Living Faiths and Ideologies, Geneva 1979; Vaticanum II, Ad Gentes, 2.

[12] Vgl. Berry, Th.: Religious Studies and the Global Community of Man, in: An Integral View 1 (1980), S. 35–43; Cousins, E.: Religious Experience in the Second Axial Period, in: Religions in Dialogue. East and West Meet, Lanham 1985, S. 283–293.

[13] Vgl. Smith, W. C.: Divisiveness and Unity, in: Food/Energy and the Major Faiths, N. Y. 1978, S. 71–85; Gordon, H./Grob, L. (Hrsg.): Eduction for Peace. Testimonies from World Religions, N. Y. 1987.

[14] Pieris, A.: The Place of Non-Christian Religions and Cultures in the Evolution of Third World Theology, in: Virginia Fabella/Torres, S. (Hrsg.): Irruption of the Third World. Challenge to Theology, N. Y. 1983, S. 114; ders., Speaking of the Son of God in Non-Christian Cultures, e. g. in Asia, in: Conc (USA) 153 (1982), S. 206–211; Puthiadam, I.: Christian Faith and Life in a World Religious Pluralism, in: Conc (USA) 135 (1980), S. 103–105.

[15] Vgl. Hick, J.: God and the Universe of Faiths, New York 1973, S. 120–147.

[16] Vgl. Radford Ruether, R.: To Change the World. Christology and Cultural Criticism, New York 1981, S. 31–43; Pawlikowski, J. T.: Christ in the Light of the Christian-Jewish Dialogue, New York 1982, S. 8–35; S. 108–135.

[17] Vgl. Panikkar, R.: The Unknown Christ of Hinduism, N. Y. 1981, S. 14.

[18] Vgl. Samartha, St. J.: The Cross and the Rainbow. Christ in a Multi-Religious Culture, in: Hick/Knitter (o. Anm. 2), S. 69–88; Pieris, A.: Jesus and Buddha, Mediators of Liberation, in: Hick/Knitter S. 162–177; Yagi, S.: „I“ in the Words of Jesus, in: Hick/Knitter, S. 117–134.

[19] Vgl. außer meinem o. Anm. 2 genannten Buch: Ein Gott – viele Religionen, S. 119–125, auch Robinson, S. 105–112; Stendahl, Kr., Notes on Three Bible Studies, in: Anderson, G. H./Stransky, Th. F. (Hrsg.): Christ's Lordship and Religious Pluralism, N. Y. 1981, S. 14–15; Starkey, P.: Bi-

blical Faith and the Challenge of Religious Pluralism, in: IRM 71 (1982), S. 68–74. – Vgl. zum hier behandelten Thema auch meinen Aufsatz: Toward a Liberation Theology of Religions, in: Hick/Knitter (o. Anm. 2), S. 178–200.

Hans Waldenfels, Begegnung der Religionen. (= Theologische Versuche Band I.)
Bonn, Verlag Norbert Maria Borengässer 1990, Seiten 305–319.

Hans Waldenfels

Das Christentum im Streit der Religionen um die Wahrheit

1. Die Unvermeidbarkeit der Wahrheitsfrage

Das Christentum ist heute eine Religion unter anderen. Das gilt nicht nur in einer theoretisch-wissenschaftlichen Betrachtung der Phänomene, sondern ist Teil des Erlebnishorizontes der meisten Menschen.

Angesichts der vielen religiösen wie nichtreligiösen Lehr- und Lebensangebote erhebt sich die Frage nach dem *richtigen* Weg. Die Relativierung der Richtigkeit auf „richtig *für mich*" läßt offen, ob für den einen dieser, für den andern jener Weg der richtige ist. Eine solche Einstellung öffnet sich in Toleranz dem Andersdenkenden. Religionsfreiheit ist heute schon deshalb ein gesellschaftlich notwendiges Recht, weil viele Zeitgenossen sich angesiedelt wissen im Raum *zwischen* einem Christentum, dem sie zwar durch die Kindertaufe noch organisatorisch eingegliedert sind, mit dem sie sich aber im Prozeß der Lebensreifung nur mehr partiell oder gar nicht mehr identifizieren, *und* alternativen Lebens- und Sinnentwürfen religiöser und nichtreligiöser Art.

Allerdings wird die *Wahrheits*frage hinsichtlich der Religion heute vielfach verdrängt und ersetzt. Wichtig erscheint die Frage nach dem *Heil,* dem Heilsverständnis und der Heilsbedeutsamkeit der Religionen; jedenfalls ist eine Religion ohne Heilsangebot keine wahre Religion. Die Wahrheitsfrage wird zumal dort zurückgedrängt, wo neben Theologie und Religionsphilosophie andere Wissenschaften ihre Kompetenz für die Beschäftigung mit der Religion anmelden. So fragen Human- und Gesellschaftswissenschaften weniger nach der Wahrheit als nach der *Funktion* der Religion im individuellen wie im gesellschaftlichen Leben. Dabei wird vorausgesetzt, daß das, was sich nicht funktionalisieren läßt, keinen sinnvollen Platz im Leben der Menschen hat, daß es unnütz oder gar schädlich ist. Hier wirkt sich aus, daß man sich mit dem Phänomen Religion beschäftigen kann, ohne von Religion existentiell betroffen zu sein. Das gilt in starkem Ausmaß auch für die Religionswissenschaft in ihren verschiedenen Zweigen. Vielfach wird in ihr von der Wahrheitsfrage abgesehen und das Bemühen um eine detaillierte Deskription des Phänomens in den Vordergrund gestellt. Je nachdem, welcher Begriff von Religion, Erkenntnis, Wissenschaft und Wahrheit zugrunde gelegt wird, erscheint die Wahrheitsfrage im Bereich der Religion nicht einmal mehr zulässig.[1] Doch auch wo der Mensch von der Religion betroffen ist, blockiert das Erlebnis religiöser Pluralität weithin die Wahrheitsfrage. Entsprechend vielfältig sind heute die Reaktionen auf das Phänomen der Pluralität:

– Für eine *skeptisch-verweigernde Haltung* läßt der Mangel an Information und Übersicht über das Ganze des religiösen Angebots kein abwägendes Urteil zu.

– *Pragmatischer Haltung* erscheinen alle Religionen gleichwertig; die Zugehörigkeit zu einer bestimmten Religionsform verdankt sich letztlich der zufälligen Herkunft des einzelnen, und so wird auch das Verbleiben darin bzw. der Wechsel von einer Religion zu einer anderen mehr oder weniger beliebigem Verhalten überantwortet.

– In *selektiv-synkretistischer Haltung* unterscheidet der einzelne zwischen Religionen und Religiosität und wählt für sich aus den verschiedenen Religionen, was ihm gut und hilfreich erscheint. Religion wird zur „Privatsache" erklärt und jedem gestattet, „nach seiner Fasson" selig zu werden.

– *Konservativ-ängstliche Haltung* bleibt der eigenen, vertrauten Religion verbunden. Man möchte in seiner Sicherheit nicht erschüttert werden und sperrt sich daher gegen Fremdeinflüsse.

Jede der genannten Haltungen nimmt gewollt oder ungewollt auch Stellung zur Wahrheitsfrage. Der skeptisch Sich-Verweigernde läßt die Frage nach Wahrheit offen, zumeist gar im Bewußtsein, daß sie für immer ungelöst bleibt. Der Pragmatiker begnügt sich mit einer vordergründigen Rationalität seines Verhaltens und verzichtet auf eine Lösung der letzten Wahrheitsfragen nach Woher und Wohin; er „muß ja trotzdem leben". Der Synkretist macht seine eigene Gestimmtheit zum Maßstab der religiösen Option, ohne sich *einem* Anspruch voll auszusetzen; nicht die Religion bindet hier den Menschen, sondern der Mensch bindet die Religion. Der konservativ Ängstliche schließlich steht wohl zu seiner Religion als der wahren, fühlt sich aber unfähig, sie im Streit der Wahrheitsansprüche zu vertreten.

So scheint die Wahrheitsfrage auch dort durch, wo sie verschwiegen wird. Gerade angesichts des pluralen Angebotes von Lehren und Wegen ist die Pilatusfrage nicht zu überhören: Was ist Wahrheit?

2. „Wahrheit" als religiöses Problem

„Kaum ein anderer Grundbegriff der philosophischen Tradition beansprucht eine so zentrale Relevanz und ist gleichzeitig einer so großen Bedeutungsschwankung und -unbestimmtheit unterworfen wie der Begriff der Wahrheit."[2] Jahrhundertelang bestand grundlegende Übereinstimmung im Verständnis dessen, was Wahrheit ist; sie ist anscheinend weithin zerfallen. Das zeigt sich in den verschiedenen Wahrheitstheorien.[3]

Die verschiedenen Standpunkte kommen aber in Zustimmung, Modifikation und selbst kritischer Ablehnung an der klassischen Formel *veritas est adaequatio rei et intellectus* als Bezugspunkt nicht vorbei – auch wenn die drei Termini des Satzes *res, intellectus* sowie deren *adaequatio* je für sich und im Verhältnis zueinander problematisiert werden. Allerdings bleibt in der klassischen Formel der Standpunkt, von dem aus die *adaequatio* vollzogen wird, und damit auch das handelnde Subjekt verborgen. Wird auf das Subjekt des Wahrheitsgeschehens reflektiert, dann tritt die Frage nach dem *Sinn* in den Vordergrund der Besinnung.

Zwischen Sinn und Wahrheit besteht ein enger Zusammenhang.[4] Allerdings darf Wahrheit nicht in einer allgemeinen Sinnfrage aufgehen. Es darf auch nicht die *ratio* des Menschen zum Maßstab dessen erhoben werden, was ist und nicht ist, was sein kann und sein darf. Der Mensch muß sich als ein Wesen anerkennen lernen, das offen bleibt für das Unberechenbare, Unerwartete und Geschenkte. Ein solches Verständnis sieht Wahrheit primär als einen Grundzug dessen, was ist, und erst abkünftig davon als Eigenschaft des Erkenntnisurteils. Es ist auch dort wirksam, wo die Wahrheitserkenntnis des Menschen als Teilhabe an der Wahrheit des göttlichen *intellectus* gesehen wird und sich so – wie im abendländisch-religiösen Denken – die Wahrheitssuche des Menschen auf Gott und seine Zuwendung zur Schöpfung bezieht.

Im Bereich des Religiösen und der Religionen hat es die Wahrheit zu tun

– mit der Grundinspiration der jeweiligen Religion,

– mit den Mythen und Symbolen, ihrer Bedeutung und Wirkung,

– mit der Lehre und ihrer Ausformung in Bekenntnissen, Sätzen und Glaubenssystemen,

– mit der persönlichen Betroffenheit und der existentiellen Aneignung der religiösen Inspiration im persönlichen und gesellschaftlichen Leben, mit Heilsfindung und Selbstverwirklichung, dem Identifizierungsprozeß, den der einzelne als religionsgebundener Mensch durchmacht.

Deshalb ist die religiöse Wahrheitsfrage nur vieldimensional zu bestimmen. Es geht um Wahrheitserkenntnis, Wirklichkeitsbezug und Selbstfindung, um Wahrheit im Sprechen wie im Handeln und Verhalten, im persönlichen Vollzug und im Religionssystem.[5] Deshalb kann der Wahrheitsstreit des Christentums mit den anderen Religionen nicht nur auf der dogmatischen Ebene entschieden werden. Die anderen Religionen werden in ihrem Anspruch verfehlt, wenn dieser einseitig mit den Maßstäben christlicher Ortho*doxie* gemessen wird auf der Ebene des Vergleichs von Lehraussagen. Gewiß sind diese nicht unwichtig, daher auch nicht „gleich-gültig". Aber das Wesen einer Religion wird nur dort getroffen, wo der sich mit ihr Beschäftigende von ihr auch „betroffen" ist.

Jede Religion ist auf ihr eigenes Verständnis von Wahrheit hin zu prüfen. Dieses hat es mit dem Wirklichkeitsverständnis im ganzen zu tun, mit der Welt, in der wir leben, ihrem Woher und Wohin, mit uns selbst nach Herkunft und Zukunft, Macht und Ohnmacht. In ihm geht es auch um die Eigenart der einzelnen Religion, ihrer Geschichte, Lehre und Praxis. Dabei zeigt sich, daß der Wahrheitsstreit eine existentielle Wahrheitssuche einschließt, die kein intellektuelles „Glasperlenspiel" (H. Hesse) ist, sondern ein „Wahrheit-Tun" (vgl. Joh 3, 21) umfaßt. In der Theologie kommt diese Horizonterweiterung dadurch zum Ausdruck, daß der Begriff „Ortho*doxie*" als „Rechtgläubigkeit" im Sinne einer richtigen Glaubenssprache durch den Begriff „Ortho*praxie*" als „Rechtverhalten" im Sinne einer der Wahrheit des Glaubens gerecht werdenden Praxis erweitert wird.

Damit sind für die Wahrheitsfrage in den Religionen folgende Gesichtspunkte vorgegeben:

1. Es ist nicht ein bestimmter Wahrheitsbegriff zu unterstellen; es muß vielmehr für das Wahrheitsverständnis der Religionen aus den Religionen jeweils neu erhoben werden, was sie selbst unter Wahrheit verstehen.

2. Es reicht nicht aus, nur die expliziten Wahrheitsansprüche oder Wahrheitstheorien einer Religion zu erheben, sondern es ist in den verschiedenen geschichtlichen Religionen auf deren Grundinspiration und Wirklichkeitsverständnis und die darin enthaltene Antwort auf die Sinnfrage der Menschen zu achten und daraus der Wahrheitsbezug zu erschließen.

3. Bei der Wahrheitsfrage geht es somit nicht allein um sprachlich-satzhaft greifbare Wahrheiten, sondern immer auch um die in der menschlichen Existenz und deren umfassendem Wirklichkeitsbezug erfahrene und verwirklichte Wahrheit.

4. Die abendländischen Grundworte für „Wahrheit" – im Griechischen *alétheia* = Unverborgenheit und im Hebräischen *'emet* = Beständigkeit/Treue – sind in ihrer abendländischen Wirkungsgeschichte eine bedeutsame Hilfe für den Dialog der Religionen; gerade in ihrem verschiedenartigen Ansatz sind sie eine Hilfe dafür, daß nicht ein bestimmter Teilaspekt zur Norm des Religionsdialogs wird.

3. „Wahrheit" in den Religionen

Wir beschränken uns auf die Religionen, die in der Erklärung *Nostra aetate* zur Sprache kommen. Die Auswahl von Hinduismus, Buddhismus, Islam und Judentum ist schon deshalb nicht willkürlich, weil diesen Religionen in der Begegnung mit dem Christentum wirkungsgeschichtlich bislang die größte Bedeutung zukommt.

a) Judentum

Die Behandlung des Judentums im Kreise nichtchristlicher Religionen ist nicht unproblematisch. Einerseits schafft diese Zuordnung eine Distanz zum Judentum, das nicht nur unter dem Vorzeichen „*nicht*christlich" betrachtet werden kann. Andererseits brächte ein Übergehen des Judentums die Gefahr mit sich, daß es in seiner Eigenständigkeit als Religion nicht ernst genommen wird.

Tatsächlich ist die Haltung des Christentums dem Judentum gegenüber komplex:

1. Für das Christentum ist das Judentum der bleibende Mutterboden, aus dem nicht nur Jesus von Nazaret und seine ersten Jünger stammen, sondern dem es auch wesentliche Grundanschauungen, das Gottesbild Jesu, weithin das Welt- und Menschenbild und die daraus entwachsenden Haltungen verdankt.

2. Dieses Grunddatum wurde dadurch verdunkelt, daß sich das Christentum schon in neutestamentlicher Zeit absetzte vom Judentum, von dem es seinerseits abgelehnt wurde. Das hatte eine lange, bittere Geschichte der Verfolgung der Juden durch Christen zur Folge bis zum „Antisemitismus" unserer Tage.

3. Die bleibende Dialektik von Rezeption der jüdischen Religiosität – „*Altes* Testament" – und „Aufhebung" des Jüdischen im Christlichen – „*Neues* Testament" – darf dennoch nicht dahin führen, daß das Judentum nur auf das Christentum hin funktionalisiert wird; vielmehr hat das Judentum – zusammen mit den anderen Religionen – das Recht, in seiner ihm auch heute gültigen Sicht respektiert zu werden.

C. Thoma hat das Judentum umschrieben „als eine ethnische Bundesgemeinschaft mit dem Gott Israels, welche im Besitz des Landes Israel und der Sprachen Israels sowie in einer Aktualisierung der eigenen Vergangenheit und der Zukunftserwartungen ihre wichtigsten Fixpunkte besitzt."[6] Damit bilden Bund, Land, Sprache, Vergangenheitserinnerung und Zukunftsverheißung die entscheidenden Punkte des Koordinatensystems, in dem die jüdische Religiosität sich bewegt.

Tatsächlich lassen sich diese Punkte schon überall da nachweisen, wo die Erforschung des frühen Judentums auf historisch sicheren Grund stößt. Die aus dem babylonischen Exil 538 v. Chr. nach Jerusalem Heimgekehrten verstanden sich als „Rest Israels", als Überlebende jener zwölf Stämme, die sich von ihrem Gott Jahwe aus Ägypten in das Land der Verheißung geführt glaubten. Der Bundesschluß dieses Gottes mit Israel am Sinai (um 1250 v. Chr.; vgl. Ex 19 f.) war für die unter Führung des Mose Ägypten verlassenden Israeliten der Beginn eines Treueverhältnisses, von dem Licht in die Vergangenheit wie in die Zukunft fiel. Vom Sinaibund her ist von einer Serie von Bundesschlüssen die Rede, zunächst mit den Patriarchen seit Abraham, dem Stammvater des Volkes, dann im umfassenderen Horizont der Noahgeschichte, schließlich beim Ursprung der Welt. War Jahwe der Bundesgott, der Israel seine besondere Liebe und Zuneigung unwiderruflich schenkte, so wurde er zusehends auch als Gott des Universums, als „Schöpfer des Himmels und der Erde", erkannt. Als Zeichen göttlicher Treue enthalten die Bundesschlüsse die doppelte Verheißung des Landes und des Fortlebens in einer großen Nachkommenschaft. Den damit eröffneten Ausblick in die Zukunft, gelernt in wachgehaltener Erinnerung und in der Bewährung der Verheißung in der eigenen geschichtlichen Erfahrung, sah Israel bestätigt in der Herausführung wie aus der Knechtschaft Ägyptens, so aus der Zerstreuung des Volkes im Exil, wo ein heiliger „Rest Israels" sich nicht in die Siegervölker hinein auflöste, sondern am Treuebund mit seinem Gott festhielt.

Die Heilige Schrift des Judentums, die Tora, stellt in einem ein Stück Urgeschichte des Umgangs Gottes mit seinem Volk, das Gesetz des Bundes und die Lehre vor. Die damit vermittelte Grundinspiration ist bis heute in der Geschichte des Judentums erkennbar, auch wenn nicht alle Züge (etwa die Landverheißung) zu allen Zeiten in gleicher Weise bedeutsam erscheinen. Zentral bleibt Israels Bindung an den einen Gott, der gegen alle fremden Götter sich in der Geschichte seines Volkes wirksam kundtut. Für ein vertieftes interreligiöses Gespräch wird die Geschichte dieser Gottesvorstellung wachsende Bedeutung gewinnen.[7] Israel erfährt diesen Gott als einen sprechend-handelnden (vgl. Dtn 6,4: „Höre, Israel!"), zu dem das Volk seinerseits in ein dialogisches Verhältnis gesetzt ist (vgl. Ps 28,1 f.: „Zu dir rufe ich, Herr, mein Fels ... Höre mein lautes Flehen ..."). Bei aller Betonung seiner Nähe – Emmanuel = „Gott mit uns" – muß Israel doch zugleich bekennen, daß er nicht zur Welt gehört, sondern die Welt in ihm den „Schöpfer des Himmels und der Erde" preist. Das Verhältnis von Schöpfer und Schöpfung vollzieht sich somit in Geschichte; es ist nicht ein für allemal beschlossen, sondern geschieht je und je in der freien Zuwendung von Gott und Mensch.

Der treue Vollzug der Gott-Mensch-Beziehung macht für das Judentum die „Wahrheit" aus. Zu den im Christentum unvergessenen jüdischen Erbstücken gehört das bis heute in fast alle Sprachen unübersetzt übernommene „Amen". In früherer Zeit lautete die Übersetzung der Formel „Amen, ich sage euch" einfühlsam: „*Wahr*lich, ich sage euch".

Auch ohne genauere Untersuchung der einzelnen Begriffe[8] ist festzuhalten, daß das jüdische Wahrheitsverständnis angesiedelt ist im Umfeld von *'mn* = fest, sicher sein, sich als zuverlässig erweisen, treu sein. Entsprechend häufig werden in der Septuaginta sowohl *'emet* wie *'emunah* mit dem griechischen *alētheia* widergegeben. Dabei umschreibt der erste Begriff grundsätzlich die tatsächliche Wahrheit eines Vorgangs oder eines Sachverhalts. Er stellt die diese Wahrheit garantierende Person als wahrhaftig hin. Wo der Begriff in der religiösen Sphäre verwendet wird, besagt er, daß der gläubige Mensch sein Verhalten auf die Treue, aber auch die Gnadenerweise und das Erbarmen und in diesem Sinne auf die Wahrheit Gottes gründet.

Im Hinblick auf den Islam ist es hilfreich zu wissen, daß sich die Sprachfelder des Hebräischen und Arabischen stellenweise überschneiden. Dann aber spielen im Hinblick auf die Wahrheitsfrage auch Begriffe der Rechtssprache eine Rolle wie *sedakah* = Gerechtigkeit, Rechtschaffenheit, Wahrheit, Heil. Auch die Gerechtigkeit wird von Gott und Menschen ausgesagt. Die Nähe von „Wahrheit sagen" und „Recht sprechen" gibt aber ihrerseits der Frage nach der Wahrheit einen die Existenz des Menschen berührenden Ernst, der in der heutigen Aussagewahrheit nicht mehr in gleicher Weise empfunden wird.

Die christliche Theologie wird im Dialog mit dem Judentum gut daran tun, sich zunächst nicht auf die Ebene nachösterlicher dogmatischer Aussagen zu begeben, sondern bei der Erfahrung Gottes in der Juden wie Christen gemeinsamen Geschichte des auserwählten Volkes anzuknüpfen. Das ist um so wünschenswerter, als auch der Islam die Prophetengeschichte nach Abraham als ein Stück seiner eigenen Geschichte im Koran rezipiert hat und so die Begegnung der drei abrahamitischen Religionen einen gemeinsamen Ausgangspunkt gewinnt. Dem weiteren Weg des Judentums gegenüber stellt sich die bleibende Frage nach dem legitimen Verständnis Jesu als des Christus mit all den Konsequenzen, die sich für ein von ihm her motiviertes, vertieftes Gottesverständnis, aber auch für das Heil des Menschen und der Welt in Jesu Tod und Auferstehung ergeben.

b) Islam

Fragen wir nach dem Wahrheitsbegriff des Islam, so stoßen wir auf die arabische Wurzel *ḥqq*, deren ursprüngliche Bedeutung mit „dauernde Bestimmung" wiedergegeben wird. *Al-Haq* ist dann eine der von den Gläubigen hochgeschätzten Bezeichnungen Gottes. Sie nennt Gott den Wirklichen schlechthin, als Wirklichen dann auch den Wahren, die Wahrheit. Nur von Gott abgeleitet, ist Wirklichkeit auch von der Schöpfung Gottes aussagbar, insofern diese an Gottes Wirklichkeit teilhat. Die diesem Gott geschuldete Haltung ist das Glaubensbekenntnis, in dem der Muslim sich dem Willen Gottes unterwirft.

Neben diesem Wahrheitsverständnis gibt es ein deutlich zu unterscheidendes zweites: Der erste Kalif Abū Bakr wird häufig Aṣ-Ṣiddīq genannt, „der Wahrheitsliebende", „der, welcher sich jederzeit der Wahrheit annimmt oder sich für sie einsetzt". Der Titel ist abzuleiten von *ṣadaqa*, einem Begriff, der nicht von Gott, sondern von den Menschen ausgesagt wird; er betrifft nicht so sehr die tragende Wirklichkeit, sondern den Umgang der Menschen miteinander. Verbal ergeben sich dabei Bedeutungen wie: die Wahrheit sagen, sein Versprechen halten, Glauben schenken, zustimmen, billigen, als Freund behandeln, eine Brautgabe festsetzen, Almosen geben. Die Wahrheit reicht hier von der wahren Aussage über den Bereich des Rechtes und der Gerechtigkeit bis zur gesetzmäßig und freiwillig geübten Barmherzigkeit.

Auch ohne einen ausführlichen Vergleich ist erkennbar, daß es zwischen dem jüdischen und islamischen Wahrheitsverständnis Berührungspunkte gibt. Für den abendländischen Christen bedeutet eine solche Beobachtung die Einladung zu einer intensiveren Beschäftigung mit den semitisch-nahöstlichen Wurzeln des Christentums.

Der Dialog zwischen Christen und Muslimen wird vordringlich bei folgenden Fragekomplexen ansetzen müssen:

1. Die Wirklichkeit schlechthin ist Gott. Als Schöpfer des Himmels und der Erde und als Richter am Ende der Tage ist er es, der alles bestimmt und dem sich alles im Gehorsam zu unterwerfen hat.

2. Die Wirklichkeit Gottes ist dem Christen in Fülle erschlossen in Jesus Christus, dem Muslim im Koran. Damit ergeben sich für die beiden Religionen wesentliche Unterschiede in der Deutung

der Offenbarung und ihrer Vermittlung, in der Einschätzung der Propheten, entsprechend auch Jesu Christi, sowie im Umgang mit der Heiligen Schrift.

3. Die Differenzen im zweiten Fragenbereich haben ihre Konsequenzen im Bereich der theologischen Anthropologie, bei der Bestimmung der Stellung des Menschen vor Gott und in der Schöpfung. Einerseits ist das Erscheinungsbild des Islam noch immer stark fundamentalistisch, legalistisch und rigoristisch geprägt, andererseits widerspricht dem weithin die Geschichte der islamischen Mystik.

Zu prüfen wäre auch, wieweit die Faktoren, die den christlich-islamischen Dialog nur zögernd in Gang kommen lassen, dem Islam immanent, nicht durch die Negativgeschichte christlich-islamischen Umgangs bedingt sind. Auch bei nüchterner Einschätzung der Dialogsituation muß ein „Gespräch zu dreien" angestrebt werden. Das ergibt sich schon aus der Tatsache, daß Judentum wie Islam in ihrem Selbstverständnis eine unübersehbare Verflechtung von religiösen und politischen Rücksichten zeigen. In beiden Religionen ist der Schöpfer *in* seiner Schöpfung zu preisen.

c) Hinduismus

Indien hat in der Neuzeit große Gestalten hervorgebracht, die heute für den christlich-hinduistischen Dialog hochbedeutsam sind: Ram Mohan Roy (1773–1833), Rāmakrishna (1834–1886), Vivekānanda (1862–1902), Gandhi (1869–1949), Aurobindo (1872–1950), Radhakrishnan (1888–1975).

Bei diesen Denkern stoßen wir auf Aussagen, die uns einen Zugang zur hinduistischen Einstellung zur Wahrheit vermitteln. Gandhis Autobiographie trägt bezeichnenderweise den Titel ›Experiments with Truth‹. Seine Absicht war es, aus den Menschen *satyagrahis* zu machen, d. h. solche, die gegen die Unwahrheit die Kraft und Macht der Wahrheit erweisen. „Wahrheit" leitet sich hierbei ab von *satya* bzw. *sat* = Wirklichkeit, Sein, Wesen, Existenz. Wahr ist folglich, was ist. Gandhi kehrt dann auch die Formel „Gott ist die Wahrheit" in die Formel „Die Wahrheit ist Gott" um. Mit *sat-cit-ānanda* wird in der Dreiheit von *sat* = Sein/Wahrheit, *cit* = Bewußtsein, *ānanda* = Seligkeit die höchste Verwirklichung des Göttlichen ausgesprochen, die in sich selbst zu verwirklichen jeder Mensch aufgerufen ist. Die Wahrheitssuche ist damit nicht nur ein Erkenntnisprozeß, sondern zielt auf Seinsverwirklichung ab.[9] Diese wird erreicht, wo alle denkbaren Zweiheiten in der Nichtzweiheit *(advaita)* „aufgehoben“ sind und *ātman* = *Brahman,* Einzelseele und universaler Geist eins werden. Um diese Einheit bemühen sich Hindus auf vielfältigen Lebenswegen. Die innere Überzeugung von der letztendlichen Einheit der wahren Wirklichkeit macht den Hinduismus zugleich immun gegen jede Form eines exklusiven Absolutheitsanspruchs. An dessen Stelle tritt aber ein nicht minder einfordernder inklusiver Absolutheitsanspruch. Wenn der berühmte Kālīpriester Rāmakrishna sich rühmen konnte, nicht nur als Hindupriester, sondern auch vor einem Christusbild und auf islamische Weise die meditative Versenkung vollzogen zu haben, so war dies zugleich ein Beweis für die alles umfassende Weite des Hinduismus.

Deutlicher als im Falle der Abrahamsreligionen steht hier für den Christen die Frage nach *seiner* Gotteserfahrung im Raum. Sie kann nicht im Rückzug aus einer von Rationalität bestimmten Weltgeschichte gewonnen werden. Eine authentische Gotteserfahrung heute muß vielmehr gleichsam durch sie hindurch und in ihr im Sinne einer neuen Horizonteröffnung ermöglicht werden. Christlicherseits ist dazu eine mystagogische, d. h. ihrer Verpflichtung zur Einführung in das Mysterium bewußte Theologie gefordert.

d) Buddhismus

Es gehört zu den grundlegenden Auffassungen des Buddhismus, daß die Wahrheits*frage* zu „nichts“ führe. Denn Antworten, die auf der logischen Ebene in Begriffen bestehen, auf der existentiellen Ebene im Sein als Substanz und Subjekt, verhaften den Menschen an etwas. Das Verhaftetsein beschwört aber des Menschen leidhafte Situation herauf und läßt ihm keine Chance, aus dem Netz der Abhängigkeiten befreit zu werden. Damit ist das Schweigen, die „Leere“, das „absolute Nichts“ oder das *„Nirvāṇa*“ der ‚Ort‘, an dem „Erleuchtung“ und mit ihr die „große Befreiung“ sich ereignen.[10]

Geht man im sinojapanischen Raum der Wahrheitsterminologie nach, so gruppieren sich die verschiedenen Begriffe um das japanisch gelesene *shin, makoto* = aufrecht, zuverlässig, wahrhaftig, wahr. Unter anderem ist die

Rede von *shinjitsu* = Wahrheit, Realität, Tatsache, *shinri* = Wahrheit, wahres Prinzip (wobei *ri* einmal in eine bis Indien zurückreichende Tradition einbindet, zum anderen aber auch für *ratio* steht und somit „Wahrheit“ in einer doppelten Tradition denken läßt), *shinnyo* = absolute Wahrheit aller Dinge, die ewige Wahrheit, die wahre Gestalt. Vom indischen Ursprung her begegnen sich hier das schon erwähnte *satya* mit *tathatá* = wahres Wesen. Sein, wie es ist, als solches das wahre, nicht mehr sagbare Prinzip aller Dinge. In der Identitätsformel *„Tat tvam asi“* = „Das bist du“ bildet es *ein* Grundverständnis von *shinri:* Wahr ist, was ist, was es in seinem Wesen ist, und was in Übereinstimmung bzw. identisch ist mit dem alles verbindenden, selbst nicht mehr ‚hinterfragbaren‘ *„Das“*.

Die knappen Hinweise sollen hier nichts erklären, sondern nur signalisieren, daß ein christlich-buddhistischer Dialog *über* die Wahrheit zum Scheitern verurteilt ist, wenn nicht die Bereitschaft besteht, sich auf die Mehrschichtigkeit eines Wahrheits- und Wirklichkeitsverständnisses einzulassen, das dem westlichen Denken nicht ohne weiteres entspricht und das zudem auf rein denkerischem Wege in seiner Tiefe nicht einzuholen ist.

Wie die Gottesfrage im Christentum nicht auszutragen ist, falls nicht das Denken in „An-dacht“, in Frömmigkeit überführt wird, so eröffnet sich auch im Buddhismus die volle Wahrheit nur, wo die Bereitschaft besteht, das alltägliche Denken und die vordergründige Lebenspraxis zu übersteigen. In diesem Sinne ist gar gelegentlich im Mahāyānabuddhismus von einer doppelten Wahrheit die Rede.[11] Eine Verständnisbrücke bildet seit langem die abendländische Mystik, zumal in ihrer z. B. bei Eckhart noch erkennbaren neuplatonisch gefärbten Tradition. Allerdings darf das genuin Christliche nicht überspielt werden. Inzwischen kommt denn auch der Kreuzestheologie bzw. der kenotischen Christologie wachsende Bedeutung zu.[12] Die christliche Verkündigung eines sich radikal entäußernden Gottes eröffnet dem christlich-buddhistischen Dialog neue Perspektiven, deren schöpfungstheologische Seite allerdings noch kaum bedacht ist.

Die buddhistische Betonung der Erleuchtung darf aber nicht den Zusammenhang von Erleuchtung und Mitleiden übersehen lassen. Wahre Erleuchtung verbindet die radikale Loslösung mit der radikalen Zuwendung. Was hier die mahāyāna-buddhistische Gestalt des *Bodhisattva* besagt, d. h. dessen, der im Stande der Erleuchtung sich erst recht den Unerleuchteten helfend zuwendet, läßt zwar theoretisch-spekulativ Fragen zu, sollte aber vor allem den praktischen Willen zum Einsatz für die unerlöste Welt erkennen lassen und einen Ansatzpunkt für einen möglichen gemeinsamen Einsatz der Religionen auf den Leidensfeldern der Welt bilden. Christliche Liebe und buddhistisches Mitleiden berühren sich zumindest in der Praxis.

4. Der christliche Absolutheitsanspruch als Wahrheitsanspruch

Der kurze Blick auf die großreligiöse Landschaft macht deutlich, daß die Wahrheitsfrage in den Religionen unterschiedlich angegangen wird. Es kann daher geschehen, daß ein unter der Rücksicht der Wahrheit versuchter Dialog nicht zustande kommt. Zudem ist schon der Ausdruck „Dialog" nicht unproblematisch. Genaugenommen ist Dialog als Gespräch nur eine, wenn auch heute für viele die erwünschteste Haltung; das Wort sagt aber weder über den Inhalt noch über den Tiefgang des Gesprächs etwas aus. In seiner Unschärfe verdeckt der Ausdruck eher die ganze Skala möglicher Einstellungen gegenüber anderen Religionen, die auch heute noch von der *Apologie* des eigenen Standpunktes über den *Protest* gegen den fremden Standpunkt zur *Tolerierung* des anderen, schließlich zum *Dialog* und, soweit sie sich in bestimmten Bereichen verwirklichen läßt, zur *Kooperation* reicht. Auch wenn bei dieser Aufreihung das Wort „Wahrheit" nicht fällt, ist die Einstellung zu anderen Religionen letztlich immer von der Frage nach Wahrheit bestimmt.

Aus dem Wahrheitsanspruch des Christentums gegenüber den anderen Religionen ergibt sich ein doppeltes Spannungsverhältnis: Das Christentum hat sich stets als Verkünder der vollen, allumfassenden Wahrheit verstanden; entsprechend hat es allzuoft alles Fremde als vor-, außer-, nicht- oder nachchristlich kritisiert. Da aber ein wahres Dialogverhältnis die wechselseitige Anerkennung von Partnerschaft voraussetzt, muß sich das Christentum seinerseits von den Religionen her kritisieren lassen. Solche Kritik erfolgt tatsächlich; die Christen haben sie noch kaum beantwortet.

Der Ausdruck des umfassenden Wahrheitsanspruchs des Christentums kleidet sich seit Hegel vielfach in die Rede von der „Absolutheit des Christentums".[13] Nach G. Rohrmoser[14] wollte Hegel in seiner Religionsphilosophie zeigen, „daß die Wahrheit aller geschichtlichen Religionen in der geschichtlichen Bewegung des Geistes dahin tendiere, sich in der christlichen als der ... absoluten Religion aufzuheben". Hegels Versuch einer Versöhnung von Geist und Geschichte wurde von der nachfolgenden Kritik teils mißverstanden, teils zu Recht in Frage gestellt. Der „garstige breite Graben" brach wieder auf, von dem Lessing[15] schon gesprochen hatte.

Die Kritik an dem im Ursprung nichttheologischen Begriff eines christlichen Absolutheitsanspruchs hatte für die Begegnung der Religionen zwei Konsequenzen:

a. G. Mensching machte deutlich, daß die Behauptung eines Absolutheitsanspruchs sachlich nicht auf das Christentum beschränkt werden kann. Vielmehr erhebt jede *Welt*religion je auf ihre Weise zumindest faktisch einen Absolutheitsanspruch. In seiner Unterscheidung zwischen prophetischen und mystischen Religionen, die in ihrer Anwendung diskutabel bleibt, spricht er den ersten einen exklusiven, den zweiten einen inklusiven Absolutheitsanspruch zu. Versöhnen lassen sich nach Menschings Ansicht solche Ansprüche zwar nicht, wenn Wahrheit die logisch-erkenntnismäßige Richtigkeit meint, wohl aber, wenn es um erfahrene Wirklichkeit geht.[16]

b. Theologen sprechen heute nicht selten statt von der Absolutheit von der Einzigartigkeit des Christentums. Ein solcher Anspruch ist weder für das Christentum noch für andere Weltreligionen bestreitbar. In der inhaltlichen Bestimmung des christlichen Einzigartigkeitsanspruchs kehren dann aber die Inhalte wieder, die beim Absolutheitsanspruch zur Sprache kamen. Es geht vor allem um folgende theologische Fragepunkte:

– von der Christologie her: Jesus Christus ist als *„concretum universale"* der Offenbarer und die letztgültige Offenbarung Gottes in eins (vgl. DV 4);

– von der Pneumatologie und Gnadenlehre her: Gottes universaler Heilswille erstreckt sich auf alle Menschen und bezieht sie, wo und wie immer sie das Heil erlangen, in das Heilswirken Jesu Christi ein;

– von der Eschatologie her: Das Christusgeschehen als Heilsgeschehen ist in seinem „Ein-für-allemal" letztgültig und unüberbietbar;

– von der Ekklesiologie her: Ihrem Selbstverständnis nach ist die Kirche das universale Sakrament des Heils (vgl. LG 1).

Recht besehen, zeigt sich im Raum des Christentums die doppelte Tradition des Anspruchs auf Exklusivität wie auf Inklusivität. Die Traditionslinie des *extra Ecclesiam nulla salus* hebt die Unüberbietbarkeit und Einzigartigkeit der Inkarnation Gottes in Jesus Christus „um unseres Heils willen" hervor. Demgegenüber betont eine zweite, im Ursprung nicht minder alte Traditionslinie die unüberbietbare Extension des Heilswirkens Christi, das alle zum Heil Gelangenden umfängt. Hierbei handelt es sich um die mit der Rede von der *Begierdetaufe* beginnende und sich dann in den Diskussionen um die konkrete Gestalt des „Verlangens" (lat. *votum*) der Taufe fortsetzenden Tradition, die in unseren Tagen durch K. Rahners Rede von den „anonymen Christen" breite Aufmerksamkeit gefunden hat. Sie ist zwar inzwischen sowohl als Ausdruck eines spirituellen Kolonialismus getadelt wie auch durch analoge Wortbildungen wie „anonyme Buddhisten" und „anonyme Atheisten" neutralisiert worden[17]. Dennoch bleibt die Betonung der Einzigartigkeit und Letztgültigkeit des Christlichen eine spürbare Provokation für Nicht- und Andersgläubige, die ihr dadurch begegnen, daß sie entweder den christlichen Anspruch einfach leugnen oder sein Angebot für überflüssig erklären oder eigene überzeugendere Lösungen für die Grundfragen menschlicher Existenz anzubieten suchen.

Eine argumentative Auseinandersetzung mit der Bestreitung des Anspruchs ist schon deshalb schwierig, weil sie auf wechselnden Ebenen stattfindet. Daher sollte auch eine pauschale Beurteilung *der* Religionen aufgegeben werden. Zu leicht kann es sonst passieren, daß sich der Disput im Gestrüpp einer allgemeinen Religionskritik wiederfindet, bei der nicht mehr unterschieden wird zwischen einer von allen geschichtlichen Einzelreligionen absehenden Kritik am Religiösen überhaupt und einer Kritik an der im eigenen Lebensraum vorherrschenden Religion – das hieße bei uns: einer Kritik am Christentum, seiner Geschichte und seiner institutionellen Erscheinungsform. Entsprechend ist darauf zu achten, daß eine religiöse Religionskritik – auch eine christliche Kritik an anderen Religionen – zu unterscheiden weiß zwischen einer religiös-theologischen und einer andersartigen Motivation.

Die Einladung zu einer Haltung, die den einzelnen Religionen Gerechtigkeit widerfahren läßt, kann keinen Verzicht auf die Verkündigung der christlichen Botschaft oder auf ihren Wahrheitsanspruch bedeuten, und zwar nicht nur, weil jede Religion für ihre Wahrheit eintreten muß, sondern weil der christliche Glaube unter der besonderen objektiven und universalen Wahrheitsverpflichtung steht, deren Inhalt und Anspruch sich an die christliche Religion selbst ebenso richtet wie an die übrigen Religionssysteme. Wenn die Religionen *wahre* Heilswege sein wollen, dann müssen sie bereit sein, sich dem Kriterium der Wahrheit zu unterstellen. Das bedeutet zugleich, daß Wahrheitsansprüche bereit sein müssen, sich auszuweisen (vgl. 1 Petr 3,15). Wenn sinnvoll von einem Streit der Religionen die Rede ist, so empfängt dieser daraus seine Würde und seine Relevanz, daß es ein dem Wesen der religiösen Wahrheit angemessener Streit um die *Wahrheit der Religion* ist.

Anmerkungen

[1] Vgl. Wiebe, D.: Religion and Truth. Towards an Alternative Paradigm for the Study of Religion. The Hague 1981; auch Hick, J. (Hrsg.): Truth and Dialogue. The Relationship between World Religions. London 1974; Neill, St. Ch.: Die Wahrheit in den Religionen, in: Müller-Schwefe, H.-R. (Hrsg.): Was ist Wahrheit? Göttingen 1965, S. 137–161.

[2] Vgl. Art. Wahrheit (Puntel, L.B.), in: HPhG, S. 1649–1668; Zitat: S. 1649.

[3] Schwan, A.: Pluralismus und Wahrheit, in: CGG 19, S. 143–211, beschreibt „fünf exemplarische Grundlegungen des Pluralismus durch philosophische Wahrheitstheorien" (S. 189–198); vgl. auch Puntel, L. B.: Wahrheitstheorien in der neueren Philosophie. Darmstadt 1978.

[4] Vgl. Sauter, G.: Was heißt: nach Sinn fragen? München 1982.

[5] Vgl. Wiebe, D.: Religion (Anm. 1), S. 171–228.

[6] Vgl. Art. Judentum (Thoma, C.), in: SM II, S. 983–993; Zitat: S. 989.

[7] Vgl. Lohfink, N.: Die Religion der Patriarchen und die Konsequenzen für eine Theologie der nichtchristlichen Religionen, in: ders., Bibelauslegung im Wandel. Frankfurt a. M. 1967, S. 107–128, auch die Zusammenfassung; ders., Das Jüdische im Christentum. Die verlorene Dimension. Freiburg i. Br. u. a. 1987; Eliade, M.: Geschichte der religiösen Ideen I. Freiburg i. Br. u. a. 1978, S. 155–176.

[8] Vgl. die einschlägigen Artikel in den Nachschlagewerken von Kittel, G. (1933), Köhler, L./Baumgartner, W. (1958), Jenni, E./Westermann, K. (1971), Botterweck, G. J./Ringgren, H. (1978).

[9] Vgl. Gandhi, M.: Freiheit ohne Gewalt. Köln 1968, S. 79–105; auch: Samartha, S. J.: Hindus vor dem universalen Christus. Stuttgart 1970, S. 83–104.

[10] Vgl. Nishitani, K.: Was ist Religion? Frankfurt a. M. 1982; dazu Waldenfels, H.: Absolutes Nichts. Zur Grundlegung des Dialogs zwischen Buddhismus und Christentum. Freiburg [3]1980.

[11] Vgl. Zimmer, H.: Philosophie und Religion Indiens. Zürich 1961, S. 463 f.; Waldenfels, H.: Nichts (Anm. 10), S. 27 f., Anm. 22.

[12] Vgl. Waldenfels, H.: Faszination des Buddhismus. Zum christlich-buddhistischen Dialog. Mainz 1982; ders., Der Gekreuzigte und die Weltreligionen. Einsiedeln 1983.

[13] Vgl. Kasper, W. (Hrsg.): Absolutheit des Christentums. Freiburg 1977.

[14] Subjektivität und Verdinglichung. Gütersloh 1961, S. 20.

[15] Lessing, G. E.: Über den Beweis des Geistes und der Kraft, in: Werke, Bd. VI. Neubearb. v. Fischer, F. Frankfurt a. M. u. a. 1965, S. 285.

[16] Vgl. Mensching, G.: Toleranz und Wahrheit in der Religion. Heidelberg 1955, S. 162–168.

Theologische Beiträge 23 (1992), Seiten 305–316.

Wolfhart Pannenberg

Die Religionen in der Perspektive christlicher Theologie und die Selbstdarstellung des Christentums im Verhältnis zu den nichtchristlichen Religionen

In der gegenwärtigen Weltsituation ist der Dialog der Religionen ein unentbehrlicher Beitrag zu den Bedingungen für ein friedliches Zusammenleben der Völker und Kulturen. Das ist von vielen Seiten mit Recht betont worden. Dialog sollte allerdings nicht heißen, daß die Differenzen, Gegensätze, Konflikte zwischen den Religionen bagatellisiert werden. Dadurch würde eine Illusion von Gemeinsamkeit entstehen, die für das Zustandekommen eines echten, in die Tiefe gehenden Dialoges hinderlich wäre. Es würden Reaktionen provoziert, die auf die Ablehnung jedes interreligiösen Dialoges um der Bewahrung der Identität der einzelnen Religionen willen hinauslaufen, und solche Reaktionen wären sogar berechtigt gegenüber der trügerischen Vorspiegelung einer Gemeinsamkeit der Religionen auf Kosten der in ihrem Wesen begründeten Gegensätze und Konflikte. Es gibt sicherlich viele unnötige Konflikte, die mit der authentischen Eigenart der Religionen wenig zu tun haben und mehr oder weniger auf Vorurteilen oder auf nichtreligiösen Faktoren beruhen. Aber es gibt eben auch Gegensätze und Konflikte, die in der Eigenart der Religionen selbst und insbesondere in den damit verbundenen Wahrheitsansprüchen begründet sind. Die daraus resultierenden Konflikte sind besonders bei den missionierenden Religionen offensichtlich. Wollte man um des Dialoges willen den Verzicht auf solche Wahrheitsansprüche verlangen, dann liefe das in einigen Fällen auf die Forderung hinaus, die eigene religiöse Besonderheit aufzugeben, bevor der Dialog überhaupt beginnen kann. Das erscheint als wenig sinnvoll: Gerade die Gegensätze zwischen den Religionen müssen Gegenstand des Dialoges sein. Eines der Ziele des Dialoges sollte sein, sich gegenseitig darüber zu verständigen, wo in der Sache begründete Gegensätze vorliegen im Unterschied zu bloßen Vorurteilen und Mißverständnissen. Als wenig hilfreich erscheint mir die Vorstellung, die Religionen sollten ihre Differenzen zurückstellen, da es ihnen allen doch um dieselbe eine göttliche Wirklichkeit gehe. Die Religionen sind nicht einfach verschiedene Wege zu dem einen Gott, so als ob sie ohne Konflikte untereinander auf das gemeinsame göttliche Zentrum zulaufen würden. Nicht zufällig haben die Religionen sich in der Geschichte immer wieder gegenseitig die Wahrheit ihrer Lehren und die Legitimität ihres Kultus streitig gemacht. Die Konflikte zwischen den Religionen haben zwar häufig gewaltsame Formen angenommen, die mit dem Geist der konkurrierenden Religionen in ihren höchsten und authentischen Ausprägungen zumeist nicht vereinbar sind. Doch im Kern handelt es sich häufig um Konflikte, die man nicht einfach abschaffen kann, weil sie zu tief im Selbstverständnis der Religionen begründet sind. Man kann nur lernen, mit solchen Konflikten gegenseitig zivilisiert umzugehen. Dazu kann der Dialog verhelfen, zumal es gute Gründe für die Annahme gibt, daß der zivilisierte, gewaltlose Umgang mit Menschen anderen Glaubens sich im Einklang mit den besten Prinzipien der eigenen religiösen Tradition befindet.

Der interreligiöse Dialog kann realistischerweise nicht das Ziel haben, die Religionen institutionell zu vereinigen oder auch nur ihr Selbstverständnis so zu verändern, daß sie sich als verschiedene Spielarten eines und desselben Menschheitsthemas begreifen würden in dem Sinne, daß sie sich gegenseitig als gleichwertig und gleichberechtigt betrachten. Es kann – wie gesagt – letztlich nur darum gehen, mit den unvermeidlichen Sachkonflikten zivilisiert umzugehen. Das unterscheidet den interreligiösen Dialog prinzipiell von dem ökumenischen Dialog zwischen den getrennten christlichen Kirchen: Hier ist eine gemeinsame Basis im Glauben an den einen Herrn Jesus Christus vorgegeben, und daraus ergibt sich für das Selbstverständnis aller christlichen Kirchen gebieterisch die Forderung nach Einheit der Christen. Warum diese einfache Konsequenz in der Praxis so schwer zu realisieren ist, kann und braucht hier nicht erörtert zu werden. Wichtig ist nur, daß im innerchristlichen ökumenischen Dialog eine Basis und Verpflichtung zur Einheit immer schon vorgegeben ist. Beim interreligiösen Dialog ist das, wenn ich richtig sehe, nicht der Fall. Zwar gibt es auch für das Gespräch zwischen den Religionen ein gemeinsames

Thema: die Beziehung der Menschen zu der ihr Dasein übersteigenden Wirklichkeit, die in den meisten Religionen als göttlich identifiziert wird. Doch dieses gemeinsame Thema wird von den verschiedenen Religionen mehr oder weniger gegensätzlich artikuliert. Sicherlich gibt es auch Gemeinsamkeiten zwischen ihnen, und zwar in sehr unterschiedlichem Maße. Die drei biblischen Religionen weisen in besonders großer Zahl solche Gemeinsamkeiten auf, und doch ist das organisierende Prinzip bei jeder von ihnen so verschieden, daß der dadurch begründete Gegensatz alle Gemeinsamkeiten durchdringt und modifiziert. Darum kann die Nähe des Christentums zu bestimmten Formen ostasiatischer Religion der Sache nach größer sein, trotz sehr unterschiedlicher Vorstellungs- und Lebensformen und obwohl hier der gemeinsame geschichtliche Ursprung fehlt. Der Dialog kann dazu helfen, auch im zunächst Fremden und scheinbar Entgegengesetzten noch Gemeinsames zu entdecken. Aber um so schärfer wird schließlich, solange es dabei bleibt, daß sich verschiedene Religionen im Dialog gegenüberstehen, der Gegensatz hervortreten, der auf der Verschiedenheit des die Identität einer Religion bestimmenden, organisierenden Zentrums beruht.

Diese Vorbemerkungen schienen mir nötig zu sein als Vorbereitung auf das, was nun folgt. Dabei soll es um das Selbstverständnis des christlichen Glaubens im Verhältnis zu den Religionen gehen, und zwar in drei Fragekreisen. Die *erste* Frage lautet: Inwieweit kann christliche Theologie überhaupt anerkennen, ein mit anderen Religionen gemeinsames Thema zu haben? Bezieht sich der christliche Glaube auf dieselbe göttliche Wirklichkeit, wie andere Religionen das unter anderen Namen tun? Daran schließt sich die *zweite* Frage an: Kann christliche Theologie anerkennen, daß andere Religionen und Kulte ihren Gläubigen in vergleichbarer Weise Gemeinschaft mit der Gottheit und also Teilhabe am Heil vermitteln, wie das nach der christlichen Botschaft und Lehre durch den Glauben an Jesus Christus und durch die Sakramente geschieht? Die *dritte* Frage geht dahin, ob die Christen und die christliche Theologie von Repräsentanten anderer religiöser Traditionen – und also auch durch den interreligiösen Dialog – etwas lernen können im Hinblick auf die göttliche Wirklichkeit und das Verhältnis des Menschen zu ihr?

I. Haben es aus christlicher Sicht die anderen Religionen mit derselben Wirklichkeit zu tun wie der christliche Glaube?

Die christlichen Theologen haben in ihrer Mehrzahl gemeint, diese Frage verneinen zu müssen. Die alttestamentlichen Schriften haben nicht nur Israel die Verehrung fremder Götter untersagt, sondern jüdisches Denken hat seit der Exilszeit, genauer: seit der Prophetie Deuterojesajas im 6. Jh. v. Chr., auch die Nichtigkeit der von anderen Völkern verehrten Götter behauptet: „Denn die Götter der Völker sind Nichtse, aber Jahwe hat den Himmel geschaffen" (Ps. 96, 5; vgl. 1. Chr. 16, 26). Dieser Zusatz zu dem Wort des 96. Psalms von der Erhabenheit des jüdischen Gottes über die Götter der Völker (Ps. 96, 4) faßt das Ergebnis der sog. Götzenkritik des zweiten Jesaja (Jes. 41, 23 f.; 44, 6–20) in einem einzigen Satz zusammen. Grundlage dieser Polemik war die Identifikation des jüdischen Gottes mit dem Weltschöpfer und Lenker der Geschichte. Sie ließ keinen Machtbereich für andere Götter neben dem einen übrig, der der Gott Israels ist. So reduzierte sich für den Propheten die Realität der fremden Götter auf die von Menschen geformten Statuen aus Holz oder Erz (Jes. 44, 9). Spätere jüdische Religionskritik hat den Göttern der anderen Völker insofern einen größeren Realitätsgehalt zugebilligt, als sie die Naturkräfte und die Sterne als dasjenige identifizierte, was der Gottesverehrung der Völker zugrunde liege (Sap Sal 13, 2 ff.). Die Diagnose lautete dann auf Verwechslung der geschöpflichen Wirkungen mit der göttlichen Ursache (13, 5–9). So hat auch der Apostel Paulus den Religionen der Völker Anbetung der Geschöpfe anstelle des Schöpfers zugeschrieben (Röm. 1, 25), wobei er an die tier- und menschengestaltige Form der Darstellung der Gottheiten dachte (1, 23). Schon zur Zeit des Apostels war damit jedoch nur ein Teil der religiösen Gottesvorstellungen getroffen. Für die altgriechische Gottesauffassung gilt, daß die Gottheit des Zeus natürlich weder der anthropomorphen Darstellungsform noch in Verbindung mit Naturkräften wie Donner und Blitz aufgeht. Erst recht wird man heute die Auseinandersetzung mit den Religionen des Ostens, vor allem aber auch mit Juden und Muslimen nicht auf dieser Ebene führen können. Immerhin hat aber bereits das Johannesevangelium von den Juden gesagt, ihr Vater sei nicht Gott (Joh. 8, 41), sondern der Teufel (8, 44), wie daran erkennbar sei, daß sie Jesus zu töten suchten. Hier wird im Verhältnis zur jüdischen Religion bereits die Linie erkennbar, die einige Jahrzehnte später im Barnabasbrief zum Ausdruck kam: Die Christen sprachen ihren jüdischen Gegnern das Recht ab, sich auf ihre eigene religiöse Überlieferung, nämlich auf das Alte Testament und also auf den Gott Israels, zu berufen.

Der Einfluß dieser Betrachtungsweise in der Geschichte des christlichen Denkens reicht weit, und sie ist in den biblischen Zeugnissen selbst verankert. Christliche Theologie hat es darum nicht leicht, sich gänzlich von ihr zu distanzieren. Aber es gibt daneben nun doch auch andere Aspekte in den biblischen Zeugnissen. Zunächst setzt die paulinische Religionskritik wie die des jüdischen Hellenismus in der Weisheit Salomos, aber pointierter als diese, voraus, daß die Menschen der Völkerwelt sehr wohl den einen Gott und Schöpfer, seine ewige Macht und Gottheit kennen (Röm. 1, 20). Das steckt als Voraussetzung in dem Vorwurf, daß die Menschen den Schöpfer mit den Geschöpfen verwechselt haben, indem sie diese und nicht jenen anbeteten. Die Verwechslung selbst kann nur stattfinden, wenn das, womit verwechselt wird, zumindest vage bekannt ist. An solche Kenntnis hat denn auch nach den Reden der Apostelgeschichte der Missionar Paulus appelliert, wenn er etwa die Athener auf den von ihnen verehrten unbekannten Gott ansprach (Apg. 17, 23 ff.) und ihn für identisch mit dem biblischen Schöpfergott erklärte und sogar ein von dem griechischen Dichter Aratos auf Zeus gemünztes Dichterwort auf den Schöpfergott der Bibel bezog, indem er die Behauptung: „In ihm leben, weben und sind wir" mit der Feststellung begründete: „wir sind von seinem Geschlecht" (17, 28). Das bedeutet doch auch, daß die Zeusverehrung der Griechen sich irgendwie auf den einen wahren Gott beziehen muß, wenn auch ohne volles Bewußtsein von dessen wahrer Identität. Nun mögen die Formulierungen dieses Kapitels mehr auf den Verfasser der Apostelgeschichte als auf den Apostel Paulus selbst zurückgehen. Aber wenn dieser im Brief an die Römer die Kenntnis der Menschen von der ewigen Macht und Gottheit Gottes erwähnte, dann wird man wiederum an die Religionen der Menschheit als Medium und Ausdruck solcher Kenntnis denken müssen, nicht an die natürliche Gotteserkenntnis der Philosophen. Diese letztere, von der christlichen Auslegung durch die Jahrhunderte bevorzugte Zuordnung ist schon deshalb verfehlt, weil die philosophischen Gotteslehren ja eine Sache weniger Menschen waren, während Paulus von einer Kenntnis der ewigen Macht und Gottheit des Schöpfers bei allen Menschen spricht. Deren Artikulation kann nur im religiösen Leben der Menschen vermutet werden trotz aller Verkehrung durch die Verwechslung von Schöpfer und Geschöpf. Auch das Christentum ist im Laufe seiner Geschichte von der Einmischung anthropomorpher Züge in sein Gottesverständnis nicht verschont geblieben und hat also an dem Vorwurf solcher Verwechslung mitzutragen, die Paulus darauf zurückführte, daß die Menschen den Schöpfer nicht in angemessener Weise geehrt und ihm nicht gedankt haben dadurch, daß sie ihn in seiner Majestät von allem Kreatürlichen unterschieden hätten. Sicherlich ist diese Bemerkung des Apostels in erster Linie an die Adresse der Religionen der Völker gerichtet; aber christliche Theologie tut gut daran, dabei auch an den Umgang der Christenheit mit dem ersten Gebot zu denken. Daß die Menschen dazu tendieren, die Verehrung des Schöpfers zu vertauschen mit einem Kult um geschöpfliche Mächte und Figuren, das ist eine Feststellung, die erst dann glaubwürdig ist, wenn sie nicht nur polemisch nach außen, sondern auch selbstkritisch nach innen gerichtet wird.

Als Ergebnis dieses ersten Untersuchungsganges läßt sich festhalten, daß christliche Theologie sehr wohl damit rechnen kann, daß auch die Menschen anderer Kulturkreise und Religionen es in ihren religiösen Vorstellungen und Verhaltensweisen mit derselben göttlichen Wirklichkeit zu tun haben, die die Christen als den Schöpfergott der Bibel, den Vater Jesu Christi kennen. Zwar wird der Gott der Bibel in anderen Religionen zumeist nicht ausdrücklich als der eine Gott anerkannt, auf den sich auch diese Religionen beziehen. Diese Identität der göttlichen Wirklichkeit kommt in den anderen Religionen, vom Christentum her geurteilt, nur in gebrochener Weise zu Bewußtsein. Besonders gilt das für polytheistische Glaubensformen. Die Identität der göttlichen Wirklichkeit kann also von christlicher Seite in vielen Fällen nur unterstellt werden. Daß aber die Christen damit zu rechnen haben, daß sich in den anderen Religionen ein Wissen von demselben Gott, den die Christen verehren, bekundet – wenn auch unter anderen Namen und in vielfältig gebrochener Form –, das ergibt sich eigentlich schon aus dem biblischen Schöpfungsglauben: Wenn alle Menschen Geschöpfe des Schöpfergottes der Bibel sind, dann sind sie auch alle auf ihn angewiesen für ihren Lebensvollzug, und dieser Sachverhalt wird ihnen allen dann auch in der einen oder anderen Form zu Bewußtsein kommen, wenn auch in noch so gebrochener Weise. Die Andeutungen des Apostels Paulus im ersten Kapitel des Römerbriefs über eine bei allen Menschen verbreitete Kenntnis der ewigen Macht und Gottheit Gottes lassen sich also als eine unabweisbare Konsequenz aus dem Schöpfungsglauben verstehen. Daraus ergibt sich auch, daß Christen von interreligiösen Dialogen eine Verständigung über dessen Sachverhalt erwarten dürfen. Das gilt sogar im Verhältnis zu polytheistischen Religionsformen, wenn man damit rechnet, daß die Mehrzahl der Gottheiten in diesen Religionen als Ausdruck der Vielgestaltigkeit konkreter Bekundung der einen göttlichen Wirklichkeit aufzufassen ist.

Einen Sonderfall bildet in diesem ganzen Fragenkreis das Verhältnis der Christen zur jüdischen Religion, aus der das Christentum hervorgegangen ist. Der Schöpfergott der jüdischen Bibel ist auch für die Christen der eine Gott. Dennoch erscheint aus jüdischer Sicht das christliche Gottesverständnis als verschieden von dem der eigenen Überlieferung, weil die Christen dem einen Gott etwas „beigesellt" haben, das sie als seiner Gottheit teilhaftig erachten, nämlich den Menschen Jesus. Die christlich-jüdische Differenz konzentriert sich ganz auf das Verhältnis Jesu zu Gott, das auf christlicher Seite im Trinitätsdogma seinen definitiven Ausdruck gefunden hat. Dieser Sachverhalt kann so betrachtet werden, als sei dadurch die Identität des Gottes der Christen mit dem Gott des Alten Testaments in Frage gestellt. Andererseits ist es ohne Zweifel der Gott des jüdischen Glaubens, dessen nahe Königsherrschaft Jesus verkündete und den er den himmlischen Vater nannte. Insofern die christliche Trinitätslehre das Gottesverhältnis Jesu selbst expliziert, kann der trinitarische Glaube der Christen sich auf keinen völlig anderen Gott richten als den des Alten Testaments. Die Frage, wie dieser eine Gott sich definitiv manifestiert und dadurch auch identifiziert hat, wird allerdings im Christentum anders beantwortet als in der jüdischen Überlieferung, und zwar im ausdrücklichen Gegensatz zur jüdischen Überlieferung, indem für die Christen Jesus an die Stelle des Gesetzes getreten ist. Die konkrete Manifestation des einen Gottes ist hier in das Gottesverständnis selbst aufgenommen. Das ist es, was die Trinitätslehre zum Ausdruck bringt. Auch im jüdischen Denken gibt es die Frage, wie sich die Formen der Gegenwart Gottes in der Welt durch seinen Namen, seine Herrlichkeit, seine Weisheit zur jenseitigen Wirklichkeit seiner Gottheit verhalten. Aber jüdisches Denken hat nicht, wie die christliche Trinitätslehre, den Schritt getan, beides als Einheit zu begreifen, ganz abgesehen vom inhaltlichen Gegensatz in der Frage der definitiven Manifestation Gottes – dort durch das Gesetz, hier durch den Sohn, dessen Botschaft und Wirken allein vom Eifer für das erste Gebot bestimmt war.

Der christlich-jüdische Gegensatz ist also begründet im unterschiedlichen Verständnis der konkreten Manifestation des einen Gottes und ihrer Relevanz für das Gottesverständnis selber. Hier liegt auch die Wurzel des Gegensatzes von Christentum und Islam. Das läßt sich am besten klären im Zusammenhang mit dem *zweiten* Fragenkreis.

II. Kann christliche Theologie anerkennen, daß andere Religionen und Kulte ihren Gläubigen in vergleichbarer Weise Gemeinschaft mit der Gottheit und also auch Teilhabe am Heil vermitteln, wie das nach der christlichen Botschaft und Lehre durch den Glauben an Jesus Christus und durch die Sakramente geschieht?

Diese zweite Frage ergibt sich aus der ersten. Sie würde sich gar nicht stellen, wenn die Menschen anderer Religionen und Kulturen es aus christlicher Sicht gar nicht mit demselben Gott zu tun hätten, den die Christen als Schöpfer und Vollender der Welt bekennen. Wenn das nun aber der Fall ist, dann legt sich die Frage nahe, ob nicht auch außerhalb des Wirkungskreises christlicher Verkündigung Menschen zur Gemeinschaft mit diesem Gott finden können, der doch auch ihr Schöpfer ist; und wenn das möglich ist, dann steht zu erwarten, daß die Gemeinschaft mit Gott auch diesen Menschen im Zusammenhang ihres religiösen Lebens zum Thema wird. Dafür gibt es in der Tat zahlreiche Anhaltspunkte. Kann also in nichtchristlichen Kulturen den Menschen durch deren Religionen Gemeinschaft mit dem Gott, den die Christen bekennen, vermittelt werden und also auch Teilhabe am Heil?

Diese Frage muß christliche Theologie verneinen, zumindest dann, wenn damit gemeint ist, ob andere Religionen ohne jeden Bezug zu Jesus Menschen die Teilhabe am Heil vermitteln können. Die Verneinung dieser Frage ist noch nicht Ausdruck christlicher Intoleranz. Ihre Bejahung würde die christliche Mission ihrer Grundlage berauben und damit die Selbstaufgabe des christlichen Glaubens bedeuten. Denn das Christentum ist von seinen Anfängen an wesentlich missionarische Religion. Dafür ist grundlegend, was die Apostelgeschichte als Aussage einer Ansprache des Apostels Petrus von den Führern und Ältesten des jüdischen Volkes überliefert hat: „Durch keinen andern gibt es das Heil. Es ist auch kein anderer Name unter dem Himmel, der den Menschen dazu gegeben wäre. Durch ihn hat Gott unsere Rettung verfügt" (Apg. 4, 12). Es geht bei dieser Aussage trotz der abschließenden Wendung, die von „uns" spricht, nicht nur um das Heil der Christen, sondern um die Menschen ganz allgemein, zu deren Heil Gott in der Geschichte Jesu – und definitiv nur hier – gehandelt hat. Gemeint ist damit, wie der Kontext zeigt (4, 10), das Geschehen der Kreuzigung und der Auferweckung Jesu, und mit der Aussage, daß in ihm und in keinem andern das Heil zu finden ist, wendet sich Petrus an die führenden Männer des jüdischen Volkes, die nicht glauben, was Petrus ihnen sagt, obwohl Jesus einer der ihren war. Der Anspruch, daß durch ihn und nur durch ihn den Menschen das Heil zuteil wird, trennte damals Christen und Juden und steht bis auf den heutigen Tag zwischen ihnen. Er wurde später so ausgedrückt, daß Gott seinen einzigen Sohn um des Heils der Menschen willen in die Welt gesandt hat. So steht es schon im Johannesevangelium (3, 16f.). Aber der darin enthaltene Gedanke ist nicht erst mit der Vorstellung der Inkarnation des ewigen Gottessohnes in der Person Jesu aufgekommen. Er geht auf Jesu eigene Botschaft zurück, nämlich auf den Anspruch eschatologischer Endgültigkeit, mit dem Jesus die Nähe und den schon gegenwärtigen Anbruch der Gottesherrschaft verkündete. Jesus proklamierte dabei nicht seine eigene Autorität, sondern die Gottes. Aber weil er das mit der Dringlichkeit und Exklusivität des ersten Gebotes tat, darum konnte er von sich sagen: „Wer sich zu mir bekennt vor den Menschen, zu dem wird sich auch der Menschensohn (der Richter im kommenden Endgericht) bekennen vor den Engeln Gottes; doch wer mich verleugnet vor den Menschen, der wird auch verleugnet werden vor den Engeln Gottes" (Lk. 12, 8f.). Damit ist im entscheidenden Punkt bereits in Anspruch genommen, was die Christen später als Inkarnation des ewigen Gottessohnes in der Person Jesu zum Heil der Menschheit beschrieben und behauptet haben: die endgültige und unüberholbare

Bedeutung Jesu für die Teilhabe der Menschen am Heil, das in der Gemeinschaft mit Gott besteht. An dieser Stelle ist der tiefste Gegensatz des christlichen Glaubens zum Islam begründet. Um des eschatologischen Anspruchs Jesu willen konnte das Christentum keine über Jesus hinausgehende Prophetie anerkennen. Aus diesem Grunde mußte die Kirche sich schon im 2. Jh. gegen Montanus wenden, und ebenso besteht eine unvermeidliche Kollision zwischen dem Anspruch Mohammeds auf definitive prophetische Autorität und dem eschatologischen Anspruch Jesu. Die Einordnung Jesu als Vorläufer eliminiert die Pointe seiner eschatologischen Botschaft.

Die für den christlichen Glauben fundamentale Behauptung, daß der Menschheit in keinem andern der Zugang zum Heil der Gottesgemeinschaft gegeben sei, kann nun allerdings unterschiedlich ausgelegt werden. Eine in der Geschichte des Christentums lange dominierende Auslegung besagt, daß nur diejenigen Heil erlangen können, die zum Glauben an die Christusverkündigung der Kirche gelangen und an ihren Sakramenten teilhaben. *Extra ecclesiam nulla salus.* Was das Neue Testament von Jesus Christus sagt, wird hier auf die Kirche bezogen. Das entbehrt insofern nicht der Plausibilität, als die Kirche bei Paulus als Leib Christi auf das engste mit Christus verbunden ist. Und doch unterscheiden die paulinischen Briefe zwischen Christus als dem Haupt und der Kirche als seinem Leib. Die Kirche ist zu keiner Zeit der Geschichte dem Umfang nach vollendet und nach außen abgeschlossen worden. Sie ist auch nicht identisch mit dem Reich Gottes, sondern wartet auf sein Kommen. Jesus hat davon gesprochen, daß in der Zukunft der Gottesherrschaft viele kommen werden aus allen Himmelsrichtungen, um mit Abraham, Isaak und Jakob am eschatologischen Festmahl im Reiche Gottes teilzunehmen, während so manche Glieder des erwählten Gottesvolkes davon ausgeschlossen sein werden (Mt. 8, 12 f.; Lk. 13, 28 f.). Dieses Wort bezieht sich zwar bei Jesus auf das jüdische Volk, gilt aber analog auch für die Kirche. Gemeint ist ja, daß viele Menschen zu Gott und seinem Reich gehören, die nicht auf dem Wege der geschichtlichen Heilsvermittlung mit ihm verbunden sind. Wieso gehören sie dann aber zu Gott? Weil ihre Lebensführung den Kriterien des göttlichen Rechtswillens entspricht bzw. weil sie faktisch der Gottesverkündigung Jesu entspricht.

In diese Richtung weist auch Jesu Gleichnis vom Weltgericht (Mt. 25, 31–40). Dort wird beschrieben, wie „alle Völker“ (25, 32) sich vor dem Menschensohn als dem Weltenrichter versammeln werden, um ihr Urteil zu empfangen, und viele, die Jesus als Herrn anrufen, wird er von sich weisen, weil sie die Taten der Barmherzigkeit nicht getan haben, die seiner Lehre entsprechen. Andere aber, die, ohne es zu wissen (und wohl auch ohne Jesus zu kennen), in den Bedürftigen Jesus selbst geehrt haben, weil sie damit seiner Lehre entsprochen haben, werden Anteil erhalten am Reiche Gottes. Jesus und seine Lehre sind also zwar *Kriterium* des endgültigen Urteils über die Menschen hinsichtlich ihrer Teilhabe am Heil, aber Bedingung dafür ist nicht, daß jemand Jesus gekannt und in diesem irdischen Leben zu seiner Gemeinde gehört hat. In diesem Sinne wird man dann auch das Wort verstehen dürfen, daß der Menschheit durch Jesus und nur in ihm das Heil erschlossen ist: Das ist zwar eine Einladung zum Glauben und Bekenntnis zu Jesus, schließt aber nicht notwendigerweise solche aus, die außerhalb der geschichtlichen Heilsgemeinschaft der Kirche stehen, es sei denn, sie wiesen das Bekenntnis zu Jesus ausdrücklich von sich. In letzterem Fall können sie auch in ihrem Verhalten schwerlich mit Jesus und seiner Lehre übereinstimmen, es sei denn, sie hätten Jesus mißverstanden. Das allerdings mag häufig genug und nicht ohne Schuld der Kirche und ihrer Verkündigung vorkommen. Sogar eine Ablehnung des christlichen Bekenntnisses aus Mißverständnis braucht von dem Heil der Gottesgemeinschaft, das durch Jesus und seine Botschaft zugänglich ist, noch nicht endgültig zu trennen.

Es zeigt sich also, daß es nach den Worten der Jesusüberlieferung sehr wohl Teilhabe am Heil für diejenigen geben kann, die außerhalb des Gottesvolkes und der christlichen Kirche stehen, dann nämlich, wenn ihr Leben faktisch der Botschaft Jesu entspricht. Das zeigen auch die Seligpreisungen Jesu, die bestimmten Kategorien von Menschen das Heil zusprechen aufgrund eines bestimmten Verhaltens oder einer bestimmten Lebenslage, ohne Rücksicht darauf, daß sie Jesus und seine Botschaft kennen: So werden die Armen, die Hungernden und Wehklagenden selig gepriesen (Lk. 6, 20–22), weil ihnen in ihrer objektiven Lage faktisch keine andere Hoffnung bleibt als die Zukunft Gottes, deren Vorrang vor allen andern Anliegen Jesus verkündete. Zwar werden die Seligpreisungen in der Darstellung von Lukas und Matthäus zu den

Jüngern gesprochen, aber im Text der Worte selbst findet sich keine Einschränkung auf den Kreis der Jünger Jesu, abgesehen von einer Seligpreisung, die sich besonders auf die um seinetwillen Verfolgten bezieht (Lk. 6, 22f.; Mt. 5, 11). Die übrigen Worte sprechen ganz allgemein von Notlagen, in denen den Menschen *de facto nur* die von Jesus verkündete Hoffnung bleibt, oder von Verhaltensweisen und Einstellungen, die denen entsprechen, zu denen Jesu Botschaft aufruft: Gewaltlosigkeit und Friedfertigkeit, Hunger nach Gerechtigkeit, Barmherzigkeit gegen andere und Reinheit des Herzens (Mt. 5, 6–9). Wieder ist zu sagen, daß Jesus mit seiner Botschaft hier das *Kriterium* bildet für das Urteil über die Nähe zur Gottesherrschaft. Aber die darin liegende Verheißung ist nicht auf den Kreis der Jünger begrenzt.

Christen werden also daran festhalten müssen, daß den Menschen ganz allgemein durch keinen anderen das Heil eröffnet ist als durch Jesus. Aber diese Aussage kann dahingehend verstanden werden, daß Jesus das *Kriterium* ist für das Verhältnis eines jeden Menschen zu Gott und seinem Heil, auch für solche Menschen, die Jesus, seine Botschaft und die Christusbotschaft der Kirche gar nicht kennen. Das schließt die Chance der Heilsteilhabe für die nicht der christlichen Kirche angehörenden Teile der Menschheit nicht aus, im Gegensatz zu dem Satz *extra ecclesiam nulla salus.* Auch dieser Satz kann freilich so ausgelegt werden, daß mit einer unbewußten Zugehörigkeit zur wahren Kirche bei den Gerechten „seit Abel" gerechnet wird. Doch eine solche Ausdehnung des Kirchenbegriffs scheint mir problematischer zu sein als die Konzentration auf Jesus als Kriterium der Gottesbeziehung jedes Menschen. Die Kirche ist schließlich geradezu definiert als die Gemeinschaft der sich zu Jesus Bekennenden bzw. der Getauften. Im Unterschied zum Rest der Menschheit kennen und bekennen die Glieder der Kirche Jesus als das Kriterium ihres Heils, und sie können durch die Gemeinschaft mit Jesus – also insbesondere durch die Sakramente der Kirche – ihres Heils schon gegenwärtig gewiß sein, immer unter der Voraussetzung allerdings, daß sie ihr ganzes Leben davon ergreifen lassen. Eine begründete Gewißheit der Heilsteilhabe werden Christen für die Menschheit außerhalb der Kirche, wo das Kriterium solcher Heilsteilhabe nicht bekannt ist, nicht zugeben können. Aber sie können und müssen einräumen, daß einige Nichtchristen, ohne es zu wissen, dem in der Botschaft, Person und Geschichte Jesu erschienenen Heil Gottes sachlich näherstehen als so mancher nominelle Christ.

Bedeutet das, daß auch die nichtchristlichen Religionen und ihre Einrichtungen die Menschen zu solchem Heil hinführen können, obschon sie in christlicher Sicht die Teilhabe daran nicht verbürgen können, wie das durch Verkündigung und Sakramente der Kirche geschieht? Oder müssen die Christen urteilen, daß die nichtchristlichen Religionen in jedem Falle die Menschen immer nur wegführen von dem wahren Gott, so daß die in fremden Kulturen lebenden Menschen nur *trotz* ihrer Religionszugehörigkeit, nicht auch durch sie die Chance der Teilhabe an dem durch Jesus Christus zugänglichen Heil haben? Diese Frage läßt sich kaum generell beantworten. Aber wenn mit der Geschöpflichkeit des Menschen auch eine Bezogenheit jedes Menschenlebens auf den Schöpfer gegeben ist, ein Bezogensein auf den einen Gott, über das die Menschen auch in den nichtchristlichen Kulturen zur Klarheit zu gelangen suchen im Zusammenhang ihres religiösen Lebens, dann wird man nicht ausschließen dürfen, daß die religiösen Einrichtungen nichtchristlicher Religionen die Menschen in diesem ihrem Suchen fördern können, so sehr diese Einrichtungen, aus christlicher Sicht geurteilt, durchmischt sein mögen mit vielem, was von der Wahrheit Gottes abführt. Diese Sachlage erlaubt es und läßt es als sinnvoll erscheinen, im interreligiösen Dialog zu klären, in welchen Bereichen und an welchen Punkten im besonderen Fall einer nichtchristlichen Religion solche Konvergenzen bestehen und wo deren Grenzen liegen.

III. Können in der Begegnung mit Repräsentanten anderer religiöser Traditionen Christen in ihrer Erkenntnis der göttlichen Wirklichkeit Belehrung empfangen?

Wäre das nicht der Fall, dann wären die Grenzen des interreligiösen Dialogs für den christlichen Teilnehmer sehr eng gezogen. Die für jeden Dialog konstitutive Gegenseitigkeit würde sich beschränken auf die Klärung der Frage, ob das, was man bei sich selber hat, auch beim andern irgendwie vorkommt. Darüber hinaus könnte der Dialog noch der Aufklärung gegenseitiger Mißverständnisse dienen und der Frage nach Punkten gemeinsamer Verantwortung gegenüber den Problemen der säkularen Welt. Das wäre gewiß nicht wenig. Aber in die Tiefe ginge der Dialog doch erst dann, wenn er auch die Möglichkeit böte, zu einem tieferen Verständnis der eigenen Überlieferung und ihrer Auffassung von der Wirklichkeit Gottes sowie vom Verhältnis des Menschen zu ihr zu gelangen.

Das wäre für die christliche Seite jedenfalls dann nicht möglich, wenn mit der Offenbarung Gottes auch ein ebenso endgültiges und unüberholbares Wissen von ihrem Inhalt und von dessen Wahrheit verbunden wäre. In der Tat hat die Kirche für ihre Dogmen die definitive Wahrheit in Anspruch genommen, die dem eschatologischen Charakter der Verkündigung Jesu und der apostolischen Christusbotschaft entspricht. Aber das kann doch nur für den Inhalt der Dogmen, nicht für die Form ihres gedanklichen und sprachlichen Ausdrucks gelten – eine Unterscheidung, die (allerdings erst neuerdings) auch von der römisch-katholischen Kirche anerkannt worden ist. Als der Apostel Paulus schrieb, unser gegenwärtiges Wissen sei Stückwerk, und erst in der eschatologischen Zukunft Gottes werden wir erkennen, wie Gott selbst uns jetzt schon kennt (1. Kor. 13, 12), da meinte er zweifellos in erster Linie die Erkenntnis des Offenbarungsgeschehens, also das theologische Wissen. Die Kirche hat das nicht immer beherzigt. Sonst hätte es keinen christlichen Dogmenzwang und auch nicht die damit verbundene Intoleranz geben können. Beides resultierte daraus, daß die Kirche die Endgültigkeit der eschatologischen Offenbarung Gottes und die Vorläufigkeit ihrer eigenen Erkenntnis davon nicht zu unterscheiden wußte, sondern das eine mit dem andern verwechselte. Die Unterscheidung zwischen Inhalt und Form ist allerdings im Augenblick der Äußerung einer Behauptung nicht leicht vollziehbar. Sie kann konkret erst nachträglich oder auf einem dritten Ort getroffen werden, in einem Akt der Reflexion. Dennoch können und sollten die Christen sich grundsätzlich der Vorläufigkeit ihrer Glaubensformulierungen bewußt sein und sich damit für mögliche Korrekturen offenhalten.

Das Bewußtsein der Vorläufigkeit aller gegenwärtigen Erkenntnis und Formulierung der Wahrheit der Offenbarung Gottes nötigt auch zur Toleranz gegenüber andern Formen ihrer Formulierung. Gilt diese Toleranz zunächst für die innerchristlichen Auseinandersetzungen über die Formulierung des Glaubensinhalts, so muß sie sich doch auch auf das Verhältnis zu den aus anderen religiösen Traditionen lebenden Menschen erstrecken: Wenn die endgültige Wahrheit der Offenbarung Gottes in Jesus Christus gegenwärtig noch nicht in ebenso endgültiger Form erkennbar und formulierbar ist, dann sollte daraus ein gewisses Maß an Verständnis für diejenigen folgen, die in der Person, Botschaft und Geschichte Jesu diese endgültige Wahrheit Gottes noch nicht erkennen können. Das ist wichtig für die Einstellung, mit der Christen in ein Gespräch mit Repräsentanten anderer Religionen gehen sollten. Der Christ wird in einem solchen Dialog seine Überzeugung von der endgültigen Wahrheit der Offenbarung Gottes in Jesus Christus mit allen Konsequenzen freimütig äußern, aber er wird damit rechnen müssen, daß sein Gesprächspartner sich dieser Überzeugung nicht anschließen kann, und er wird sogar von der fremden religiösen Tradition her auf Aspekte und Implikationen seines eigenen Glaubens aufmerksam werden können, die bisher übersehen oder in ihrer Bedeutung unterschätzt wurden. In diesem Sinne kann der interreligiöse Dialog wie alle anderen Erfahrungsfortschritte durchaus dazu beitragen, daß der Christ das, was er glaubt, besser verstehen lernt als zuvor.

Im Zeichen der Vorläufigkeit der gegenwärtigen Situation der Menschen im Verhältnis zur einen göttlichen Wahrheit gibt es also durchaus Raum für Pluralismus. Die Einheit der Wahrheit für alle, die nach ihr suchen und fragen oder auch sie schon ergriffen zu haben glauben, geriete allerdings aus dem Blick, wenn man aus der faktischen Pluralität einen Pluralismus aus Prinzip machen wollte. Weil die Wahrheit nur eine sein kann, darum schließt die Pluralität der menschlichen Auffassungen von ihr unvermeidlich das Element des Konflikts ein. Solange die Christen ihren Glauben an die eschatologische Offenbarung der Wahrheit Gottes in Jesus Christus ernst nehmen, werden sie auch das exklusive Moment der Bekenntnisforderung Jesu und des Satzes, daß den Menschen in keinem andern das Heil gegeben ist, festhalten müssen zusammen mit der aus dem Schöpfungsglauben folgenden Intention, alle Menschen als Geschöpfe Gottes in die Offenbarung des Sohnes einbezogen zu denken. Die Momente der Exklusivität des christlichen Wahrheitsanspruches, der Inklusivität des Glaubens an die Offenbarung Gottes als des einen Gottes aller Menschen und der Anerkennung eines faktischen Pluralismus unterschiedlicher Glaubensformen und Wahrheitsansprüche gehören im christlichen Selbstverständnis zusammen. Wenn sie in alternative Konzeptionen und Beschreibungen des Verhältnisses des Christentums zu anderen Religionen auseinanderfallen, müssen sich auf die eine oder andere Weise einseitige und verkürzte Beschreibungen des Sachverhalts ergeben.

(Dieser Vortrag wurde verfaßt für den Kongreß ›Christianesimo e Religioni‹ in Turin (17.–20. 10. 1991) und auf deutsch gehalten am 11. 6. 1992 an der Universität München.)

Karl-Josef Kuschel

Christologie – unfähig zum interreligiösen Dialog? Zum Problem der Einzigartigkeit Christi im Gespräch mit den Weltreligionen

Wer es heute unternimmt, das Verhältnis des Christentums zu den nichtchristlichen Religionen dogmatisch (systematisch-theologisch) zu bestimmen, wird auf Problemstellungen treffen, die zwar nicht neu, aber nach wie vor ungelöst sind. Schon 1961 hatte Karl Rahner in einem programmatischen Aufsatz ›Das Christentum und die nichtchristlichen Religionen‹ darauf hingewiesen, daß der „Pluralismus der Religionen“ nicht nur eine „Tatsache“ ist, sondern zugleich „das größte Ärgernis und die größte Anfechtung“ für einen Christen darstellt.[1] Schon 1961 hatte Karl Rahner darauf aufmerksam gemacht: „Es gibt kein in sich geschlossenes Abendland mehr, kein Abendland mehr, das sich einfach als den Mittelpunkt der Weltgeschichte und der Kultur betrachten könnte, dessen Religion also schon von daher, d.h. von einem Punkt, der eigentlich nichts mit einer Glaubensentscheidung zu tun hat, sondern das Gesicht des profan Selbstverständlichen hat, als die selbstverständliche und einzig für einen Europäer in Frage kommende Form der Gottesverehrung erscheinen könnte. Heute ist jeder jedes anderen Menschen in der Welt Nachbar und Nächster, und darum von der Kommunikation aller Lebenssituationen von planetarischer Art her bestimmt: Jede Religion, die in der Welt existiert, ist, wie alle kulturellen Möglichkeiten und Wirklichkeiten anderer Menschen, eine Frage und eine angebotene Möglichkeit für jeden Menschen.“[2]

Vorbei also die Zeit christlicher Wahrheitsunangefochtenheit und unumstrittener Heilsexklusivität. Vorbei die Zeit, als man noch zu Beginn des 20. Jahrhunderts kirchlicherseits davon träumen konnte, daß die gesamte Welt in Kürze nicht nur westlich kolonialisiert, sondern auch „christianisiert“ sein würde, wie man dies noch ganz selbstverständlich auf der 1910 in Edinburgh tagenden „Weltmissionskonferenz“ protestantischer Missionsgesellschaften tat –

die Weltmacht England im Rücken. Und schienen nicht tatsächlich zu Beginn unseres Jahrhunderts die Ursprungsländer der großen Weltreligionen geistig ausgezehrt und politisch-ökonomisch unter christlich-europäischer Kontrolle: Indien, China, Hinterindien, bald auch Japan? Hatte sich nicht das Christentum als die einzig geistig vitale und universal verbreitete Religion durchgesetzt?

Der Euphorie freilich war bald Ernüchterung gefolgt. Mit Ende des 1. Weltkrieges war ein Doppeltes klargeworden:

1. Die christlich geprägte eurozentrische und damit ekklesiozentrische Welt war zusammengebrochen, und an ihre Stelle war eine polyzentrische und damit polyreligiöse Weltordnung im Kommen.[3] Die globale Verflechtung von immer mehr Lebensräumen der Menschheit (Politik, Wirtschaft, Verkehr, Umwelt) hat denn auch spätestens in der zweiten Hälfte des 20. Jahrhunderts unübersehbare Folgen für das Verhältnis der großen Weltreligionen untereinander gezeitigt. Ein globales ökumenisches Bewußtsein ist nicht nur im innerchristlichen, sondern auch im interreligiösen Sinn erwacht. Die Koexistenz von Menschen unterschiedlicher religiöser Überzeugungen wird immer weniger abstrakt, sondern in vielen Ländern der Erde zur konkreten täglichen Erfahrung. Juden, Muslime, Hindus und Konfuzianer leben oft in ein und derselben Stadt mit Christen zusammen, zumal auf dem nordamerikanischen Kontinent. Diese Entwicklung schafft eine neue ökumenische Situation.

2. Die großen religiösen Stromsysteme der Menschheit, sowohl die prophetischen Religionen wie Judentum und Islam als auch die mehr mystischen Religionen wie Buddhismus und Hinduismus, erlebten eine geistige Renaissance ohnegleichen und begannen ihrerseits auf nicht wenige im Westen eine starke Faszination auszuüben. Mit der Gründung des Staates Indien (1947) und des Staates Israel (1948), aber auch mit dem wachsenden Selbstbewußtsein der muslimisch geprägten arabischen Länder seit der Ölkrise (1972) waren die politischen Voraussetzungen geschaffen, die ein Erstarken auch der geistigen Traditionen von Hinduismus, Judentum und Islam beförderten. Und spätestens seit der kommunistischen Revolution in China mußten auch die christlichen Kirchen einsehen, daß ihr Missionsoptimismus zu Beginn des Jahrhunderts die krude Projektion eurozentrischer und ekklesiozentrischer Selbstüberschätzung war.

Wie aber *theologisch* mit der Tatsache umgehen, daß die großen nichtchristlichen Religionen, zu denen sich Milliarden von Menschen bekennen, nicht nur nicht christianisiert werden konnten, sondern geistig erneuert weiterexistierten? Was konnte das in Gottes Absicht mit der Menschheit bedeuten? Konnten die alten Antworten vom Christentum als der einzig wahren, ja absoluten Religion noch ausreichen? Ja, ist das Christentum theologisch überhaupt vorbereitet, den Dialog mit den Religionen zu führen? Ist es nicht gerade die Grundvoraussetzung des Christentums, in Jesus Christus die eine und einzig gültige Offenbarung des einen, lebendigen Gottes zu besitzen, die keinem Relativismus geopfert werden darf? Macht nicht gerade die Christologie unfähig zum interreligiösen Dialog, selbst wenn der einzelne christliche Theologe persönlich noch so dialogfreundlich sein mag?

1. Christologie – unfähig zum interreligiösen Dialog?

Im Jahre 1977 erschien in England ein Buch mit dem provokativen Titel ›The Myth of God Incarnate‹, ›Der Mythos vom fleischgewordenen Gott‹, herausgegeben von dem britischen Theologen *John Hick.*[4] Diese Debatte hat bedauerlicherweise in Deutschland, von Ausnahmen abgesehen,[5] kaum Beachtung gefunden, gar Beunruhigung in der theologischen Zunft ausgelöst. Dabei hatte sie von Anfang an eine Stoßrichtung von grundsätzlicher theologischer Bedeutung – und zwar in dem oben genannten Sinn. Denn gefragt wurde nicht nur im engeren christologischen Sinn, ob der Glaube an die Menschwerdung des Gottessohnes Jesus Christus überhaupt zum Zentrum des Christentums gehöre. Gefragt wurde grundsätzlicher: Hat die Lehre von Präexistenz und Menschwerdung Jesu Christi nicht von jeher dazu geführt, Jesus Christus als den einzigen Retter der Welt zu proklamieren und damit die Überlegenheit ("superiority") des Christentums über die anderen Religionen zu demonstrieren?

In der Tat: Die Frage nach dem Stellenwert der Präexistenz- und Inkarnationslehre in der Christologie ist alles andere als die Spezialfrage einer „Professorentheologie für Theologieprofessoren". Sie berührt nicht zuletzt das Verhältnis des Christentums zu den anderen nichtchristlichen Weltreligionen und damit ein Problem von erstrangiger ökumenischer Bedeutung: die *Beziehungsfähigkeit des*

Christentums zu der mehrere Milliarden Menschen umfassenden *nichtchristlichen Welt.* Daß hier das eigentliche strategische Ziel der Debatte um den „Mythos vom fleischgewordenen Gott" lag, machte nicht nur der 1979 folgende Diskussionsband, sondern vor allem der 1987 publizierte *zweite Mythos-Band:* ›The Myth of Christian Uniqueness‹, ›Der Mythos von der christlichen Einzigartigkeit‹ deutlich, in dem sich jetzt eine ganze Theologengruppe unter dem Programmwort einer „pluralistischen Religionstheologie" zu Wort meldete (neben John Hick vor allem Paul Knitter, G. Kaufman, R. Panikkar).[6] Dieser Band stellte nun endgültig klar, worum es von Anfang an ging: um eine *Fundamentalkritik an der traditionellen Christologie,* die von jeher mit Kategorien wie „einzigartige Definitivheit, Absolutheit und Normativität" Christi die „Überlegenheit" des Christentums über die anderen Weltreligionen begründet und deshalb den Dialog mit den nichtchristlichen Religionen im Kern verunmöglicht habe.

Schon 1977 hatte *John Hick* dieses Problem deutlich angesprochen: „Wenn Jesus wirklich der inkarnierte Gott war und nur durch seinen Tod Menschen gerettet werden und nur durch ihre Hinwendung zu ihm jenes Heil erwerben können, dann ist der christliche Glaube die einzige Tür zum ewigen Heil. Die Folgerung daraus wäre, daß die große Mehrheit der Menschheit bis dahin nicht errettet worden wäre. Ist es aber glaubhaft, daß der liebende Gott und Vater aller Menschen entschieden haben sollte, daß nur die, die innerhalb eines bestimmten Zweiges der menschlichen Geschichte geboren wurden, gerettet würden? Verrät eine solche Idee nicht einen ausgesprochen engen Horizont, und stellt sie Gott nicht tatsächlich als die Stammesgottheit eines vorwiegend christlichen Westens dar?"[7] Das waren provokative Sätze, die einen klaren Zusammenhang zwischen Präexistenz und Inkarnation Jesu Christi einerseits und Rettung der Gesamtmenschheit andererseits behaupteten und gleichzeitig die Selbstwidersprüchlichkeit dieser Position (vereinbar mit dem „liebenden Gott und Vater aller Menschen"?) erwiesen zu haben meinten.

Aber haben die christlichen Kirchen in jüngster Zeit nicht begonnen, ihr Verhältnis zu den nichtchristlichen Religionen zu revidieren? Liegen nicht Welten zwischen der Weltmissionskonferenz *protestantischer Missionsgesellschaften und Kirchen* 1910 in Edinburgh und den Aktivitäten des „Ökumenischen Rates der Kirchen" nach dem 2. Weltkrieg: der Delegiertenkonferenz in Kandy (Ceylon) 1967, der Zentralausschußsitzung in Addis Abeba 1971, der Vollversammlung in Nairobi 1975, der Konsultation von Chiang Mai (Thailand) 1977?[8] Alle diese Schritte hatten ja schließlich zu ›Leitlinien zum Dialog mit Menschen verschiedener Religionen und Ideologien‹ (1979) geführt, die unter dem Programmwort standen: *Gemeinschaft* („Die christliche Gemeinschaft hat inmitten der Menschengemeinschaft ein gemeinsames Erbe und eine besondere Botschaft beizusteuern") und *Dialog:* „Ziel des Dialogs ist nicht, die Religionen ... auf den kleinsten gemeinsamen Nenner zu bringen, und auch nicht, lediglich Symbole und Konzepte zu vergleichen und zu diskutieren, sondern eine wahre Begegnung zwischen jenen spirituellen Einsichten und Erfahrungen zu ermöglichen, die nur in den tiefsten Gründen des menschlichen Daseins zu finden sind."[9] Das klang anders als vor dem 2. Weltkrieg, obwohl der Weltrat sich bis heute nicht dazu durchringen konnte, ein deutliches Wort über die Heilsmöglichkeit der Nichtchristen zu sagen.

Da war die *katholische Kirche* offener. Gewiß: Noch auf dem Konzil von Florenz (1442) hatte sie sich unnachsichtig darauf verpflichtet, „daß niemand, weder Heide noch Jude, noch Ungläubiger oder ein von der Kirche Getrennter des ewigen Heiles teilhaftig" werde, vielmehr „dem ewigen Feuer" verfalle, wenn er sich nicht „vor dem Tod der katholischen Kirche anschließt" (D 1351). Das Zweite Vatikanische Konzil aber hatte diese beinharte dogmatische Position dahingehend korrigiert, daß im Herzen „aller Menschen guten Willens" die „Gnade unsichtbar" wirke. Mehr noch: Das Vatikanum II räumte Nichtchristen ausdrücklich die Heils*möglichkeit* ein: „Wer nämlich das Evangelium Christi und seine Kirche ohne Schuld nicht kennt, Gott aber aus ehrlichem Herzen sucht, seinen im Anruf des Gewissens erkannten Willen unter dem Einfluß der Gnade zu erfüllen trachte, kann das ewige Heil erlangen?" (›Lumen Gentium‹ Nr. 16). Und in der ›Erklärung über das Verhältnis der Kirche zu den nichtchristlichen Religionen‹ kann man Sätze wie diese lesen: „Die katholische Kirche lehnt nichts von alledem ab, was in diesen Religionen wahr und heilig ist" (›Nostra actate‹ Nr. 2).

Aber müßten aus dieser neuen Einstellung der Kirchen nun nicht auch entschieden *Konsequenzen auch für die Christologie* gezogen werden? Die „pluralistische Religionstheologie" hat dies denn auch ausdrücklich gefordert. Denn wie könne man die anderen Religionen im Dialog respektieren, in ihnen Wahrheit und Heiligkeit akzeptieren und ihren Anhängern die Heils*möglichkeit* durch Gott einräumen, gleichzeitig aber weiterhin auf der einzigartigen Erlöserschaft Jesu Christi bestehen? John Hicks Erklärung steht deshalb für viele ähnliche: „Wenn es einmal anerkannt ist, daß Heil tatsächlich nicht nur innerhalb der christlichen, sondern auch innerhalb der anderen großen Traditionen sich ereignet, dann scheint es willkürlich und unrealistisch, weiterhin darauf zu beharren, daß das Christusereignis die einzige und exklusive Quelle menschlichen Heiles sei. ... Dies wäre ja wie die Anomalie, daß man in der Astronomie einerseits die kopernikanische Revolution akzeptiert, nach der die Erde nicht länger das Zentrum des Universums ist, sondern einer der Planeten, der um die Sonne kreist, und man gleichzeitig doch darauf besteht, daß die lebensspendenden Strahlen der Sonne die anderen Planeten nur erreichen können, wenn sie zunächst von der Erde reflektiert werden."[10]

2. Die Alternative: Inkarnation im Plural

Was aber ist die *theologische Alternative,* die es möglich macht, der Herausforderung des religiösen Pluralismus gerecht zu werden und jeder Art von christlicher oder kirchlicher Superiorität eine Absage zu erteilen? Gewiß: Die theologischen Entwürfe innerhalb der „pluralistischen Religionstheologie" haben durchaus ihr eigenes Profil. Und doch zeichnen sich gemeinsame argumentative Grundstrukturen ab, die es in aller Kürze zu rekonstruieren gilt:

1. Schon *erkenntnistheoretisch* ist auszugehen von der Einsicht in die grundsätzliche *geschichtliche Relativität* aller Ereignisse und Erkenntnisse. Nimmt man diese Tatsache eines alles bestimmenden „historischen Bewußtseins" (E. Troeltsch) ernst, so muß man – P. Knitter zufolge – „ehrlicherweise zugeben, daß es unter menschlichen Bedingungen kein letztes Wort über die Wahrheit und auch nicht nur einen Weg geben kann, sie zu erfahren, ein Wort und einen Weg, die für alle Zeiten und alle Völker gültig wären". Es gibt somit „keinen festen Ort für die Wahrheit".[11]

2. Es entspricht *dem religiösen Bewußtsein,* der religiösen Grunderfahrung, daß die Wirklichkeit Gottes je größer ist, als ein Mensch

begreifen oder aussagen kann. *Das Göttliche* kann letztlich nur als ein unnennbares, unbegreifliches, ewig unerreichbares *Geheimnis* verstanden werden. Für eine Theologie der Religionen heißt das, „daß keine Religion und keine Offenbarung das einzige, letzte, exklusive oder inklusive Wort Gottes sein kann. Solch ein letztes Wort würde Gott begrenzen und ihm sein Geheimnis nehmen."[12]

3. Die unterschiedlichen Religionen sind nichts als unterschiedliche Manifestationen dieses ewig einen Transzendenzgrundes. Ob Zeus, Jahwe, Allah oder Krishna: Sie sind unterschiedliche Erscheinungsweisen des ewig Einen, der allen Namen immer schon vorausliegt, der sich gleichzeitig aber auch auf je unterschiedliche Weise manifestiert. Angesichts der Pluralität der Religionen ist von einem exklusiven Konzept von Offenbarung und Inkarnation Abschied zu nehmen. *Inkarnationen des göttlichen Geistes oder Wortes haben ständig stattgefunden:* Stets hat es in der Geschichte Männer und Frauen gegeben, in denen Gottes Geist und Gnade wirksam war, so daß sie zu Instrumenten von Gottes Willen auf Erden wurden: „Inkarnation in diesem Sinne" – so John Hick – „ist ständig geschehen und geschieht in vielen Weisen und Graden in vielen verschiedenen Menschen."[13]

4. Wenn keine Religion, keine Offenbarung und kein Erlöser das Geheimnis Gottes voll „repräsentieren" kann, hat sich folglich auch das *Christentum* als ein Teil des pluralen religiösen Systems zu begreifen. Von den christlichen Kirchen ist von daher buchstäblich eine *„kopernikanische Revolution"* im Blick auf die nichtchristlichen Weltreligionen gefordert. Das Christentum und sein Christus sind nicht mehr länger die Sonne im Zentrum, um das die anderen Religionen wie Planeten kreisen, sondern im Zentrum steht „Gott" selbst, um den das Christentum sich zusammen mit allen anderen Religionen der Menschheit bewegt. Aus der pluralistischen Theologie folgt eine pluralistische Christologie.

5. Diese pluralistische Christologie bedeutet *keine Abwertung der Figur des geschichtlichen Jesus.* Sie bestreitet weder die Universalität, noch die Einzigartigkeit Jesu Christi. Diese Universalität und Einzigartigkeit Christi ist aber eine *konkret empirische.* Jesus von Nazareth ist so einzigartig, wie jeder Mensch auf seine besondere Weise unverwechselbar, einmalig, eben einzigartig ist. Und Jesus Christus ist universal, weil Christen überall auf der Welt an ihn glauben. Deshalb gilt: *Für Christen* mag Jesus Christus die be-

sondere Offenbarung oder Inkarnation Gottes sein. Aber außer Jesus Christus gibt es andere, ebenso gültige und umfassende Offenbarungen Gottes. John Hick: „Jesus war ‚totus deus', ‚ganz Gott' in dem Sinne, daß seine Liebe genuin die Liebe Gottes wirksam auf Erden war, aber er war nicht ‚totum dei', das Ganze Gottes in dem Sinne, daß die göttliche Liebe ausgeteilt worden wäre ohne Rückhalt in jeder oder gar in der Summe seiner Taten."[14] Oder mit Paul Knitter: „So gewiß Jesus *ein* Fenster ist, durch das wir auf das Universum des göttlichen Mysteriums schauen können und müssen, so kann es doch auch noch *andere* Fenster geben."[15]

3. Zwingende Alternativen?

Man wird nach all dem zugeben müssen: Die Argumente der „pluralistischen Religionstheologie" bestechen durch Selbstkritik an den fatalen Folgen des christlichen Superioritätsanspruchs; durch das Ernstnehmen der Tatsache des religiösen Pluralismus in der einen Welt, in der wir leben, sowie durch die Fähigkeit zu Toleranz und christlicher Selbstbescheidung. Und man kann in der Tat fragen: Ist eine „Abrüstung" dogmatischer Christologie, deren linke Seite oft genug tatsächlich nicht nur – einem Wort von Rosemary Ruether zufolge – der fatale Antisemitismus, sondern auch der fanatische christliche Exklusivismus und arrogante Superioritätsanspruch gewesen ist[16] – nicht ganz und gar überfällig – um der Dialogfähigkeit des Christentums mit den anderen Weltreligionen willen? Muß man hier nicht wirklich entschieden den „theologischen Rubicon" überschreiten, nachdem offenbar sowohl das Modell des „intoleranten Exklusivismus" (Heil *nur* in Christus) wie des „gnädigen Inklusivismus" (Anerkennung der Heilsmöglichkeit in anderen Religionen als Ergebnis von Christi Heilswirken) ihre Plausibilität verbraucht haben? Ist nicht jede Art von „Normativität" Christi und des Christentums für alle anderen Religionen in der Tat so „ausbeuterisch", wie es der Versuch des Sexismus ist, die spezifisch männliche Erfahrung zur universalen Norm für die gesamte Menschheit zu machen?[17] Bleibt konsequenterweise also nur die Ablehnung der Superiorität und Finalität Christi oder des Christentums und damit die Anerkennung der völligen Gleich-Gültigkeit der anderen Heilswege?

Die Herausforderung der angelsächsischen „pluralistischen Religionstheologie“ gilt es ernst zu nehmen. Die Probleme kann man sich nicht – wie unter deutschen Theologen nicht unbeliebt – unter Hinweis auf „überholten Liberalismus“ („hatten wir schon bei Troeltsch und Harnack“) vom Leibe halten. Die Grundintention dieser Theologie hat ihre sachliche Berechtigung angesichts der Tatsache des religiösen Pluralismus in der einen Welt, in der wir leben. Den theologischen Begründungsstrukturen muß von daher mit theologischer Sachkritik begegnet werden. Und Kriterium einer solchen Kritik kann nur die *Frage nach der adäquaten Christlichkeit* einer solchen „Theologie der Religionen“ sein. Der Christologie dürfte dabei eine Schlüsselrolle zukommen. An ihr entscheidet sich buchstäblich die Identität dieser Theologie als „christlicher“ Theologie. Die entscheidende Frage also muß lauten: Wird die „pluralistische Religionstheologie“ den christlichen Grundzeugnissen und den maßgeblichen kirchlichen Interpretationen (etwa in den altkirchlichen Konzilien) gerecht? Und: Ist der hier konstruierte *Zusammenhang* wirklich *zwingend:* Der Glaube an die Einzigartigkeit, Normativität und Finalität Christi führt *unweigerlich* zu einer triumphalen Absolutheit, arroganten Superiorität und intoleranten Exklusivität des Christentums gegenüber anderen Religionen?

Zu beantworten ist die Sachfrage nur auf der Basis des Neuen Testamentes selber – und zwar im Rahmen einer kritischen *kontextuellen Exegese.* Wir haben die Frage zu klären: Müssen die Aussagen der „hohen Christologie“ (von Präexistenz und Inkarnation des Gottessohnes) wirklich exklusivistisch und superioristisch interpretiert werden? Begründet eine solche Christologie wirklich die Überlegenheit des Christentums?

Bedauerlicherweise gibt es gegenwärtig keine auf neuestem exegetischem Forschungsstand geschriebene „biblische Theologie des interreligiösen Dialogs“. Sie ist ein dringendes Desiderat der theologischen und ökumenischen Forschung. In aller Vorläufigkeit soll hier dennoch der Versuch gewagt werden, an einem Testfall die christologischen Thesen der „pluralistischen Religionstheologie“ zu überprüfen: am Hymnus des Kolosserbriefes.[18]

15 Er ist das Ebenbild des unsichtbaren Gottes,
der Erstgeborene der ganzen Schöpfung.
16 Denn in ihm wurde alles erschaffen
im Himmel und auf Erden,
das Sichtbare und das Unsichtbare,
Throne und Herrschaften, Mächte und Gewalten;
alles ist durch ihn und auf ihn hin geschaffen.
17 Er ist vor aller Schöpfung,
in ihm hat alles Bestand.
18 Er ist das Haupt des Leibes, der Leib aber ist die Kirche.
Er ist der Ursprung, der Erstgeborene der Toten;
so hat er in allem den Vorrang.
19 Denn Gott wollte mit seiner ganzen Fülle in ihm wohnen,
20 um durch ihn alles zu versöhnen.
Alles im Himmel und auf Erden wollte er zu Christus führen,
der Friede gestiftet hat am Kreuz durch sein Blut.

Wer diesen Text aus dem Kolosserbrief (1,15–20), den der Verfasser offenbar als Lied schon vorgefunden und redigiert hat (vor allem sichtbar in den Versen 18 und 20), aus seinem brieflichen und soziokulturellen Kontext isoliert, mag hier in der Tat ein gewaltiges Dokument christlicher Superiorität entdecken, noch keine 50 Jahre nach Jesu Tod geschrieben. Denn kann man als Christ noch höher greifen als zu dem Anspruch: Unser Christus ist bereits der Mittler Gottes bei der Urschöpfung gewesen, und alles „im Himmel und auf Erden" sei nicht nur durch ihn und auf ihn hin *geschaffen*, sondern alles habe auch *in ihm Bestand*. Vergangenheit, Gegenwart und Zukunft der *ganzen* Schöpfung: geformt, durchdrungen und zusammengehalten von der Kraft und Macht Christi. Er und nur er scheint zu zählen, nichts sonst!

Projiziert man diesen Text oder andere Schrifttexte unmittelbar auf das heutige Gespräch mit den nichtchristlichen Religionen, so sind die Konsequenzen rasch gezogen: Wenn „alles" durch Christus und auf Christus hin geschaffen ist, dann sind auch die Religionen der Welt Teile dieser Schöpfungswirklichkeit Gottes. Woraus gleichzeitig folgt: Jede nichtchristliche Religion ist von der Herrschaft Christi in der Welt her zu relativieren, ja unter Umständen als „Irrlehre" oder gar als „endzeitliche antichristliche Verführungsmacht" zu verurteilen.[19] Ihre Stellung ist ganz und gar von dem abhängig, der „in allem den Vorrang" hat. Als theologische Pointe scheint dazu die Aussage zu passen: „Gott wollte mit seiner *ganzen Fülle* in ihm wohnen." Und wenn man die polemischen Teile des Briefes hinzunimmt („Gebt acht, daß euch niemand mit seiner Philosophie und falschen Lehre verführt, die sich nur auf menschliche Überlieferung stützen und sich auf die Elementarmächte der Welt, nicht auf Christus berufen") und hier auch alle nichtchristlichen Religionen *mit*gemeint sieht, scheint erst recht jedem christlichen Exklusivismus, Triumphalismus und Superioritätsanspruch Tür und Tor geöffnet. Was also?

Und doch: Wenn man diesen Text nicht ungeschichtlich isoliert, sondern in seinem individualbiographischen, politischen und sozioreligiösen Kontext betrachtet, ergibt sich ein *anderes Bild.* Und die Beachtung des Kontextes meint ja nicht nur die Berücksichtigung der „situativen Einkleidung" eines zeitlosen Inhaltes, die man mit genügender historischer Distanz auch weglassen könnte. Der Kontext ist vielmehr konstitutiv für die *bleibende inhaltliche Sinnspitze* dieses Bekenntnisses zu Christus.

Zum Verständnis des Kontextes sollte man deshalb ein *erstes* wissen: Dieser Brief, der nicht von Paulus selber stammt, sondern sich des Namens des Apostels bedient, ging an eine *Stadt in Kleinasien,* die damals zur römischen Provinz Asia gehörte. Heute heißt dieser Ort Konas und liegt im Südwesten der Türkei, in Westanatolien – damals ein nicht unbedeutendes Zentrum der Wollverarbeitung: „Die wenigen Christen von Kolossä verdienten ihr Geld in der Tuchindustrie. Man konnte in Kolossä Weberin sein, Färber, Schafhirte. Vor allem gefärbte Wollstoffe wurden produziert."[20] Aus den Annalen des Tacitus weiß man überdies, daß die ganze Gegend um Kolossä im Jahre 61 n. Chr. durch ein *Erdbeben* schwer zerstört gewesen sein muß. Die Stadt war also offenkundig wieder aufgebaut, als dieser Brief an sie abging, und eines der Schlüsselworte des Textes, der von den bedrohlichen „Elementarmächten der Welt" redet, wird auf diesem bröckelnden, schwankenden Grund für die ursprünglichen Leser noch einmal anders geklungen haben. Daß diese Stadt also eine Katastrophe gerade hinter sich hatte, wird man beim Verständnis des Glaubens dieser Gemeinde an Christus nicht vergessen dürfen. Die gesamte Schöpfung war buchstäblich bedroht und drohte immer wieder auseinanderzufallen.

Und man sollte ein *zweites* wissen: Der Apostel Paulus wird hier nicht als Triumphator, sondern als politischer Gefangener geschildert, der wegen seiner Glaubensüberzeugung, wegen des „Geheimnisses Christi" (4, 3) im Gefängnis sitzt: „Denkt an meine Fesseln" (4, 18)! Ein Gefangener zumal, der sich nicht nur in einer Situation des „Leidens" (1, 24), sondern seinen Adressaten gegenüber auch in einer Situation der Defensive befindet. Denn „Paulus" mußte während seiner Abwesenheit von der Gemeinde offensichtlich mit *Missionskonkurrenten* rechnen: nur so wird seine Anspielung auf einen „schweren Kampf" (2, 1) für die Gemeinde verständlich, seine unüberhörbare Warnung, niemand solle sich „durch Überredungskünste" täuschen lassen (2, 4). „Paulus" muß darüber hinaus gegen *konkurrierende Philosophien und religiöse Praktiken* anschreiben: daher seine Anspielung auf die „Elementarmächte der Welt" oder auf das Problem religiöser Speisevorschriften und Tagesbeobachtungen, auf Engelverehrungen, Visionen und religiösen Asketismus (2, 16–23). Und „Paulus" muß schließlich mit *sittlicher Verwahrlosung* in der Gemeinde kämpfen: daher seine Worte über Unzucht, Schamlosigkeit, böse Begierde und Habsucht, über Zorn, Wut, Bosheit, Lästerungen, Zoten und Lügen (3, 5–8).

Liest man dieses Lied also in *diesem* Kontext, im Kontext von Lebensangst, Gefangenschaftserfahrung, Konflikt und Sorge um Konkurrenz, dann dürften die Aussagen dieses Liedes über Christus kaum Triumphgefühlen, Exklusivitätssüchten oder Superioritätsbedürfnissen entspringen. Im Gegenteil: Was in Kol. 1, 15–20 vor uns liegt, ist nichts als das *Vertrauens- und Hoffnungslied* eines Mannes, der in diesem erdbebengefährdeten Winkel des römischen Imperiums seinen Christusglauben trotz allem zu rechtfertigen sucht, buchstäblich mit den Fesseln an den Händen, buchstäblich aus der Perspektive des gefangenen Vogels. Nicht superioristisch, eher „verrückt" ist dieses Lied. Denn kann man „Verrückteres" behaupten, als daß Gott ausgerechnet im einstmals gekreuzigten Nazarener „mit seiner ganzen Fülle" habe wohnen wollen? Kann man in einer Situation der stets neuen Gefährdung der Schöpfung Verwegeneres aussagen als die Sätze über die Schöpfungsmittlerschaft eines Mannes, der selber am Galgen geendet war? Kann man politisch gefährlicher formulieren als die Anspielung auf Throne und Herrschaften, Mächte und Gewalten – als ob man nicht wüßte, wer damals wirklich auf dem Throne saß, wer wirklich die Weltherrschaft ausübte, wer alle Mächte und Gewalten wirklich kontrollierte: die römische Militärmacht nämlich, die mit Waffengewalt in allen Regionen ihres Imperiums die „Pax romana" durchgesetzt hatte? Wir wissen nicht genau, warum „Paulus" im Gefängnis saß, aber dieser eine Satz des Liedes dürfte ausgereicht haben, um den Apostel zu verhaften.

Nein, was immer spätere Generationen von Christen aus diesem Lied gemacht haben, als das Christentum selber politisch an die Macht kam: Ursprünglich sollte hier nicht die arrogante „Superiorität" und intolerante Exklusivität des Christus und der damaligen christlichen Gemeinde herausgestellt werden, einer Gemeinde, die aus Bauern und Schafzüchtern bestand. Ursprünglich sollte in diesem Lied einer unbedeutenden und machtlosen Gemeinde von Menschen, die einstmals „Heiden" waren, dreierlei gesagt werden:

1. Gott ist zwar unsichtbar, allem entzogen, und doch nicht einfach ein dunkles Rätsel, ein undurchschaubares Geheimnis. Gott hat sich „anschaulich" gemacht in einem „Ebenbild", im Bild des vom Tode auferweckten und erhöhten und so „erstgeborenen" Christus. Ja, das Lied erhält seine ganze Kraft von der Überzeugung, daß Christus das zuverlässige, normative Bild von Gott ist. Die *Normativität dieses Christusbildes* begründet die inhaltliche Unbeliebigkeit dieses Gottes.

2. Wenn Christus das Bild des unsichtbaren Gottes ist, dann ist aller Empirie zum Trotz Vertrauen in die Schöpfung begründet: Die Schöpfung ist trotz allem nicht kosmischen Potenzen und Schicksalsmächten ausgeliefert, ist trotz aller Katastrophenerfahrung im Ursprung nicht willkürlich, im Verlauf nicht chaotisch und im Ziel nicht blind, sondern ist von Christus, d. h. von Versöhnung, Frieden und Liebe zusammengehalten. Die *Definitivheit des Christusereignisses* ist unverzichtbar um der Vertrauenswürdigkeit dieser Glaubensaussage willen.

3. Mit diesem Lied sollte der Glaube an den in Christus *„neuen Menschen"* (3, 10) begründet werden. Zu diesem Zweck mußte der Verfasser klarmachen, daß das Christusereignis kein Zufall der Geschichte ist, sondern ein „Geheimnis, das seit ewigen Zeiten und Generationen" bei Gott verborgen (1, 26) gewesen war. Denn Gott wird ja nach gut jüdischer Auffassung nicht durch die Geschichte überrascht, sondern ist der Herr der Geschichte, vor dessen Augen bereits alles erscheint, was irdischen Augen noch entzogen ist. Von

Anfang an also stand Gott das Christusereignis „vor Augen", so daß schon die ganze Schöpfung auf dieses Ereignis hin konzipiert werden konnte. Schöpfung und Erlösung gehören in Christus zusammen. Die *Finalität des Christusereignisses* ergibt sich also aus dem Glauben an die Schöpfermacht, Geschichtsmächtigkeit und Finalität Gottes selber.

Auf das „Neue und Unerhörte des Christus-Geheimnisses" also zielt dieses Lied – theologisch wie anthropologisch. Worin besteht dieses Neue? Es ist – kurz gesagt – die von Gott in Christus auch den Heiden eröffnete Möglichkeit des Glaubens an den wahren Gott, ermöglicht durch eine ganz und gar überraschende, gnädige Zuwendung Gottes Menschen gegenüber, die ja nicht zum „auserwählten Volk" gehören. In Christus aber spielen solche Heilsprivilegien keine Rolle mehr. Gott selbst durchbricht in Freiheit alle religiösen Systeme und Lager und eröffnet neuen Menschen die Möglichkeit zum wahren Glauben. Dieser Glaube wird in der Freiheit von allen (jüdischen) Geboten und Verboten und allen möglichen (heidnischen) Philosophien und Praktiken konkret, aber auch in der Freiheit zu Friede, Liebe und konkreter Vergebung.

Darin also besteht das Neue konkret, daß der Mensch fähig wird zu „aufrichtigem Erbarmen", zu „Güte, Demut, Milde, Geduld!" (3, 12): „Bekleidet euch mit aufrichtigem Erbarmen … Ertragt euch gegenseitig und vergebt einander, wenn einer dem anderen etwas vorzuwerfen hat. Wie der Herr euch vergeben hat, so vergebt auch ihr! Vor allem aber liebt einander, denn Liebe ist das Band, das alles zusammenhält und vollkommen macht. In eurem Herzen herrsche der Friede!" (3, 12–15). Wer so „in Christus" lebt, d. h. wer so Christus zur Norm seines Gottes- und Menschenbildes macht, für den spielt seine religiöse und soziale Herkunft keine Rolle mehr, sei er Grieche oder Jude, Fremder oder Vertrauter, Sklave oder Freier (3, 11). Anders gesagt: Der Verfasser braucht die *Normativität des Christusereignisses,* um das „neue Menschsein" kriteriologisch überhaupt begründen und ethisch verbindlich konkretisieren zu können. Wäre es anders, könnte man in Gottes Namen Beliebiges begründen und leben.

Damit ist klar: Definitivheit, Finalität und Normativität des Christusereignisses (ausgedrückt in den Glaubenssymbolen Präexistenz und Schöpfungsmittlerschaft Jesu Christi) sind unverzichtbar, will man den Glauben begründen, daß Gott selbst sich in

Christus *so und nicht anders* für den Menschen und dessen „neue Existenz" entschieden hat. Darin liegt die *Einzigartigkeit* Jesu. Sie ist mehr als eine empirische Unverwechselbarkeit und hat mit einem „Mythos" nichts zu tun. Sie ist Ausdruck einer *Glaubensentscheidung*, die eigentlich „christliche" genannt zu werden verdient: der Glaube daran, daß Gott sich so und nicht dutzendemale anders in Christus hat offenbaren wollen. Eine Absolutheit (im Sinne einer Losgelöstheit von allem), eine Exklusivität (im Sinne einer ungeschichtlichen Isoliertheit) und Superiorität (im Sinne einer arroganten Überlegenheit) Jesu Christi ist damit in diesem Brief selber nicht behauptet, ja würde den Geist dieses Liedes verraten, das ja ausdrücklich von Versöhnung und Friedensstiftung Christi (1, 20) redet. Nicht Arroganz, sondern Dankbarkeit und Demut wären die adäquaten Grundhaltungen eines Menschen, der vom Geist dieses Liedes ergriffen ist. Jeder Absolutheits- und Superioritätsanspruch aber spaltet und stiftet Unfrieden. Sie gehören zur Signatur des „alten Menschen".

Diese Selbstverpflichtung auf die Liebe und den Frieden Christi aber schließt für den Kolosserbrief den *prophetischen Protest und Widerstand* gegen allerlei falsche Lehre, Aberglauben und Götzendienst nicht aus, sondern ein. Denn die Freiheit des „neuen Menschen" besteht ja nicht in „billiger Toleranz", sondern offensichtlich auch in der Prüfung der Geister: ob nämlich alles, was an „Philosophien und falschen Lehren" auf dem Supermarkt religiöser Optionen angeboten wird (einerlei, ob damals oder heute), auch dem Geist Christi entspricht und nicht doch wieder zur Versklavung führt. Die *Einzigartigkeit* Christi bedeutet zwar *nicht Superiorität, wohl aber Andersheit, Unterschiedenheit Christi.*

5. Konsequenzen für eine Christologie im Gespräch mit den Weltreligionen

1. Eine Religionstheologie, für die *Gott* letztlich ein dem Menschen *unerkennbares, rätselhaftes Geheimnis* ist, das sich auf kulturell je verschiedene Weise manifestiert, verkennt das biblische Zeugnis von dem einen Gott, der durch Schöpfung und Offenbarung sein „Geheimnis" selber hat erkennen lassen wollen (Röm 1, 13, Eph 1, 8, Kol 2, 2 f). Gerade das neutestamentliche Verständnis von

Gottes Geheimnis ist mit einem neuzeitlich-aufklärerischen, erkenntnistheoretischen Verständnis von Geheimnis nicht zu verwechseln. Gott ist gerade im Neuen Testament kein unerkennbares, unanschauliches, allem Verstehen und Begreifen entzogenes „Geheimnis". Eine solche Auffassung würde weder Person und Verkündigung Jesu („Abba"-Anrede) noch der Theologie der Synoptiker (Rede von einem Gottes*reich* in den Gleichnissen: Mk 4, 11 par), noch der des Johannes gerecht, derzufolge zwar „kein Mensch" Gott je gesehen, wohl aber „der Sohn", der „am Herzen des Vaters" geruht hat (Joh 1, 18). Auch für Paulus sind Gottes „Tiefen" zwar unergründlich, zugleich aber läßt der Apostel keinen Zweifel daran, daß Gott sein Geheimnis offenbargemacht hat in Jesus Christus, der deshalb das „Geheimnis der verborgenen Weisheit Gottes" genannt werden kann (1 Kor 2, 7). Das gleiche gilt auch für die Deuteropaulinen (vgl. Eph 1, 8 f; Kol 2, 2 f). Nach dem Neuen Testament dürfen Christen, die sich auf Jesus Christus einlassen, also darauf vertrauen, daß Gott kein undurchdringliches Rätsel sein will, daß sein Geheimnis vielmehr in Jesus Christus offenbar, glaubbar und glaubwürdig geworden ist.

2. Die „pluralistische Religionstheologie" ist in ihrer Kritik an den kulturellen, politischen und sozialen Folgen des christlichen Absolutheits- und Superioritätsanspruchs im Recht. Nicht begründet ist dagegen der Zusammenhang von Superiorität des Christentums als verfaßter, politisch wirksamer Organisation mit den ursprünglichen Aussagen des Neuen Testamentes über die Finalität, Normativität und Definitivität des Christusereignisses. Die in Liedern besungenen universalistisch-kosmischen Aussagen des Neuen Testamentes und über Christus als Schöpfungsmittler können und müssen im Rahmen einer kontextuellen Exegese in nichtabsolutistischer und nichtsuperioristischer Weise interpretiert werden: als Glaubenszeugnisse von Menschen, die sich auf die Zuverlässigkeit und Vertrauenswürdigkeit Gottes für ihr Leben und Sterben einlassen wollen. Mit diesen kühnen, ja verwegenen und somit verletzlichen Glaubensaussagen eine Superiorität des Christlichen über das Nichtchristliche zu begründen hieße verraten, was man als Christi Geist zu verteidigen sucht. Ein intoleranter Exklusivismus, Absolutismus und Triumphalismus, der die theologische Einzigartigkeit und Überlegenheit der eigenen Religion auf Kosten der anderen zu profilieren sucht, beendet jeden Dialog, bevor er begonnen hat.

3. Dialog zwischen den Religionen ersetzt freilich nicht das christliche Zeugnis oder die kirchliche Verkündigung, die aus der Selbstbindung an die Wahrheit der christlichen Offenbarung kommen. Dialog zwischen den Religionen setzt nicht die Suspension der Wahrheitsfrage voraus, als ob das Ziel des Dialogs zwischen den Religionen die Findung einer Wahrheit wäre, die es vorher nicht gäbe. Die Behauptung, daß es unter menschlichen Bedingungen kein „letztes Wort" und keinen „festen Ort" für die Wahrheit gäbe, ist unbiblisch und unterschlägt die entscheidende Dimension des Glaubens. Nicht also um einen Dialog unter Absehung von der Wahrheitsfrage, sondern um einen Dialog in der Wahrheit und *für* die Wahrheit kann es gehen, eine Wahrheit, die man im Dialog immer tiefer und umfassender zu verstehen hofft. Dialogfähigkeit setzt also ein Wahrheitsgewissen voraus und nicht dessen Vergleichgültigung.

4. Entscheidend für die Bestimmung des spezifisch Christlichen ist die Wirklichkeit des durch Gottes Tat in Christus ermöglichten „neuen Menschen". Signatur des „neuen Menschen" ist das unbedingte („gesetzesfreie") Vertrauen auf „Gott" einerseits und andererseits die Grundhaltung des Friedens, der Liebe und konkreten Versöhnung. Alle religiösen Alternativen, auch die großen Weltreligionen (das real existierende Christentum freilich zuallererst) sind unter dieses eine Sachkriterium zu stellen: Leisten sie der Beförderung des „neuen Menschen" Vorschub oder hindern sie dessen Entwicklung? Nicht um eine Vereinnahmung aller Nichtchristen geht es dabei, nicht um das Ansinnen, alle Nichtchristen hätten zuerst den real existierenden Kirchen um ihres Heiles Willen beizutreten, sondern um diese Frage nach dem „neuen Menschen". Wo immer die Beförderung dieses „neuen Menschen" geschieht, da herrscht der Geist Christi. Wo immer die Güte, Demut, Milde und Geduld gelebt wird, wo immer Vergebung herrscht, Liebe und Frieden, da wird der pneumatische Christus konkret. Und wer wollte empirisch bestreiten, daß auch ein Jude aus jüdischer Tradition, ein Muslim aus muslimischem Geist, ein Hindu aus hinduistischem Denken und ein Buddhist aus buddhistischer Überzeugung etwas von diesem „neuen Menschen" sichtbar und hörbar machen kann? Grundsätzlich also gilt: *Das Verhältnis von Christentum und nichtchristlichen Religionen kann nur von einer biblisch begründeten* christologischen Pneumatologie her richtig bestimmt werden. „Der

Dialog (zwischen der Kirche und den nichtchristlichen Religionen) entsteht nicht aus Taktik oder Eigeninteresse, sondern hat Gründe, Erfordernisse und Würde eigener Art" – so Papst Johannes Paul II. in seiner jüngsten Enzyklika zur Frage der Mission zu Recht: „Der Dialog kommt aus dem tiefen Respekt vor allem, was der Geist, der weht, wo er will, im Menschen bewirkt hat. In ihm beabsichtigt die Kirche, ‚die Saatkörner des Wortes' und die ‚Strahlen der Wahrheit, die alle Menschen erleuchten', zu entdecken – Saatkörner und Strahlen, die sich von den Personen und in den religiösen Traditionen der Menschheit finden. Der Dialog gründet auf der Hoffnung und der Liebe und wird im Geist Frucht bringen. Die anderen Religionen stellen eine positive Herausforderung für die Kirche dar; sie regen sie sowohl dazu an, die Zeichen der Gegenwart Christi und des Wirkens des Geistes zu entdecken und anzuerkennen, als auch dazu, die eigene Identität zu vertiefen und die Gesamtheit der Offenbarung zu bezeugen, dessen Wahrerin sie zum Wohle aller ist."[21]

5. Nicht die „billige Toleranz" des "anything goes", sondern *prophetischer Widerstand und Protest* gegenüber Praktiken in allen Religionen (im Christentum zuerst) ist am Platz, wo dieser Glaube oder dieser Geist verunmöglicht werden: durch alle möglichen Formen von Aberglauben, Götzendienst, moralischer Verrohung, Wunderschwindel, Verstoß gegen die Menschenrechte. Dieser Widerstand und prophetische Protest aber setzt für Christen die Normativität, Finalität und Definitivität des Christusereignisses voraus, weil es für Christen um einen so und nicht anders verstandenen Gott geht. Und wo immer im Christentum selber die Wirklichkeit des „neuen Menschen" verraten wurde oder wird (vom Antijudaismus angefangen über Ketzer- und Hexenverbrennungen bis hin zu gewalttätigem Fanatismus, Diskriminierung und Verletzungen von Menschenrechten), haben Christen auf den Protest anderer zu hören.

6. *Normativität Christi ohne Absolutheitsanspruch, Finalität ohne Exklusivismus, Definitivität ohne Superiorität* ist auf der Basis des Neuen Testamentes – verstanden im Rahmen einer kontextuellen Exegese – theologisch begründbar. Dem Frieden unter den Religionen kann so glaubwürdig gedient werden. Die großen Religionen der Welt können aus der Sicht des gläubigen Christen als eine von Gott selbst eröffnete positive Herausforderung an Chri-

sten verstanden werden, ihr eigenes Glaubenszeugnis tiefer zu begründen und glaubwürdiger zu leben. Die letzte und definitive Stellung der nichtchristlichen Religionen in Gottes „Plan" mit der Menschheit ist Gottes Sache allein. Hier gilt der Vorbehalt, den Paulus selber bei seinem Nachdenken über die Zukunft des jüdischen Volkes machte, das sich Christus nicht anschloß: „O Tiefe des Reichtums, der Weisheit und der Erkenntnis Gottes! Wie unergründlich sind seine Entscheidungen, wie unerforschlich seine Wege! Denn wer hat die Gedanken des Herrn erkannt? Oder wer ist sein Ratgeber gewesen? Wer hat ihm etwas gegeben, so daß Gott ihm etwas zurückgeben müßte? Denn aus ihm und durch ihn und auf ihn hin ist die ganze Schöpfung. Ihm sei Ehre in Ewigkeit! Amen" (Röm 11, 33–36).

Anmerkungen

[1] Rahner, K.: Das Christentum und die nichtchristlichen Religionen, in: ders., Schriften zur Theologie, Band 5, Zürich 1962, S. 136 f.

[2] A. a. O., S. 137 f.

[3] Vgl. zu dieser Problematik Küng, H.: Projekt Weltethos, München 1990.

[4] Deutsche Ausgabe: Hick, J. (Hrsg.): Wurde Gott Mensch? Der Mythos vom fleischgewordenen Gott, Gütersloh 1979 (künftig abgekürzt zitiert mit Myth I + Seite).

[5] Ausnahmen: Kremkau, K. (Hrsg.): Christus allein – allein das Christentum? Vorträge der Vierten theologischen Konferenz zwischen Vertretern der Evangelischen Kirche in Deutschland und der Kirche von England, Frankfurt 1979 (Beiheft zur Ökumenischen Rundschau Nr. 36). Dalferth, I. U.: Der Mythos vom inkarnierten Gott und das Thema der Christologie, in: Zeitschrift für Theologie und Kirche 84 (1987), S. 320–344. Bernhardt, R.: Der Absolutheitsanspruch des Christentums. Von der Aufklärung bis zur pluralistischen Religionstheologie, Gütersloh 1990, S. 199–225.

[6] Hick, J./Knitter, P. (Hrsg.): The Myth of Christian Uniqueness, New York 1987 (künftig abgekürzt zitiert mit Myth II + Seite).

[7] Hick, J.: in: Myth I, S. 189.

[8] Zu dieser Problematik vgl. die neueste Studie: Zehner, J.: Der notwendige Dialog. Die Weltreligionen in katholischer und evangelischer Sicht, Gütersloh 1992.

[9] Leitlinien zum Dialog mit Menschen verschiedener Religionen und Ideologien, in: Evangelische Zentralstelle für Weltanschauungsfragen. Arbeitstexte Nr. 19, VI/79, S. 13.

[10] Hick, J.: Myth II, S. 22.

[11] Knitter, P. F.: Nochmals die Absolutheitsfrage. Gründe für eine Pluralistische Theologie der Religionen, in: Evangelische Theologie 49 (1989), S. 506–516, Zitat S. 508.

[12] A. a. O., S. 509.

[13] Hick, J.: in: Myth II, S. 32.

[14] Hick, J.: God and the Universe of Faiths. Essays in the Philosophy of the Religion, London 1973, S. 159.

[15] Knitter, P. F.: Nochmals die Absolutheitsfrage, S. 510.

[16] Ruether, R.: The Feminism And Jewish-Christian Dialogue. Particularism and Universalism in The Search For Religious Truth, in: Myth II, S. 237–248.

[17] Ebd.

[18] Vgl. zum Problem der Präexistenzchristologie in systematisch-theologischer wie exegetisch-historischer Sicht neuerdings: Kuschel, K.-J.: Geboren vor aller Zeit? Der Streit um Christi Ursprung, München 1990. Dort zum Kolosser-Hymnus, S. 421–437. (Lit.!)

[19] So in dem neuesten Dokument evangelikaler Kirchen in Deutschland: Christliches Bekenntnis und biblischer Auftrag angesichts des Islam. Ein Wort der Konferenz bekennender Gemeinschaften in evangelischen Kirchen Deutschlands und der Arbeitsgemeinschaft evangelikaler Missionen (1984).

[20] Schrottroff, L.: Der Christushymnus im Kolosserbrief. Bibelarbeit zu Kol, S. 15–23, in: Sölle, D./Schottroff, L.: Die Erde gehört Gott. Texte zur Bibelarbeit von Frauen, Hamburg 1985, S. 120.

[21] Johannes Paul II., ›Redemptoris Missio‹. Enzyklika über die fortdauernde Gültigkeit des missionarischen Auftrags, in: L'Osservatore Romano vom 1. Februar 1991 (Zitat Nr. 56).

(Beim vorherigen Beitrag handelt es sich um die überarbeitete und erweiterte Fassung eines Aufsatzes von K.-J. Kuschel, erschienen in: Stimmen der Zeit 209 [1991], S. 387–402.)

Hans Küng

Weltfrieden – Weltreligionen – Weltethos

Daß die politische Weltlage nach den unerwarteten Ereignissen des Jahres 1989 insgesamt instabiler, unsicherer geworden ist: Mit dieser Analyse werden die meisten der Zeitkritiker übereinstimmen. Niemand hätte für möglich gehalten, daß das weltgeschichtliche Szenario sich so rasch verändern würde: der Zusammenbruch des Sowjetsystems, die Wiedervereinigung Deutschlands, die Demokratisierung der früheren Ostblockstaaten, der Golfkrieg, der Bürgerkrieg im ehemaligen Jugoslawien. Wohin die Gesamtentwicklung treiben wird, kann heute noch niemand definitiv sagen. Das eine dagegen scheint sicher: Der Zusammenbruch des marxistischen Sozialismus in Jahre 1989 und die Auflösung der antagonistischen Militärblöcke ist – sehe ich richtig – die dritte Chance zu einer neuen Weltordnung, die nach dem Ersten Weltkrieg 1918 und nach dem Zweiten Weltkrieg 1945 verspielt worden war.

1. Drei Chancen für eine neue Weltordnung: 1918–1945–1989

Chance 1: 1918: Nach dem Ersten Weltkrieg war auf Anregung des damaligen amerikanischen Präsidenten Wilson der „Völkerbund" gegründet worden (1920), beruhend auf der Vision, daß die Völker endlich zu einer gemeinsamen, friedlichen und gerechten Regelung der Weltangelegenheiten kommen würden. Europa und die Welt aber hatten diese erste Chance verspielt: vor allem mit Faschismus und Nationalsozialismus, aber auch mit Kommunismus und japanischem Militarismus, und in deren Gefolge mit dem Zweiten Weltkrieg, mit dem Holocaust, mit Archipel Gulag und Hiroshima. Statt einer Weltordnung ein noch nie dagewesenes *Weltchaos.*

Chance 2: 1945: Damals bestand erneut die Chance zu einer solchen neuen Weltordnung, und die jetzt gegründeten „Vereinten

Nationen" sollten dazu verhelfen. Doch auch dieser neue Versuch erwies sich als zwiespältig. Und es war vor allem die stalinistische Sowjetunion, welche in Osteuropa und anderswo eine bessere Ordnung verhinderte und sich durch Totalitarismus nach innen und Hegemonismus nach außen selber das Grab schaufelte. Statt einer Weltordnung eine *Weltteilung!* Zu einem entfesselten Kapitalismus mit negativen Auswirkungen vor allem in Lateinamerika und Afrika kam jetzt ein Sozialismus, der von der Elbe bis Wladiwostok zu einer beispiellosen Versklavung der Menschen und der Ausbeutung der Natur führte – bis es nicht mehr weiterging.

Chance 3: 1989: Jetzt ist die dritte Chance zu einer – ich möchte es nennen – „postmodernen" Weltordnung gekommen. Politisch gesehen hat sie ein demokratisches Staatswesen zur Voraussetzung, ökonomisch gesehen eine sowohl sozial wie ökologisch ausgerichtete Marktwirtschaft (nicht zu verwechseln mit „Kapitalismus", der weder sozial noch ökologisch ist), wie sie zumindest im Prinzip von Washington über Brüssel bis Moskau bejaht wird, wenngleich noch längst nicht entwickelt ist. Doch wird eine solche Weltordnung nicht entstehen ohne ein neues Verhältnis zwischen den Völkern. Und wer hätte ahnen können, daß mitten in Europa noch einmal ein Krieg von unvorstellbarer Grausamkeit geführt wird. Auch andere Regionen sind weit davon entfernt, befriedet zu sein. Statt einer neuen Weltordnung eine neue *Weltunordnung?*

Schaut man auf die Welt von heute, so kommt man um die erschreckende Tatsache nicht herum: Es gibt zur Zeit ungefähr 30 bewaffnete Konflikte. Die UN ist aber schon jetzt mit ihren laufenden 13 friedenserhaltenden Missionen überfordert. Zur Zeit zählen die UN 184 Mitgliedsstaaten (verglichen mit 51 im Jahre 1945). UN-Beamte schätzen, daß, wenn auch Afrika nach ethnischen Grenzen aufgeteilt werden sollte, die Zahl der „souveränen Staaten" gegen 450 anwachsen könnte. Doch wenn immer kleinere ethnische und religiöse Einheiten sich den Status eines „souveränen Staates" erkämpfen wollen, wird nicht nur Afrika, sondern auch Europa von Spanien bis nach Rußland durch Aufsplitterung in Unordnung geraten. Die Zukunft wird dann unsicherer denn je sein. Von Stabilität wird keine Rede mehr sein können, wenn die Einheiten immer kleiner werden, die Perspektiven immer enger, der Drang nach nationaler Abgrenzung immer fanatischer. Jugoslawien ist ein warnendes Beispiel. Und was sich in den vergangenen Monaten auch in Deutschland zwischen Rostock, Solingen und Konstanz abgespielt hat, ist eine grausame Mahnung, umzudenken und zu besseren Regeln des Zusammenlebens in dieser einen Welt und Menschheit zu kommen. Aber wie?

2. Keine neue Weltordnung ohne ein Weltethos

Zuerst *negativ* formuliert: Eine neue, bessere Weltordnung wird nicht heraufgeführt werden auf der Basis

– von diplomatischen Offensiven allein, welche oft allzusehr nur auf die Regierungen und nicht auf die Völker ausgerichtet sind und welche Frieden und Stabilität der Region nur zu oft nicht zu garantieren vermögen;

– einfach von humanitären Hilfen, die politische Aktionen nicht zu ersetzen vermögen;

– primär von militärischen Interventionen, die meist mehr negative als positive Folgen zeitigten;

– allein des „Völkerrechts", solange dieses auf einer uneingeschränkten Souveränität der Staaten beruht und mehr die Rechte der Staaten als die Rechte der Völker und der Menschen (Menschenrechte) im Auge hat.

Positiv formuliert: Eine neue Weltordnung wird letztlich nur *heraufgeführt auf der Basis von*

– mehr gemeinsamen Visionen, Idealen, Werten, Zielen und Maßstäben;

– einer verstärkten globalen Verantwortung der Völker und ihrer Lenker;

– eines neuen verbindlichen und verbindenden, Kulturen und Religionen umgreifenden Ethos für die gesamte Menschheit, auch die Staaten und ihre Machthaber. *Keine neue Weltordnung ohne ein neues Weltethos!*

Man mag einwenden: Hat es nicht etwas Verwegenes, angesichts des Krieges in Jugoslawien, wo orthodoxe Serben, katholische Kroaten und muslimische Bosnier sich grauenhaft-blutige Schlachten liefern, angesichts der Lage im Nahen Osten, angesichts der Spannungen zwischen christlichen Armeniern und muslimischen Aserbaidschanern, zwischen Hindus, Muslimen und Sikhs in Indien, zwischen buddhistischen Singhalesen und hinduistischen

Tamilen in Sri Lanka und nicht zuletzt angesichts des unbereinigten Konfliktes in Nordirland zwischen Katholiken und Protestanten: Hat es nicht etwas Verwegenes, für die Zukunftssicherung dieser Erde ein Weltethos zu fordern, für das die Religionen einen entscheidenden Beitrag liefern sollten. Aber ich frage zurück: Wann wäre eine solche Forderung dringender als heute? „Weltethos" ist ohnehin nie eine Schönwetter- oder Luxusparole gewesen, mit der man sich akademisch interessant machen oder als Festredner profilieren möchte. Sie kommt aus bitteren Erfahrungen der Vergangenheit, aus blutigen Krisen von gestern, in denen die Religionen oft eine fatale Rolle gespielt haben. Krise aber bedeutet nicht nur Gefahr, sondern auch Chance.

3. Nicht eine einzige Weltkultur oder Weltreligion

Weltpolitik, Weltwirtschaft und Weltfinanzsystem bestimmen unser eigenes nationales und regionales Schicksal wesentlich mit. Daß es keine nationalen oder regionalen Inseln der Stabilität mehr gibt, beginnt man selbst in der Schweiz langsam einzusehen. Und trotz der starken nationalen und regionalen Interessenzersplitterung gibt es doch schon eine so starke politische, wirtschaftliche und finanzielle *Weltverflechtung*, daß Ökonomen von einer *Weltgesellschaft* und Soziologen von einer *Weltzivilisation* (im technisch-wirtschaftlich-sozialen Sinn) reden: Weltgesellschaft und -zivilisation als ein zusammenhängendes Interaktionsfeld, in das alle direkt oder indirekt involviert sind.

Doch besagt diese entstehende Weltgesellschaft und technologische Weltzivilisation keinesfalls auch eine einheitliche *Weltkultur* (im geistig-künstlerisch-gestaltenden Sinn), gar eine *Weltreligion.* Vielmehr schließen Weltgesellschaft und Weltzivilisation eine zum Teil sogar neuakzentuierte *Vielzahl von Kulturen und von Religionen* ein. Eine einzige Weltreligion zu erhoffen, ist eine Illusion, sie zu befürchten ist Unsinn. Nach wie vor verwirrend ist in der Welt von heute die Vielfalt der Religionen, Konfessionen und Denominationen, der religiösen Sekten, Gruppen und Bewegungen. Ein kaum überschaubares Miteinander, Durcheinander und Gegeneinander, das nicht auf einen Nenner gebracht werden kann oder soll.

Aber will man in einer nicht nur regionalen oder nationalen, sondern *welthistorischen und weltweiten* und in diesem Sinne *planetarischen Betrachtung* diese durch die Jahrhunderte gewachsene Überkomplexität reduzieren, ja will man sich angesichts der aktuellen Unübersichtlichkeit auch und gerade in Sachen Religion neu orientieren, so hält man sich angesichts der „einen religiösen Geschichte der Menschen" (Wilfrid Cantwell Smith) am besten an die noch heute bestehenden großen religiösen Stromsysteme der *Hochreligionen,* die auch die Naturreligionen Afrikas, Amerikas und Ozeaniens überflutet haben. Blickt man also auf die Welt von heute und überschaut man unseren Globus gleichsam von einem Satelliten aus, so lassen sich in der Kulturlandschaft dieser Erde gegenwärtig noch *drei große – überindividuelle, internationale und transkulturelle – religiöse Stromsysteme* mit ihren Einzugsgebieten unterscheiden, die alle ihre eigene Genesis und Morphologie haben:

- die Religionen *semitischen* Ursprungs: Sie haben einen *prophetischen* Charakter, gehen stets von einem *Gegenüber* von Gott und Mensch aus und stehen vorwiegend im Zeichen religiöser *Konfrontation:* Judentum, Christentum und Islam;
- die Religionen *indischer* Herkunft: Sie sind primär von einer *mystischen,* auf *Einheit* hin tendierenden Grundstimmung getragen und stehen mehr im Zeichen religiöser *Inneneinkehr:* frühe indische Religion der Upanishaden, Buddhismus und Hinduismus;
- die Religionen *chinesischer* Tradition: Sie zeigen eine *weisheitliche* Ausprägung und stehen grundsätzlich im Zeichen der *Harmonie:* Konfuzianismus und Taoismus.

Älter, stärker und konstanter als viele Dynastien und Imperien haben diese großen Religionssysteme durch die Jahrtausende die Kulturlandschaft dieses Globus modelliert. In unnachgiebigem Rhythmus des Wechsels erhoben sich in den verschiedenen Kontinenten sporadisch neue Bergmassive und Hochplateaus, doch die großen *Ströme,* älter, stärker und konstanter, haben sich immer wieder neu in die sich hebende Landschaft eingeschnitten. Ähnlich sind in unserer Kulturlandschaft immer wieder neue Gesellschaftssysteme, Staatswesen und Herrscherhäuser aufgestiegen, die großen alten Ströme der *Religionen* jedoch vermochten sich – allen Hebungen und Senkungen zum Trotz – mit einigen Anpassungen und Umwegen immer wieder durchzusetzen und die Züge der Kulturlandschaft in neuer Weise zu gestalten. Schon von daher, von den tiefgreifenden Prägungen der Kulturen durch die Religionen her, wäre es auch sinnlos, von einer einzigen Weltkultur oder Weltreligion zu sprechen oder eine solche gar anzustreben.

Und doch: Es gibt *Gemeinsamkeiten in den Religionen.* Wie die natürlichen Stromsysteme dieser Erde und die von ihnen geprägten Landschaften zwar höchst verschieden sind, die Flüsse und Ströme der verschiedenen Kontinente aber allesamt ähnliche Profile und Hangneigungen aufweisen, ähnlichen Gesetzmäßigkeiten gehorchen, Schluchten schneiden ins Gebirge, sich winden in den Ebenen und unweigerlich einen Weg zum Meer suchen, so auch die religiösen Stromsysteme dieser Erde: Wiewohl höchst verschieden, zeigen sie doch in vielem ähnliche Profile, Gesetzlichkeiten und Auswirkungen. Religionen – so verwirrend verschieden sie auch allesamt sind – sind Heilsbotschaften, die alle auf ähnliche *Grundfragen* des Menschen antworten, auf die ewigen Fragen nach Liebe und Leid, Schuld und Sühne, Leben und Tod: Woher die Welt und ihre Ordnung? Warum sind wir geboren, und warum müssen wir sterben? Was bestimmt das Schicksal des Einzelnen und der Menschheit? Wie begründet sich das sittliche Bewußtsein und das Vorhandensein ethischer Normen? Und sie alle bieten über alle Weltdeutung hinaus auch ähnliche *Heilswege* an: Wege aus der Not, dem Leid und der Schuld des Daseins; Wegweisung für ein sinnvolles und verantwortungsbewußtes Handeln in diesem Leben – zu einem dauernden, bleibenden, ewigen Heil, der Erlösung von allem Leid, von Schuld und Tod.

Dies alles heißt nun aber auch: Selbst wer die Religionen ablehnt (und ich habe in ›Existiert Gott?‹ alle Argumente der neuzeitlichen Religionskritik einer eingehenden Prüfung unterzogen), wird sie ernst nehmen müssen als grundlegende gesellschaftliche und existentielle Realität; haben sie doch zu tun mit Sinn und Unsinn des Lebens, mit Freiheit und Versklavung des Menschen, mit Gerechtigkeit und Unterdrückung der Völker, mit Krieg und Frieden in Geschichte und Gegenwart.

4. Die religiöse Dimension ernst nehmen

Keine Frage: Jede *Religion* ist als menschliches Phänomen *ambivalent* – ambivalent wie Kunst oder Musik, die ja auch massiv mißbraucht wurden und werden: Auch Religionen sind, soziologisch gesehen, Machtsysteme, die auf Stabilisierung und Machtausweitung bedacht sind. Sie verfügen über ein hohes Streitpotential. Sie verfügen aber auch über ein oft übersehenes Friedenspotential. Religion kann aufputschen, gewiß, sie kann aber auch besänftigend wirken. *Religion kann Kriege motivieren, schüren und verlängern*, sie kann aber auch Kriege *verhindern und abkürzen.*

Der Frieden zwischen Frankreich, Deutschland und Italien ist durch überzeugte Christen (und Katholiken) grundgelegt worden: Charles de Gaulle, Konrad Adenauer, Robert Schuman, Alcide de Gasperi.

Frieden zwischen Deutschland und Polen ist durch ein Memorandum der protestantischen Kirche (EKD) vorbereitet worden.

Friedliche Revolutionen in Polen, der DDR, der Tschechoslowakei, aber auch in Südafrika und den Philippinen haben gezeigt, daß Religion sich friedensstiftend auswirken kann.

Ich möchte dies hier in aller Deutlichkeit sagen: Vor lauter strategischen, ökonomischen und politischen Aspekten darf auch heute die soziale, moralische und religiöse Dimension solcher Krisen nicht außer acht gelassen werden.

Beispiel: das frühere *Jugoslawien.* Wer nicht geschichtsblind ist, dem wird aufgefallen sein: Die modernen Staatsgrenzen in Osteuropa scheinen zu verblassen vor den uralten Grenzen, die von Religionen und Konfessionen einmal gezogen wurden: zwischen Armenien und Aserbaidschan, zwischen Georgien und Rußland, der Ukraine und Rußland und eben auch zwischen den verschiedenen Völkerschaften in Jugoslawien. Die Komplexität der Probleme in Jugoslawien versteht man nur, wenn man weiß: Seit einem Jahrtausend – grundgelegt seit der Teilung von West- und Ostrom – treffen mitten in Jugoslawien zwei verschiedene Paradigmen von Christentum aufeinander: das östlich-byzantinische mit Serbien und das römisch-katholische mit Kroatien; besser könnten sich katholische Kroaten mit Muslimen als mit orthodoxen Mitchristen verständigen ... Dazu kommen noch die Probleme der 500jährigen Besetzung des serbischen Territoriums durch die Türken (seit der Niederlage auf dem Kosovo polje = Amselfeld 1389), was unter den Serben die Ideologie eines dauernden Leidens und Duldens hervorgebracht hat, die sehr oft der Wirklichkeit nicht (mehr) entspricht.

Nun aber sind Serben, Kroaten und Bosniaken (die einzig autochthonen Muslime in Europa) allesamt Südslawen. Serben haben seit Jahrhunderten unter Kroaten gewohnt, ursprünglich angeworben gegen die Türken, als ethnische Cousins. Und so sind heutzutage die drei Gruppen auf dem Staatsgebiet des früheren Jugoslawien höchst gemischt, am meisten in Bosnien. Deshalb war es falsch, nach 1989 zunächst einen uniformen jugoslawischen Einheitsstaat zu verteidigen (Phase 1 der EG- und US-Politik), falsch aber auch, dann gerade umgekehrt ganz Jugoslawien in Nationalstaaten aufzusplittern (Phase 2, insbesondere der deutschen und dann auch der EG- und US-Politik). Eine Konföderation (mit Kantonen oder wie immer) wäre von Anfang an das Richtige gewesen, nicht erst jetzt, wo es dafür zu spät ist.

Ob es aber in einem solchen Gebiet je Frieden geben wird, wenn man die religiöse Dimension des Konflikts nicht ernst nimmt? Meine Sympathien waren in der gegenwärtigen Auseinandersetzung zunächst mit Kroatien (nicht weil es katholisch, sondern weil es angegriffen war) und dann vor allem mit den Muslimen. Aber darf ich als katholischer Theologe verschweigen, daß der katholisch-kroatische Ustascha-Staat unter Naziprotektorat Zehntausende (manche sagen Hunderttausende) von Serben umgebracht hat – ohne daß der damalige Zagreber Erzbischof Stepinac oder der damalige Papst Pius XII., der ebenfalls bestens orientiert war, protestiert hätten? Doch wahrhaftig, auch die orthodoxen Serben haben ihr eigenes überschwer belastetes Schuldenkonto.

Über 40 Jahre hätten beide Kirchen Zeit gehabt, die Lage zu klären, Schuld einzugestehen, um Vergebung zu bitten, den Frieden der Politiker vorzubereiten. Es war gewiß gut gemeint, aber zu spät getan, als der Weltrat der Kirchen, oft mehr um die Welt als um die Kirchen besorgt, endlich mitten im Bürgerkrieg Bischöfe von beiden Seiten versammelte, deren ökumenische Reden schließlich in unökumenischen Beschuldigungen endeten. Ja, ob man heute mit einem Serben oder einem Kroaten redet: Er erzählt von den Verbrechen der anderen Seite und schweigt von den Verbrechen der eigenen – ganz so wie früher Deutsche und Franzosen. Ob auch Serben und Kroaten noch einen weiteren Revanchekrieg brauchen, bevor sie merken, daß solches Revanchedenken und solche Revanchepolitik nie zum Frieden, sondern immer wieder zu neuer Zerstörung führen wird? Ob es denn auch noch jetzt, wenn endlich ein Waffenstillstand erreicht werden sollte, wirklich keine Bischöfe oder Theologen gibt, die miteinander verständig zu reden beginnen könnten? Selbstkritische Erinnerungsarbeit ist unumgänglich.

Meine grundsätzliche Frage ist: Müssen diese *Religionen* unbedingt in Gegensatz und Streit miteinander stehen? Frieden (Schalom, Salam, Eirene, Pax) ist doch zu allermeist in ihrem Programm. Ihre erste Aufgabe in dieser Zeit müßte die *Friedensstiftung untereinander* sein, um mit allen Mitteln, die heute auch die Medien bieten,

– die Mißverständnisse aufzuklären,
– die traumatischen Erinnerungen aufzuarbeiten,
– die stereotypen Feindbilder aufzulösen,
– die Schuldkonflikte gesellschaftlich und individuell zu verarbeiten,
– den Haß und die Destruktivität abzubauen,
– sich auf die Gemeinsamkeiten zu besinnen. Ob aber die Angehörigen der verschiedenen Religionen um das wissen, was ihnen – trotz ihrer großen „dogmatischen" Unterschiede – gerade im Ethos gemeinsam ist? Keineswegs. Deshalb:

5. Die Notwendigkeit eines ethischen Minimalkonsenses

Ein Erstes: Mit der Verständigung unter den Religionen ist keine Front der Gläubigen gegen die Ungläubigen gefordert. Die römische Re-katholisierungskampagne besonders in Osteuropa, die man euphemistisch als Re-evangelisierung bezeichnet, führt nur zum Neuaufwerfen der alten Kriegsgräben – wir brauchen nicht wieder eine Teilung der Gesellschaft und der politischen Parteien in Klerikale und Antiklerikale (Beispiel: Polen). Das Projekt Weltethos fordert geradezu die *Allianz von Glaubenden und Nichtglaubenden* für ein neues gemeinsames Basisethos.

Ein Zweites: Im Hinblick auf ein Minimum an gemeinsamen Werten, verbindlichen Maßstäben und persönlichen Grundüberzeugungen haben die Religionen zweifellos eine besondere Funktion und Verantwortung. Was alle großen *Religionen* eint, müßte im einzelnen aufgrund der Quellen genau herausgearbeitet werden – eine bedeutsame und erfreuliche Aufgabe für die Gelehrten der verschiedenen Religionen, die erst in den Anfängen steckt, aber erstaunlich rasch viel Interesse geweckt und ein erstes Ergebnis gezeitigt hat.

Ich möchte grundsätzlicher fragen: Was können Religionen *trotz ihres sehr verschiedenen Dogmen- und Symbolsystems zur Förderung eines Ethos leisten,* das sie unterscheidet von Philosophie, politischer Pragmatik, internationalen Organisationen, philanthropischen Bemühungen aller Art? Gewiß: Religionen haben in der Vergangenheit stets ihre Traditionen verabsolutiert, mysteriöse Dogmen und rituelle Vorschriften fixiert und sich abgekapselt von den je anderen. Und doch können sie, wo sie wollen, mit noch anderer Autorität und Überzeugungskraft als Politiker, Juristen und Philosophen grundlegende *Maximen elementarer Menschlichkeit* zur Geltung bringen.

Dies muß bewußtgemacht werden: Alle großen Religionen fordern ja bestimmte "non-negotiable standards": ethische Grundnormen und handlungsleitende Maximen, die von einem Unbedingten, einem Absoluten her begründet werden und deshalb für Hunderte von Millionen Menschen auch unbedingt gelten sollen – auch wenn sie natürlich im konkreten Fall nicht befolgt werden. Doch Ethik ist immer kontrafaktisch. Es wird faktisch immer wieder gegen sie gehandelt. Aber es ist doch ein wesentlicher Unterschied, ob sie prinzipiell noch gilt oder ob sie faktisch unterwandert oder überspielt, verdrängt oder vergessen ist.

Doch neu bedacht werden soll in unserer Zeit: *Fünf große Gebote der Menschlichkeit,* die zahllose Applikationen auch in Wirtschaft, Politik und Gesellschaft haben, gelten in *allen* großen Weltreligionen: 1. nicht töten (anderen Schaden zufügen); 2. nicht lügen (betrügen, Verträge brechen); 3. nicht stehlen (Rechte anderer verletzen); 4. nicht Unzucht treiben (Ehe brechen); 5. die Eltern achten (Bedürftigen und Schwachen helfen). – Diese Gebote mögen für viele allgemein klingen. Zu allgemein?

6. Selbstkritik nötig

Seit der Entführung und Ermordung des zweijährigen James Bulger durch zwei 10jährige in Liverpool macht man sich nun doch in aller Welt Gedanken darüber, wie herrlich weit wir es mit unserem zivilisatorischen Fortschritt gebracht haben. Nur ein Einzelfall? In den USA ist der Tod durch Schußwaffe nach den Unfällen die zweithäufigste Todesursache: 4200 Teenager sind 1990 durch Schußwaffen gestorben (mehr als durch alle Krankheiten). In anderen Ländern und Deutschland ist es besser? Nur bedingt. Denn auch bei uns häufen sich Gewalt- und Greueltaten Minderjähriger in erschreckender Weise (Beispiele: Hünxe, Mölln, Solingen). Eine erschreckende Spur von Haß- und Gewalttaten durch Jugendliche, die oft aus einem sozial zerrütteten Milieu kommen, manchmal auch arbeitslos sind. Solche Symptome sind gewiß nicht zu verallgemeinern, aber das dahintersteckende geistige und soziale Problem geht die Gesellschaft als ganze an! Viele geben alle Schuld den Medien und der Enttabuisierung des Tötens (und auch aller sexuellen Gewalttätigkeit) gerade in den Bildmedien. Aber sosehr die Medien und ihr Profitdenken eine Mitschuld tragen mit ihren Reality-, Brutality- und Porno-TVs, so liegen doch die Ursachen der zunehmenden physischen Verrohung, sprachlichen Verwilderung, ungezügelten Selbstverwirklichung, der abgesunkenen Schamschwelle, der Spirale von Zynismus, Gewalt und Obszönität tiefer. Einige symptomatische Äußerungen, aber auch kritische Rückfragen von einem, der sich wahrhaftig nicht einbildet, besser zu sein als andere:

1. Publikationsorgane wie „Der Spiegel" beklagen neuerdings eine Orientierungskrise, ja einen *„Orientierungsdschungel"*, und eine in der Kulturgeschichte beispiellose Enttabuisierung, freilich ohne ein Wort der Selbstkritik, als hätten diese Publikationsorgane nicht selber wesentlich zu dieser Krise beigetragen. Eine Hauptursache sei die nicht mehr funktionierende Familie. „Der Spiegel" 9/93: „Die jüngste Generation muß mit einer Werteverwirrung zurechtkommen, deren Ausmaß kaum abzuschätzen ist. Klare Maßstäbe für Recht und Unrecht, Gut und Böse, wie sie noch in den fünfziger und sechziger Jahren von Eltern und Schulen, Kirchen und manchmal auch von Politikern vermittelt wurden, sind für sie kaum noch erkennbar." Aber *Rückfrage:* Wo sollen die Familien ihre

ethischen Orientierungen hernehmen? Etwa von der antiautoritären Erziehung (Nicht-Erziehung), von der heute einige Vertreter (Beate Scheffler, Claus Leggewie) auch öffentlich zugeben, daß sie ihr Ziel nicht erreicht hat und statt einer mündigen, sozial und ökologisch engagierten, politisch hochmotivierten Jugend eine Spezies heranwachsen ließ, die zu allermeist egozentrisch, konsumorientiert und im schlimmsten Fall gewalttätig und fremdenfeindlich ist: statt Mündigkeit Wurstigkeit, statt Aufmerksamkeit Gleichgültigkeit, statt Verantwortungsgefühl Egoismus?

2. Auch der Chefredakteur der „Zeit", Theo Sommer (Leitartikel vom 9.4.93), stellt jetzt fest, daß die Krise des Westens, die nach dem Zusammenbruch des Kommunismus die Fundamente der Demokratien erschüttere, nicht nur eine Krise der Außenpolitik, der Innenpolitik und der Ökonomie sei, sondern auch eine *„geistige Krise"*: das demokratische System müsse sich nicht nur den Brot- und Butterfragen stellen, es müsse auch *Antworten auf die Sinnfragen* des gesellschaftlichen und gemeinschaftlichen Lebens geben. Angesichts einer Explosion des Egoismus, die das Unterfutter der Gemeinschaftlichkeit zerreiße, über die Abkehr von der Schnödigkeit der Politiker hinaus, die keine Ideale mehr haben, sondern einfach Interessen managen, müsse man „einen neuen Konsens" etablieren. Aber *Rückfrage:* Darf es bei der vagen Antwort bleiben, dieser „neue Konsens" müsse „aus der Tiefe und Breite der Gesellschaft" kommen?

3. Sechs Wochen später liest man vom selben Verfasser wiederum auf der ersten Seite – nach den Fällen Krause, Streibl, Steinkühler – zum ersten Mal Selbstkritisches: „Ganz gewiß müssen auch die *Intellektuellen* des Landes in sich gehen. Viele von ihnen haben die Selbstverwirklichung bis zum Exzeß gepredigt; haben Tugend, Anstand, Stil verlacht; haben die postmoderne Beliebigkeit eine Zeitlang so weit getrieben, daß nach der Devise ‚Alles geht' nichts mehr verpönt war. So wurde die Gemeinschaft auf dem Altar der Gesellschaft geopfert. Die Maßstäbe lösten sich im ätzenden Säurebad der Kritik auf. Die intellektuelle Steuerhinterziehung – ‚Verweigert dem Kaiser was des Kaisers ist!' – war nicht minder gravierend als die finanzielle ... Was not tut, ist ein neuer Gemeinsinn, der den Individualismus verwurzelt in der Gemeinschaft, nicht bloß in der Gesellschaft; in dem Bürgerrechte aufs neue verknüpft sind mit Bürgerpflichten; der wieder Raum schafft für einen

Minimalkonsens über bürgerliche Tugend und individuelle Haltung" („Die Zeit" vom 21.5.93). *Rückfrage:* Woher aber der neue Gemeinsinn? Woher der Minimalkonsens, nachdem man seit 1968 weithin den Autoritätsabbau mitgemacht, aber, wie der Soziologe Kurt Sontheimer zu Recht kritisierte, notorisch schwach und unproduktiv in der Schaffung neuer Werte und der sie verkörpernden Autoritäten war? Ist es nicht ein Stück modernen Größenwahns (so jetzt Cohn-Bendits Co-Autor Thomas Schmid) zu meinen, Werte und Verbindlichkeiten der Gesellschaft ohne Rückbindung auf Traditionen und damit auch Autoritäten jeweils neu schaffen zu können?

4. Hat die Orientierungskrise vielleicht auch mit *Religion* zu tun? Jedenfalls liest man zur gleichen Zeit von einer Umfrage der Zeitschrift „Eltern" unter 2060 Jugendlichen: Von Jugendlichen zwischen acht und 16 Jahren glauben 38 Prozent nicht an Gott, 16 Prozent bekennen sich zwar zu Gott, halten aber nichts von Religion, somit lehnen 54 Prozent Jugendlicher (dieser Eltern!) Religion ab. Und in den neuen Bundesländern? In einer vor kurzem abgeschlossenen Untersuchung des Leipziger Jugendforschungsinstituts glaubt höchstens jeder sechste Schüler in der Ex-DDR an Gott. 86% der Schülerinnen und Schüler in Ostdeutschland leben ohne religiöse Bindung, während der Anteil der religionslosen Schüler in Westdeutschland 16% betrage (epd-Meldung vom 13.4.93). *Rückfrage:* Soll man sich unter diesen Umständen so sehr über die moralische Desorientiertheit und zunehmende Gewalttätigkeit wundern? Gewiß: Ich behaupte nicht, daß nur der religiöse Mensch ethisch orientiert ist oder gar: die Rückbesinnung auf Religion allgemein löse alle Probleme. Ich stelle nur die Erfahrungstatsache heraus, daß bei Ungezählten und gerade Jugendlichen mit der religiösen Dimension auch gleich die ethische abhanden gekommen ist und daß Familien oder die Gesellschaft nicht erstaunt sein sollen, daß ein Fehlen der religiösen Selbstverpflichtung oft durch eine ethische nicht aufgefangen wurde. Selbstverwirklichung statt Selbstverpflichtung war ja auch vielerorts die Parole – ohne Rücksicht auf die gesellschaftlichen Kosten …

Doch Schluß mit der kritischen Diagnose! Ich frage – jetzt schon mal vom 5. Gebot des Nichttötens abgesehen – mit dem Blick auf eine bessere Zukunft: Wieviel würde sich ändern, wenn etwa nur das 7. Gebot *„Du sollst nicht stehlen"* wieder mehr ins Bewußtsein des Einzelnen, der Öffentlichkeit im allgemeinen und der Banken im besonderen (Spareckzinsen, Hypothekarzinsen) träte und angewandt würde auf das (leider immer mehr auch in früher diesbezüglich intakten Staaten grassierende) Übel nicht nur des massenhaften Auto- und Fahrraddiebstahls, sondern auch der Korruption?

7. Eine oberste Gewissensnorm und Leitfigur

Gewiß, Religionen waren und sind immer in Versuchung, sich in einem unendlichen Gestrüpp von Geboten und Vorschriften, Kanones und Paragraphen zu verlieren. Und doch können sie, wo sie wollen, mit ganz anderer Autorität als jede Philosophie begründen, daß die Anwendung ihrer Normen nicht von Fall zu Fall, sondern kategorisch gilt. Religionen können Menschen eine *oberste Gewissensnorm* geben, jenen für die heutige Gesellschaft immens wichtigen *kategorischen Imperativ,* der in ganz anderer Tiefe und Grundsätzlichkeit verpflichtet. Denn alle großen Religionen fordern ja so etwas wie eine *„Goldene Regel"* – gerade sie ist eine nicht nur hypothetische, bedingte, sondern eine kategorische apodiktische, *unbedingte Norm* –, durchaus praktikabel angesichts der höchst komplexen Situation, in der der Einzelne oder auch Gruppen oft handeln müssen.

Diese „Goldene Regel" ist schon bei *Konfuzius* bezeugt: „Was du selbst nicht wünscht, das tue auch nicht anderen Menschen an" (Konfuzius, ca. 551–489 v. Chr.); aber auch im *Judentum* (negativ formuliert): „Tue nicht anderen, was du nicht willst, das sie dir tun" (Rabbi Hillel, 60 v. Chr. – 10 n. Chr.), und schließlich auch in der Bergpredigt (positiv formuliert): „Alles, was ihr wollt, das euch die Menschen tun, das tut auch ihr ihnen ebenso."

Diese Goldene Regel könnte einer kruden *Erfolgsethik,* die gar keine Ethik ist, wehren, brauchte aber auch nicht als eine reine Gesinnungsethik verstanden werden, welche die Realitäten nicht wahrnimmt, sondern könnte gerade das Zentrum einer *Verantwortungsethik* (Max Weber, Hans Jonas) ausmachen, welche stets die Folgen unseres Tuns und Lassens mitbedenkt.

Mit dem Verweis auf Konfuzius und Jesus von Nazaret ist auch schon ein weiteres angedeutet: Religionen bieten anders als Philosophien nicht nur abstrakte Lebensmodelle. Sie können auf konkrete Menschen verweisen, die den Weg bereits gegangen sind, „maßgebende Menschen" (Karl Jaspers). Deshalb sind die *maßgebenden Leitfiguren* der Weltreligionen von größter Bedeutung: Buddha, Jesus von Nazaret, Kon-futse, Lao-tse oder Muhammad. Es macht eben einen alles entscheidenden Unterschied aus, ob man Menschen eine neue Lebensform abstrakt vordoziert oder ob man sie mit Verweis auf ein verpflichtendes konkretes Lebensmodell zu einer solchen Lebensform einladen kann: zur Nachfolge Buddhas, Jesu Christi, Kon-futses, Lao-tses oder des Propheten Muhammad. Für mich als Christen – um hier völlig unzweideutig zu reden – ist und bleibt Jesus Christus der Weg, die Wahrheit und das Leben (das ist sozusagen meine Innenperspektive), aber (und das ist gleichzeitig meine Außenperspektive) ich komme um die Feststellung nicht herum, daß „der Weg, die Wahrheit und das Leben" für gläubige Juden die Tora, für Muslime aber der Koran und für andere Religionen jemand oder etwas anderes ist.

8. Der Bewußtseinsbildungsprozeß für ein Weltethos

Aber ist die Herausarbeitung eines solchen Ethos überhaupt realistisch? Handelt es sich vielleicht nur um das Unternehmen einiger westlicher Intellektueller, die ihr Projekt wieder einmal „exportieren" wollen? Nein, bei der Forderung nach einem Weltethos geht es nicht um den „Export" eines Modells, um eine künstliche „Globalisierung" oder um die „Idee Universalität" gegen die „Idee Regionalität". Es geht weder um einen radikalen Universalismus, der die faktische Pluralität in unserer Welt nicht wahrnimmt, noch um einen radikalen Relativismus, der nicht zum Zusammenleben der Verschiedenen beiträgt, sondern um eine „relative Universalität" (Wolfgang Huber), die trotz aller kulturellen und religiösen Unterschiede einige kultur- und religionenübergreifende Prinzipien anerkennt. Ja, genauer, geht es um das *Bewußtwerden des bereits Gemeinsamen* zwischen den Kulturen und Religionen: um eine Bewußtseinsbildung und von daher um eine Bewußtseinsveränderung wie im Fall etwa der Ökologie oder der Abrüstung so auch im Bereich des Ethos.

Gibt es aber auch nur die geringsten Anzeichen dafür, daß sich konkret etwas bewegt? Ich bin glücklich, über folgende Ereignisse und Pläne berichten zu können, die zeigen, daß ein Bewußtseinsbildungsprozeß über das schon Gemeinsame international in Gang gekommen ist:

1. Auch die UNESCO (vorher eher distanziert gegenüber den Religionen) ermöglichte schon 1989 in Paris ein Colloquium von Vertretern der verschiedenen Weltreligionen unter dem Titel ›Kein Weltfrieden ohne Religionsfrieden‹.

2. Amerikanische Kollegen haben die Forderung der Formulierung einiger Grundprinzipien eines Weltethos in einer Erklärung aufgegriffen, und diese Erklärung durfte ich selber 1991 in Paris an der UNESCO vortragen. Dabei geht es nicht um die *juristische* Ebene der Gesetze, kodifizierten Rechte und einklagbaren Paragraphen (z.B. die Menschenrechte), auch nicht um die *politische* Ebene der konkreten Lösungsvorschläge (z.B. bezüglich der Schuldenkrise der Dritten Welt), sondern nur um die *ethische Ebene:* die Ebene der verbindlichen Werte, unverrückbaren Maßstäbe und inneren Grundhaltungen. Diese drei Ebenen stehen allerdings in Verbindung miteinander.

3. Dem Parlament der Weltreligionen wurde zu seiner 100-Jahr-Feier Anfang September 1993 in Chicago eine solche ›Erklärung der Religionen für ein Weltethos‹ vorgelegt, die auszuarbeiten ich die Ehre und Mühe hatte; sie wurde von der großen Mehrheit der Delegierten angenommen und schließlich feierlich promulgiert. Zum ersten Mal in der Geschichte der Weltreligionen hat es dieses Parlament unternommen, einen Grundkonsens bezüglich verbindlicher Werte, unverrückbarer Maßstäbe und persönlicher Grundhaltungen zu formulieren. Eine solche Erklärung wird die Welt zwar nicht über Nacht verändern, aber all diejenigen ermutigen, die sich schon heute dafür einsetzen und diejenigen beschämen, die mehr Gemeinsamkeiten zwischen den Religionen ironisch belächeln, besserwisserisch abtun oder aus konfessionellem Egoismus für unmöglich erklären. (Text greifbar in: Küng, H./Kuschel, K.J. [Hrsg.]: Erklärung zum Weltethos. Die Deklaration des Parlaments der Weltreligionen, München 1993.)

Denn die Bedeutung eines gemeinsamen minimalen Ethos für die heutige Menschheit ist offenkundig:

9. Schluß

Alle geschichtlichen Erfahrungen zeigen es: Unsere Erde kann nicht verändert werden, ohne daß mittelfristig ein *Wandel des Bewußtseins* und eine *Umorientierung des Denkens und Handelns* des Einzelnen wie der Öffentlichkeit erreicht wird. Dies hat sich in Fragen wie Krieg und Frieden oder Ökonomie und Ökologie bereits gezeigt. Und für diesen Wandel der inneren Einstellung, der ganzen Mentalität, des „Herzens" sind gerade die Religionen in besonderer Weise verantwortlich. Selbstverständlich wird es schwierig sein, einen universalen Konsens für viele umstrittene ethische Einzelfragen (von der Bio- und Sexualethik über die Medien- und Wissenschaftsethik bis zur Wirtschafts- und Staatsethik) zu erreichen. Doch im Geist der hier entwickelten gemeinsamen Grundsätze sollten sich auch für viele bisher umstrittene Fragen differenzierte Lösungen finden lassen.

In vielen Lebensbereichen ist bereits ein neues Bewußtsein für ethische Verantwortung erwacht. Ich würde es deshalb begrüßen, wenn für möglichst viele Bereiche und Berufe wie zum Beispiel Ärzte, Wissenschaftler, Geschäftsleute, Journalisten, Politiker von den zuständigen beruflichen, nationalen oder internationalen Organisationen zeitgemäße Ethikcodes ausgearbeitet würden.

Vor allem würde ich es begrüßen, wenn auch die einzelnen Religionen formulierten, was ihr ganz spezifisches Ethos ist: was sie aufgrund ihrer Glaubenstradition zu sagen haben etwa über den Sinn von Leben und Sterben, das Durchstehen von Leid und die Vergebung von Schuld, selbstlose Hingabe und Notwendigkeit von Verzicht, Mitleid und Freude. Dies alles wird mit einem Weltethos vereinbart sein, ja wird es vertiefen, spezifizieren und konkretisieren können.

Ich bin überzeugt: Die neue Weltordnung wird nur dann eine bessere Ordnung sein, wenn es eine soziale und plurale, partnerschaftliche und friedensfördernde, naturfreundliche und ökumenische Welt sein wird. Deshalb setzen sich bereits jetzt viele Menschen aufgrund ihrer religiösen oder humanen Überzeugungen für ein gemeinsames Weltethos ein und rufen alle Menschen guten Willens auf, zu einem Bewußtseinswandel in Sachen Ethik beizutragen.

WB-Forum

5. Aufl. 1993. 210 S., kart.
3-534-80013-3

Gezeigt werden die Wandlungsfähigkeit des Mönchsideals und die großen Leistungen der verschiedenen Orden in der Vergangenheit. Die heutigen Mönche – so der Ausblick – werden sich trotz der Gefahren für den Erhalt ihrer Klöster an zukunftsträchtiger Arbeit bewähren. „Dem Verfasser ist mit dieser Übersicht über die Geschichte des christlichen Mönchtums ... ein vorzüglicher Wurf gelungen. Hier ... entwirft Frank eine durchaus eigengeprägte und kritische Synthese, die das Vergangene geschickt einordnet und hilfreiche Anregungen für die Fortgestaltung des Ordenslebens von heute und morgen gibt." (Theologische Revue)

1992. VIII, 193 S., kart.
3-534-80141-5

Erst mit dem eigentlichen Entstehen der Naturwissenschaften im 18. Jahrhundert traten die bekannten großen Differenzen und Spannungen zwischen Naturwissenschaft und christlicher Theologie auf. Dargestellt werden wesentliche Aussagen von zahlreichen Theologen und Naturwissenschaftlern sowie einigen Philosophen, die zeigen, daß trotz aller Verschiedenheiten von Ausgangslage und Zielsetzung Gemeinsamkeiten festzustellen sind. Sie sind in der Suche nach den tiefsten Quellen des Verstehens der Welt und ihrer Sinngebung und in einem Sich-Ergänzen auf den unterschiedlichen Denkebenen zu verstehen.

1993. VIII, 144 S., kart.
3-534-80162-8

Die hier gesammelten Essays zeigen die neue Macht der philosophischen Argumentation. Jenes Philosophierens, das nicht innerhalb der akademischen Mauern verharrt, sondern sich in Fragen von öffentlichem Interesse einmischt, das Stellung bezieht. Zur Frage der Verantwortung in Naturwissenschaft und Technik. Zur Kernenergie. Zur Gentechnologie. Zur Medizin. Zur Kulturtechnik und zum Computer. Zur Rüstung, Abrüstung, Krieg und Frieden. Ausgewogen. Aber kompromißlos. Nachdenklich und anspruchsvoll. Aber verständlich. Ein Stück lebendiger Zeitgeschichte im Spiegel eines Zeitgenossen, der sich Gehör verschafft.

Wissenschaftliche Buchgesellschaft